Sven Gábor Jánszky | Lothar Abicht

2025 – So arbeiten wir in der Zukunft

Sven Gábor Jánszky | Lothar Abicht

2025

So arbeiten wir in der Zukunft

GOLDEGG VERLAG

Bildrechte Autorenfoto: Andreas Langer
Bildrechte Umschlag: Goldegg Verlag GmbH

Der Verlag und seine Autoren sind für Reaktionen, Hinweise oder Meinungen dankbar. Bitte wenden Sie sich diesbezüglich an verlag@goldegg-verlag.com.

Der Goldegg Verlag achtet bei seinen Büchern und Magazinen auf nachhaltiges Produzieren. Goldegg Bücher sind umweltfreundlich produziert und orientieren sich in Materialien, Herstellungsorten, Arbeitsbedingungen und Produktionsformen an den Bedürfnissen von Gesellschaft und Umwelt.

Gedruckt nach der Richtlinie des Österreichischen Umweltzeichens „Druckerzeugnisse", Druckerei Theiss GmbH, Nr. 869

FSC www.fsc.org MIX Papier aus verantwortungsvollen Quellen FSC® C012536

ISBN Print: 978-3-902903-05-1
ISBN E-Book: 978-3-902903-06-8

Friedrichstraße 191 • D-10117 Berlin
Telefon: +49 800 505 43 76-0

Goldegg Verlag GmbH, Österreich
Mommsengasse 4/2 • A-1040 Wien
Telefon: +43 1 505 43 76-0

E-Mail: office@goldegg-verlag.com
www.goldegg-verlag.com

Layout, Satz und Herstellung: Goldegg Verlag GmbH, Wien
Druck und Bindung: Theiss GmbH

Inhaltsverzeichnis

Vorwort

Liebe Leserinnen, liebe Leser,
es ist jetzt fünf Jahre her, dass wir Sie eingeladen haben, gemeinsam mit uns einen Tag im Leben der Familie Seedorf zu durchleben. Es war nicht irgendein Tag. Es war ein Tag im Jahr 2020. Vielleicht erinnern Sie sich noch? An Vater Peter, Mutter Kerstin, Sohn Max und Tochter Jenny? Die jüngste hatte damals gerade ihren zehnten Geburtstag!

Für einige Leser war dieser Tag recht überraschend: Als Jenny von ihrem Lieblingspinguin in der Leuchttapete geweckt wurde, ... als Max das Wohnzimmer in einen sündigen Club auf Ibiza verwandelte, indem er sich auf die Kamera-Handybrille seines Freundes aufschaltete, ... als Peter und Kerstin sich stritten, ob Jenny vor ihrer Mathearbeit einen Brain-Joghurt essen durfte, ... als Peter den Ratschlägen seines elektronischen Assistenten Rob mehr vertraute als seinen Kollegen ...

Doch wenn Sie sich heute in Ihrer Welt umsehen, dann erscheinen die damaligen „Verrücktheiten" schon fast normal: Unsere Handys sind schon lange zu elektronischen Assistenten der ersten Generation geworden, die ersten Kamera-Handybrillen werden verkauft, in den Supermarktregalen stehen die ersten Dosen, die versprechen uns schlauer zu machen, und daneben jene für Schönheit und Glück. Und auch die Leuchttapete können wir zumindest auf den Computermessen der Welt bereits sehen. Lassen Sie uns noch ein paar Jahre warten! Im Jahr 2020 werden

Sie darüber erstaunt sein, dass Sie sich zehn Jahre vorher über diese Prognosen gewundert haben.

Das Leben geht weiter! Die vermutlich wichtigste Fähigkeit des Menschen ist die Anpassung. Natürlich haben wir Ängste, befürchten hinter jedem Wandel zunächst Schlimmes und neigen ab und an zum Jammern, wenn uns die Zukunft zwingt unsere liebgewonnene Komfortzone neu zu erfinden. Aber ob wir es mögen oder nicht ..., eines bleibt sicher: Die Zukunft kommt! Denn die Wahrheit hinter der Zukunft ist: Sie entsteht nicht, weil wir Menschen uns dies wünschen. Sie entsteht, weil marktbeherrschende Unternehmen neue Technologien in unser Leben treiben und weil demografische Entwicklungen jene Fakten schaffen, an die wir unser Zusammenleben anpassen müssen.

Wir können dies nicht verhindern! Wir Trendforscher wollen die Zukunftsprognosen auch nicht bewerten. Denn nichts von dem, was Sie auf den kommenden Seiten lesen, ist per se gut oder schlecht. Die Entscheidung, ob Sie die Entwicklungen in Ihr Leben lassen oder nicht, werden Sie treffen müssen. Wir Forscher können Ihnen diese Verantwortung nicht abnehmen. Aber wir können Sie vorbereiten und Ihnen die wahrscheinlichsten Entwicklungen der kommenden zehn Jahre voraussagen, wenn wir es richtig tun. Seit zwölf Jahren treffen sich auf unsere Einladung ausgewählte CEOs und Innovationsköpfe der verschiedensten Branchen mit Philosophen, DJs, Bischöfen, Science-Fiction-Autoren und anderen „Querköpfen“ im 2b AHEAD ThinkTank. Sie legen ihre Investitionsentscheidungen in Technologien und Trends auf einen Tisch und entwerfen damit schon heute ein recht genaues Bild unseres Lebens in der Zukunft. Wir möchten mit diesem Buch Ihren Blick auf genau dieses „Übermorgen“ lenken.

Erneut laden wir Sie auf eine Zeitreise mit der Familie Seedorf ein. Diesmal reisen wir ins Jahr 2025. Wir alle sind seit dem letzten Buch fünf Jahre älter und weiser geworden. Vater Peter (jetzt 57 Jahre) und Mutter Kerstin (52) denken nicht daran, alt zu werden. Sie haben ihre kleine Familie sogar noch einmal wachsen lassen. Max (18) und Jenny (15) haben eine Schwester bekommen. Die kleine Marga ist inzwischen 4 Jahre alt und ein wirklicher Sonnenschein!

Lassen Sie sich entführen zu einer ganz normalen Familie des Jahres 2025. Wir treffen sie dort, wo sich die gravierendsten Veränderungen der vergangenen fünf Jahre ereignet haben: bei der Arbeit! Auf den nächsten Seiten lesen Sie Kapitel mit Geschichten aus dem normalen Familienleben jeweils abwechselnd mit Kapiteln der Erklärung und Prognose. All das ist weniger Science-Fiction, als Sie denken! Erwarten Sie prägnante Analysen der wesentlichen Trends unserer Zeit! Und erwarten Sie Strategieempfehlungen für Ihr Business!

Tauchen Sie ein in ein Leben, das Sie in zehn Jahren so oder ganz ähnlich selbst führen werden. Sie werden ab und zu überrascht sein, oft fasziniert und manchmal verstört. Bitte entscheiden Sie selbst, ob sich diese Zukunft für Sie gut anfühlt oder nicht. Denn Sie können Ihre Zukunft gestalten, Sie können sie zum Teil sogar verändern ... nur ablehnen können Sie sie nicht. Denn Ihre Zukunft hat in dieser Sekunde begonnen!

Deshalb ist unsere wichtigste Botschaft für 2025: Zukunft ist das, was Sie daraus machen!

Wir wünschen Ihnen eine inspirierende Lektüre und eine große Zukunft!

Sven Gábor Jánszky und *Lothar Abicht*

Prolog
Sonntag, 11. Mai 2025

Baadaye, Mama!

Und wieder dieses Zucken! Peter versucht seine Lippen stärker aufeinanderzupressen. Er will nicht noch lauter losprusten. Das sah aber auch wieder komisch aus! Seit vielen Monaten kennt er dieses Schauspiel nun schon, aber heute sind die Leute wieder besonders herrlich! Der kleine Dicke mit den schreckgeweiteten Augen wäre gerade fast über seinen Rollkoffer gefallen. Und das ist schon der Vierte in fünf Minuten! Peter wischt sich eine kleine Lachträne aus dem Augenwinkel und erwidert den Was-gibt's-denn-da-zu-lachen?-Blick des Rollkofferfallers mit einem breiten Grinsen.

Dies ist sein absoluter Lieblingsplatz. Jeder andere, der das Flughafengebäude hier beim Check-in betritt, sieht hier vermutlich nur eine unscheinbare Bank. Wenn man sie überhaupt wahrnimmt. Völlig bedeutungslos! Aber Peter hat vor ein paar Monaten das große Kino dieses Orts entdeckt.

Es ist Zufall gewesen. Kerstin und Marga waren auf ihrer üblichen Baadaye-Runde durch den Flughafen unterwegs. „Baadaye" bedeutet „Tschüss" auf Swahili. Seine Frau hat dieses Abschiedsritual eingeführt. Seit sie zwei bis drei Mal im Monat nach Uganda fliegt, haben Peter und Marga sie fast immer zum Flughafen gebracht. Die großen Kinder sind für Abschiedszeremonien nicht mehr zu haben. Aber die Kleine genießt das Gefühl der unbekannten, weiten Welt auf dem Flughafen.

An jenem Tag hat Peter keine Lust auf dieses neue „Gate X"-Spiel gehabt, das Marga und Kerstin durch das Terminal trieb. Sich ein paar Minuten auf diese Bank zu setzen und auf die beiden zu warten, das erschien ihm ideal. Und damals hat er es zum ersten Mal gesehen: dieses Zucken! Zunächst hat er es gar nicht beachtet. Er dachte, eine zuckende Frau hätte sich nur über etwas erschrocken. Doch als ein paar Sekunden später eine Zweite an derselben Stelle in die Knie gegangen ist und kurz darauf ein älterer Herr vor Schreck seinen Koffer fallengelassen hat, wurde Peter aufmerksam und nahm den Fleck, vor dem alle zurückschreckten, selbst in Augenschein.

Es ist kein kleiner Fleck, vielleicht zwei mal zwei Meter groß und er befindet sich etwa acht Meter vor der Bank, auf der Peter gesessen hatte. Aber dieser Fleck hat es in sich. Denn hier fällt das Sonnenlicht so günstig durch die hohe Hallendecke, dass jeder, der vorbeiläuft, automatisch denkt, er wird durch einen roten Teppich erschlagen. Natürlich wird niemand erschlagen! Es ist eine optische Täuschung. Der rote Teppich hängt wie eh und je fest unter der Decke der Check-in-Halle. Aber auf diesen vier Quadratmetern hat man den Eindruck, er würde gleich genau hier herunter stürzen! Verrückt!

Peter hat diesen roten Teppich früher schon öfter bewundert. Er mag die Symbolik! Ein fliegender Teppich für Reisende zwischen Heimat und Hoffnung auf dem Weg in das Unbekannte. Wie oft hat er selbst mit diesen Gefühlen hier am Schalter gestanden?! Weit mehr als tausend Mal sicherlich! Aber dass es nun zu diesem Teppich unterm Dach auch noch den „Fleck des Schreckens“ auf dem Boden gibt, das ist wirklich große Kunst. Ob der Künstler wohl den Fleck mitgeplant hat? Oder vielleicht sogar diese Zuschauerbank? „Falls ja: große Hochachtung“, denkt Peter.

Doch weiter kommen seine Gedanken nicht. In diesem Augenblick sprintet Marga hinter der Kioskbox hervor. „Papa, Papa“, sprudelt es aus ihr heraus. „Wir haben Gate X gefunden, wir haben es gefunden! Komm mit, ich zeige es dir!“ „Was? Wirklich?“ Etwas unbeholfen stammelt Peter seine Worte heraus. Er ist sich sicher gewesen, dass es Gate X gar nicht gibt. Immer wenn Kerstin mit Marga hier im Flughafen auf die Suche nach Gate X gegangen ist, hat Peter es für ein schönes Abschiedsritual gehalten. Aber wo sollte dieses Gate X denn sein?

„Ja, es ist wirklich da!“ Kerstin taucht hinter Marga auf. Ihr Handy hat sie noch in der Hand. „Schau mal, du musst es dir vor die Augen halten!“ Peter greift nach dem Handy und hält es mit ausgestreckter Hand in die Halle hinein. „Und was soll ich hier sehen? Ich sehe nichts.“ „Na, du musst natürlich noch die App starten.“ Peter wischt planlos auf dem Display herum. „Welche App denn?“ „Na, die ‚Gate X‘-App!“, kommentiert Marga von unten. Dieser Ton saß: leicht kess, irgendwo zwischen verständnislos und vorwurfsvoll.

Peter weiß, woher er diesen Ton kennt. „Das ist 100% Kerstin in ihren unentspannten Momenten“, denkt er. Nur Bruchteile von Sekunden später schießt es ihm durch den Kopf: „Ich darf für Marga nicht der ‚alte Sack‘ werden, der zu bequem ist sich in die Faszinationen ihrer Welt zu versetzen.“

Schnell nimmt er seine Handybrille aus dem Etui, setzt sie auf und sagt: „Starte App Gate X.“ Vor seinen Augen erscheint die Flughafenhalle, in der sie stehen. Doch sie sieht irgendwie anders aus. Virtueller. Und es sind nicht die echten Menschen, die hier zu sehen sind, sondern Figuren, die aussehen wie die Computermenschen aus den Sicherheitsvideos. Offenbar gibt es den Flughafen nicht nur als reales Terminal, sondern auch in einer virtuellen Parallelwelt. Jetzt dämmert ihm, warum Kerstin und seine Tochter so viel Spaß daran haben, nach Gate X zu suchen. Sie laufen offenbar die ganze Zeit mit dem Handy vor den Augen durch den Flughafen und suchen ein Gate, das es nur in der virtuellen Welt gibt. Peter wendet seinen Kopf und schaut durch die Halle. Er grinst unweigerlich. In seiner Handybrille sieht er an der gegenüberliegenden Wand einen Computermenschen auf dem Boden schlafen. „Mein Gott: Streiken die schon wieder?“, fragt er seine Frau.

Kerstin grinst: „Na, dann geht ihr jetzt gleich nochmal zusammen auf die Suche nach dem Gate X, okay? Vielleicht lässt dich Papa mal seine smart glasses aufsetzen. Aber vorher verabschieden wir uns. Ich muss nämlich zu meinem Flieger. Wir sehen uns am Donnerstag wieder, meine Süße. Baadaye!”

„Okay, Mama“, Marga strahlt. „Baadaye!”

Links

Augmented Reality: Berliner Mauer

▶ www.youtube.com/watch?v=xkumQUUZv-g

smart glasses

▶ www.youtube.com/watch?v=MP1gvGcXcLk

4 Tage später, Donnerstag, 15. Mai 2025, 5:52 Uhr: Aufstehen

Guten Morgen, Rob!

„Wieso ist das denn jetzt so warm?" Peter spürt, wie eine Hand über sein Gesicht fährt. Die Wärme vergeht. Doch kaum verschwindet die Hand, ist die Wärme wieder da. „Kerstin? Ach, nein. Kerstin kann nicht hier sein. Sie kommt erst heute aus Afrika zurück. Ist das meine Hand?"

Von diesem Moment des Erwachens ist Peter schon immer fasziniert gewesen. Jener Augenblick, in dem der eigene Verstand plötzlich in den Kopf zurückzuwandern scheint, nachdem er noch Sekunden vorher offenbar die Fähigkeit hatte, von außen auf sich, die Sonne und die Hand in seinem Gesicht zu schauen. Er hat noch nie mit jemandem über diese Selbstbeobachtung gesprochen, vermutlich hat ihn die Angst gebremst, dass andere ihn für esoterisch oder abgedreht halten. Heute Morgen wird er es auch nicht tun!

Die Morgensonne scheint kräftig und warm durch die Scheibe. Fast scheint es, als könnte man Mitte Mai live verfolgen, wie sie jeden Tag stärker und wärmer wird. Peter dreht den Kopf und sucht den Wecker. 5:52 Uhr zeigt ihm das 3D-Display neben seinem Bett. Daneben tänzeln ein paar Hologramme durch die Luft. Es gibt wohl ein paar neue E-Mails.

Peter verdreht die Augen und rollt sich quer durch das große Bett auf die andere Seite. Dies ist ein winziger Pluspunkt der vielen Morgen, an denen er ohne Kerstin aufwacht. Ein ganzes, großes Bett für ihn allein!

Doch die Sonne in seinem Gesicht lässt seinen wachen Verstand nicht wieder entgleiten. Es dauert einige Sekunden, bis er versteht, warum er zu dieser Zeit wach geworden ist. Es liegt ja nicht an der Sonne oder an seinem 3D-Wecker, den er gestern Abend vergessen hat zu stellen. Für den Bruchteil einer Sekunde überlegt Peter, wem er die Schuld an seinem zeitigen Erwachen geben könnte, aber er bricht den Gedanken schnell wieder ab. Denn ehrlicherweise liegt es an niemandem. Früher, während seines Studiums, hat er in solchen Situationen gern den alten Fontane zitiert: „Das ist ein weites Feld.“ Heute heißt es einfach: „Die Sache ist komplex!“ Oder: „Rob!“

Denn seit Familie Seedorf vor drei Jahren dieses neue Haus hier am Rande der Stadt gekauft hat, gibt es kein Weckerklingeln mehr zum Aufwachen. Die Zeiten, als diese scheppernden und quietschenden Ungetüme die Menschen aus dem Tiefschlaf gerissen haben, sind ja schon seit ein paar Jahren vorbei. Heute wachen Menschen auf angeblich natürlichere Weise auf: Es wird automatisch hell im Zimmer. In den älteren Häusern gehen die Gardinen und Jalousien automatisch auf oder das Licht wird hochgedimmt. In den neueren Häusern sind es Leuchttapeten oder Spiegelflächen an Kleiderschränken, die das strahlend hellblaue Tageslicht imitieren. Abends leuchten diese Tapeten üblicherweise rötlich-orange, um den Biorhythmus herunterzufahren, und morgens versuchen sie ihn mit dem Licht der aufgehenden Sonne anzustacheln.

Peter mochte das sanfte Brummen der Motoren, wenn

früher in seiner alten Wohnung die Jalousien nach oben fuhren. Doch vor drei Jahren ist er mit seiner Familie in dieses Haus gezogen, in dem es nicht einmal mehr Jalousien gibt. Und auch das künstliche Licht der Leuchttapete nutzt er zwar abends, wenn es draußen dunkel ist, aber morgens bevorzugt er das echte Sonnenlicht. Denn in seinem Haus wurde schon dieses neuartige Spezialglas verbaut, das in sich entweder durchsichtig oder ganz schwarz werden kann. Aber wer hat seiner Schlafzimmerscheibe heute gesagt, dass sie vor 6:00 Uhr die Nacht beenden soll? Rob!

Peters Stöhnen ist kaum hörbar. Offenbar haben sich Fensterscheibe, Wecker und Leuchttapete mit seinem Kalender kurzgeschlossen. Auf irgendeine Weise müssen sie wohl mitbekommen haben, dass er für 6:30 Uhr zum Telefonieren verabredet ist. Welches Gerät nun wirklich daran schuld ist? Die Sache ist komplex, ... aber wenn er nun schon einmal wach ist, dann kann er ja auch aufstehen.

Im Badezimmer schaltet Peter als Erstes den Badezimmerspiegel an. Rob, sein elektronischer Assistent, erscheint und spielt automatisch die für Peter wichtigsten Informationen der letzten zehn Stunden ein. Dies ist so etwas wie eine individualisierte Nachrichtensendung, speziell auf ihn zugeschnitten. Sie besteht aus Ausschnitten der wichtigsten News aus Blogs und Communities und den wichtigsten per Internet verfügbaren Videos, die ihn interessieren: den News aus seiner Branche, dem Zusammenschnitt einer wichtigen Rede des CEOs eines Wettbewerbers, einem Spielerkauf seines Lieblingsfußballclubs, den Kursen seiner Aktien mit Kauf- und Verkaufsempfehlung in der Kurzübersicht, der Information seines Energieassistenten über den Energiezustand des Hauses und der Empfehlung seines Navigationssystems aus dem Auto zu Staus auf dem Weg ins Büro, einem neu vorgestellten Science-Fiction-Roman, einem Hinweis auf einen interessanten Nachwuchsmanager, der Vorstellung von Prototypen eines Zukunftsproduktes auf einer Messe in Asien und einem neuen Best-of-Album seiner Lieblingsband. Das hat Rob für heute gefunden. Dass keine Information aus der Bundespolitik oder aus seiner Stadt dabei ist, versteht Peter auch als wichtige Information. Offenbar gibt es heute nichts Wichtiges, sonst hätte Rob es ihm ebenfalls präsentiert.

Rob ist der wichtigste Mensch in Peters Leben. Genauer gesagt: Mensch ist übertrieben. Rob ist eine Software. „Er" erscheint immer dort, wo Peter ihn braucht. Er spielt automatisch die passenden Informationen und Vorschläge in Peters Leben ein. Woher er weiß, was passt? Rob beobachtet Peter. Die Software lernt aus jeder seiner Entscheidungen über seine Vorlieben, seine Wünsche und Bedürfnisse. Schon nach wenigen Wochen hat Rob Peter genauer gekannt als jeder andere Mensch. Vielleicht sogar genauer als Peter sich selbst.

Für ganz wenige Sekunden ist Peter in Versuchung. Ein Gefühl der Sehnsucht überkommt ihn, als er aus der Dusche herauskommt. Ob Kerstin wohl auch schon wach ist? Der Drang, sie einfach mit wenigen Fingerstrichen hier aus dem Badezimmerspiegel anzurufen, ist riesig. Zum Glück kann er sich zurückhalten. Zu deutlich ist noch die Erinnerung an seinen letzten Anruf aus dem Badspiegel. Kerstin war entsetzt darüber, wie er die Privatsphäre des Zähneputzens so entweihen konnte. Er hat zuerst gar nicht verstanden, wovon sie redete. Aber dann hat er begriffen, dass seine Frau im Badezimmer offenbar ihre Ruhe will. Wäre dieser Smart Mirror nicht schon standardmäßig eingebaut gewesen, als sie das Haus gekauft hatten, hätte Kerstin sich mit Händen und Füßen dagegen gewehrt. Aber er war ja nun mal drin. Kerstin hat sich deshalb angewöhnt, ihren elektronischen Assistenten immer erst nach dem Bad, in der Küche, anzuschalten. Damit nervt sie zwar regelmäßig alle anderen in der Familie, die beim Frühstück ihre Ruhe haben wollen, aber das wiederum scheint ihr ziemlich egal zu sein.

6:24 Uhr! So steht es im Badezimmerspiegel, als Peter seine Morgentoilette beendet. Perfektes Timing! Auf dem Weg in die Küche überkommt ihn ein Schmunzeln: „Schon verrückt, wie gut diese Geräte mich inzwischen kennen!"

Bis zum Telefonat mit Oskar hat er noch fünf Minuten. Die reichen gerade, um einen Joghurt aus dem Kühlschrank zu fischen. Heute muss es der Brain-Joghurt sein! Peter zögert keine Sekunde. An anderen Tagen greift er gern auch mal zu Kerstins Bio-Joghurt, um seine Frau und das eigene Gewissen ein wenig ruhigzustellen. Aber Morgen wie heute gehören zu den spannendsten Momenten seines Lebens. Die morgendlichen Gespräche mit Oskar Feinholt in China sind Peters Inspirationseinheiten. Dabei will er keinen wichtigen Zungenschlag verpassen. Dieser Brain-Pusher, bei dem Peter immer das Gefühl hat, dass er die folgenden drei Stunden viel wacher und schneller im Kopf wird, ist dafür gerade gut genug! Und Nebenwirkungen sind auch keine bekannt! Jetzt schnell ins Wohnzimmer!

Es ist nur eine Geste, mit der Peter seinen Rob vom Badezimmerspiegel ins Wohnzimmer holt. „Wechsle zu Business-Profil", ruft er in den Raum und auf dem riesigen Fernsehdisplay verschwinden die Informationen zu Aktien, Sport und eigenem Haus. Peters Kalender erscheint, seine Messages, Informationen aus der Branche und die vorselektierte Übersicht der Aktionen der anderen Mitarbeiter in seinen Projekten. Doch für all das hat Peter gerade kein Auge. Er freut sich auf Oskar.

Noch vor fünf Jahren ist Oskar Feinholt der „schräge Vogel" bei Nextgen gewesen. Peter hat sich Woche für Woche über ihn gewundert. Einmal hat er sogar das Gefühl gehabt, dass Oskar sich selbst als Testobjekt für Brain-Chips hergegeben hatte. Er hat in einem Gespräch so komisch reagiert.

Doch damals konnte Peter noch nicht ahnen, dass Oskar fünf Jahre später einer der wichtigsten Experten weltweit für die Entwicklung der Brain-Chips werden würde. Auch als die Chinesen ihn abwerben wollten, hat Peter den strategischen Wert seines Mitarbeiters noch nicht erkannt. Das würde er zwar niemals öffentlich zugeben, aber insgeheim musste er sich das schon mehrfach eingestehen. Vielleicht ist das sogar sein Glück gewesen. Denn auf diese Weise hat er Oskar noch bestärkt, die Herausforderung in China zu ergreifen.

Erst viel später hat Peter verstanden, dass er intuitiv richtig gehandelt hatte. Hätte er versucht Oskar zu binden oder festzuhalten, dann hätte das sowieso nur dazu geführt, dass Oskar ein halbes Jahr später gegangen wäre, im Streit. So aber ist Oskar inzwischen seit vier Jahren in China und ihr Verhältnis ist bestens. Mindestens einmal im Monat treffen sie einander morgens zwischen 6:00 und 7:00 Uhr zu ihren Inspirationsgesprächen. Und wer weiß: Vielleicht gelingt es Peter demnächst sogar, Oskar wieder zurückzuholen.

In diesem Moment taucht das vertraute Gesicht im Wohnzimmer auf. Fast scheint Oskar real vor Peter zu stehen. „Diese 3D-Hologramme sind großartig“, denkt er noch. Und dann sagt er: „Hallo Oskar. Du siehst großartig aus. China bekommt dir immer besser, oder ...“

Zukunft: Wohnung

Das Betriebssystem Ihres Lebens

Können Sie sich noch an die Jahrtausendwende erinnern? Das magische Millennium, zu dem angeblich alle Computersysteme zusammenbrechen sollten? Sind sie nicht! Natürlich! Doch erinnern Sie sich noch an diesen

Jahreswechsel? Wo haben Sie gewohnt? Mit wem? Wer war Ihr Arbeitgeber? Und wie oft haben Sie seitdem den Job gewechselt? Lassen Sie uns den gleichen Zeitraum nach vorn denken. Und lassen Sie uns annehmen, dass unsere Arbeitswelt sich in der gleichen Dynamik weiterhin verändert. Nur ein bisschen schneller! Denn so angestrengt Trendforscher auch suchen, es gibt keinerlei belastbare Signale für eine Stagnation dieser Trends.

Wenn Sie uns in dieses kleine Gedankenexperiment folgen, dann bewegen wir uns 2025 in einer Welt, in der unsere Arbeit so vielfältig ist wie die Orte und Zeiten, an denen sie stattfindet. Kerstins Einstieg in eine Topmanagement-Position nach der Mutterschaft ist genauso normal wie der regelmäßige Flug für diese Manager zur Arbeitsstelle nach Afrika oder Asien. Bereits für 2020 prognostiziert eine vielbeachtete Trendstudie zu den Arbeitswelten der Zukunft, dass die Hälfte der hochqualifizierten Beschäftigten außerhalb ihres Heimatlandes arbeitet. Erfolgreich seien in Zukunft nur jene Unternehmen, die es schaffen, die richtigen Talente zur richtigen Zeit am richtigen Ort zu versammeln.[1] Doch nicht nur den Hochqualifizierten geht der regelmäßige Wechsel von Jobs und Arbeitgebern schnell von der Hand. Auch die Facharbeiter mit mittlerer Qualifikation werden händeringend gesucht. Und für all jene Peters, die im scheinbar unendlichen Wandel eine Ruhepause suchen, verändert die künftige Technologie zumindest das Aussehen ihres Arbeitsplatzes. Lassen Sie uns nicht wieder von den uralten Vorstellungen unserer Homeoffices beginnen. Lassen Sie uns konsequent auf das schauen, was wirklich geschehen wird:

„Stellen Sie sich vor, Sie würden morgens aufwachen und jeder Gegenstand hätte eine eigene Internetadresse: Ihr Badspiegel, Ihre Kaffeetasse, Ihr Küchentisch, Ihre Handtasche, ... Was würden Ihre Kunden von Ihnen ver-

langen, was würde die Konkurrenz tun und wie würden Sie regieren?"

Dies ist eine Standardfrage, die wir Trendforscher in allen unseren Zukunftsreden vor Topmanagern stellen. Viele Zuhörer zucken bei dieser Frage zusammen, als hätte sie gerade eine unglaubliche Hiobsbotschaft erreicht. Dabei steuern wir schon seit Jahren auf diese Situation hin: Wenn Chiphersteller davon sprechen, jeden Chip mit einer Antenne auszustatten, wenn Computer kleiner und in Alltagsgegenstände eingebaut werden, dann wird jeder Gegenstand zum Internetempfänger. Die Nachfolger von iPad & Co. sind iMirror, iTable und iWallpaper. Alle Gegenstände, die dadurch einen neuen Nutzen erhalten, werden zu Internetgeräten werden. Zukunftsexperten aus all diesen Branchen sprechen in diesem Zusammenhang vom „Internet der Dinge" und „Digitaler Konvergenz". Sie umfasse in Zukunft nicht nur die Wohnung oder das Haus, sondern die ganze Stadt und die ganze Welt. Jeder Gegenstand erhält eine IP-Adresse.

Zugleich werden der Informationsfluss und das Synchronisieren der stationären und mobilen Gegenstände nahtlos werden. Die Steuerung passt sich durch Sensorik und Gestensteuerung mehr und mehr den zwischenmenschlichen Kommunikationsarten an. Der Zukunftsexperte eines großen Mobilfunkkonzerns sagte in einer Trendstudie: *„Wenn ich heutzutage in ein Hotelzimmer gehe, habe ich einen Bildschirm an der Wand, Telefon, Internetzugang. In vier bis fünf Jahren bekomme ich keinen Zimmerschlüssel mehr. Stattdessen wird ein Code auf mein Handy gespielt. Sobald ich mit meinem Handy die Zimmertür öffne, erkennt der Raum mein Gerät. Blitzschnell stellt sich das Hotelzimmer auf mein individuelles Profil ein: Die Beleuchtung, die Atmosphäre, die Infoscreens an der Wand, … alles ist genauso, wie mein Profil weiß, dass ich es am liebsten mag."*[2]

Dies ist nicht nur ein Hotelszenario. Schritt für Schritt wird in den kommenden Jahren die Internetlogik alle Orte und Geräte des Alltagslebens erobern.

Doch die neu entstandenen Internet-Spiegel, -Tische, -Autos, -Wände und -Fenster werden damit nicht zu Computern, wie wir sie kennen. Denn zugleich entwickeln sich neue, nutzerfreundliche Bedienkonzepte und neue Mensch/Maschine-Schnittstellen. iPhone und iPad sind Vorreiter für neue Usability-Konzepte. Als nächster Schritt wurde bereits an vielen Prototypen die Gestensteuerung vorgestellt, die nicht einmal mehr eine Berührung des Gerätes durch den Menschen erfordert. Auch die Sprachsteuerung der Geräte ist spätestens seit Apples Siri den Kinderschuhen entwachsen. Es ist nicht zu erwarten, dass sich Gesten- und Sprachsteuerung gegenseitig ausstechen. Vielmehr werden sie nebeneinander existieren, ebenso wie das Eye-Tracking, also die Steuerung per Blick. Als Zugang zu unseren Daten sowie zur Identifikation werden im Jahr 2025 biometrische Merkmale den Part der heutigen PINs und Zahlenkombinationen einnehmen. Mittels Fingerabdruck-, Stimm-, Gesichts- oder Iriserkennung lassen sich Türen öffnen, Informationen verifizieren oder Softwareprogramme bedienen.

Zudem werden bis zum Jahr 2025 diese neuen Steuerungsarten durch die heute noch futuristisch anmutende Gedankensteuerung (Brainwave-Recognition) ergänzt. Sie ist inzwischen dem Science-Fiction-Stadium konsequent entwachsen und wird sich in den kommenden Jahren ihre ersten Anwendungsfelder suchen. Noch zeitiger als die Gedankensteuerung wird die Emotionserkennung in unsere Geräte Einzug halten. Dies bedeutet: Geräte erkennen die Emotionen ihrer Benutzer und können darauf adäquat reagieren. Ein Auto würde ein entsprechend anderes Fahrverhalten zeigen, wenn sein Fahrer angespannt und müde ist, als wenn er ausgeruht und entspannt am Lenkrad sitzt.

Diese neue Technologie schafft die Voraussetzung dafür, dass Arbeits- und Freizeitwelten immer mehr zusammenwachsen. Die heute noch bekannte klassische Trennung wird im Jahr 2025 von einigen wenigen traditionsbewussten Menschen weiter zelebriert werden. Die große Masse der Menschen wird dies jedoch für ein Relikt aus dem alten Industriezeitalter halten. Damals, als man während der Arbeitszeit noch täglich für acht Stunden seine Selbstbestimmung abgeben und Dinge tun musste, die der Arbeitgeber verlangte. Wie schön, dass die meisten in der heutigen Arbeitswelt gern arbeiten, und zwar dann, wann sie wollen!

Doch bleiben wir zunächst noch bei der Technik! Den Technologietreibern reicht es nicht, nur neue Geräte herzustellen, die sich auf eine neue Art und Weise steuern lassen. Die wichtigste Eigenschaft der Geräte in unseren Wohnungen der Zukunft ist ihre Intelligenz! Bildanalyse, Bilderkennung und beobachtende Interfaces sorgen dafür, dass Alltagsgegenstände das Verhalten ihrer Benutzer beobachten, diese Realwelt-Daten mit virtuellen Daten kombinieren und über 3D-Displays in allen Varianten jeweils situationsgerechte Informationen in unseren Alltag einspielen.

Bereits heute enthält jedes handelsübliche Smartphone eine beeindruckende Liste von Sensoren: GPS zur Ortserkennung, Helligkeitssensor, Gyroskop zur Bewegungserkennung, Magnetometer als Kompass, Proximitysensor zur Personenerkennung, Drucksensoren zur Erkennung der Höhe, Barometer für den Luftdruck, Temperatursensoren, Spannungssensoren, Lagesensoren als Wasserwaage, Berührungssensoren für Touchpads sowie Sensoren zur Erkennung umliegender Geräte und Datenaustausch wie

WLAN, Bluetooth, RFID und NFC. Über Software kommt die Objekterkennung nach grafischen Elementen (via Barcode, QR-Code, Semacode oder Aztec-Code) und die Objekterkennung nach Form der Objekte (durch Abgleich mit Datenbanken) hinzu. Künftig auch Eyetracker und Face-Recognition. Mit all dieser Sensorik werden unsere Alltagsgegenstände das Verhalten ihrer Benutzer beobachten. Sie gewinnen Daten über unsere Entscheidungen, Wünsche und Bedürfnisse. Diese Daten kombinieren sie mit den Daten anderer Geräte und erstellen auf diese Weise sehr genaue Profile ihrer Nutzer. Mit diesem Wissen stellen sie sich in jeder Situation adaptiv auf die Bedürfnisse ihres Nutzers ein und spielen all jene Informationen in unseren Alltag ein, von denen wir noch gar nicht wussten, dass sie nützlich sind. Manch einer sagt, die Geräte werden uns besser kennen als wir selbst. Das ist vermutlich richtig.

Es tobt der Kampf um das Betriebssystem unseres Lebens

Doch auch das ist nur die halbe Wahrheit. Denn die entscheidende Frage ist: Wo liegt diese Intelligenz über unsere Wünsche und Bedürfnisse? Wer gewinnt die Macht, diese intelligente Technologie auszuwerten und für seine Zwecke zu benutzen?

An dieser Stelle kommt ein Wort ins Spiel, das jeder von uns in den letzten Monaten gehört hat: die Cloud. Sie ist omnipräsent. Nicht zu übersehen! Sie kommt in bunten Werbespots mit niedlichen Schäfchenwolken daher oder in Präsentationen über die Vorteile der Speicherung unserer Unternehmensdaten auf fremden Servern. Dies ist gelinde gesagt irreführend. Denn konkret geht es bei der Einführung der Cloud-Technologie natürlich nicht um Daten. Es geht nicht darum, ob Daten statt im eigenen Computer nun an einem anderen Ort gespeichert werden. Es geht auch nicht darum, ob dieser andere Ort in Deutschland oder sonstwo auf der Welt liegt. Es geht nicht einmal um Daten, so wie wir sie bisher kennen: jene statischen Datenberge, die heute in Ihren Datenbanken liegen. Wer Ihnen dies erzählt, hat die Cloud nicht verstanden.

Stattdessen entsteht der Nutzen der Cloud durch das Erfassen und Auswerten von Bewegungsdaten des Nutzers. Objekterkennung, Bilderkennung und beobachtende Interfaces sorgen künftig dafür, dass Alltagsgegenstände das Verhalten ihrer Benutzer beobachten, diese Realwelt-Daten über die Cloud mit den abgelegten statischen Informationen kombinieren und über maschinelle Algorithmen oder Business Intelligence Systeme jeweils sekundengenau individuelle und situationsbezogene Prognosen über das momentane Bedürfnis des Nutzers erstellen. Dies ist die Grundlage, um sofort situationsgerechte Informationen und Angebote über die in der Cloud verfügbaren Geräte in unseren Lebens- und Arbeitsalltag einzuspielen.

Deshalb geht es bei der Cloud keinesfalls um Daten nach unserem bisherigen Verständnis. Es geht um die Bedürfniserkennung des Nutzers, das Prognostizieren seiner Wünsche, bevor er sie ausgesprochen hat. Und es geht um die strategische Absicht der treibenden Kräfte hinter den Cloud-Entwicklungen, uns künftig eine Vielzahl neuer Spiegel, Tische, Tapeten, Autos, Handys etc. zu verkaufen, die uns die Welt auf unsere Bedürfnisse einstellt. Die Voraussetzung, dass diese Geräte alle miteinander funktionieren, ist die Cloud.

Da diese Datenanalyse und Auswertung aber zur Bedingung hat, dass diese Geräte miteinander kommunizieren müssen, benötigen alle Geräte, die wir im Verlauf eines Tages nutzen, das gleiche Betriebssystem. Derjenige, der dies anbietet, hat nicht mehr nur die Macht darüber, wie unser Computer funktioniert. Er hat in Zukunft eine viel größere strategische Macht über viele interessantere Fragen: Wie wir arbeiten. Was wir wissen. Was wir kaufen. Lassen Sie sich bitte durch all die lustigen Wölkchengrafiken in den Präsentationen der Cloud-Anbieter nicht täuschen: Wir erleben gerade den Verteilungskampf um das Betriebssystem unseres Lebens!

Elektronische Assistenten als Alltagsbegleiter

Die Gewinner der Cloud werden all jene Unternehmen sein, die verstehen, dass die Cloud in unserer Gesellschaft und Wirtschaft vor allem zu einer Konsequenz führt: Das Phänomen der „Masse" wird allmählich verschwinden. Denn jeder, der sein Smartphone benutzt, wie man ein Smartphone benutzen kann, tritt aus der Masse aus. Er kommuniziert jetzt direkt und persönlich in einer 1:1-Beziehung zu Menschen, Unternehmen, Parteien etc. Das bedeutet: Es gibt keine „lenkbare" Masse an Käufern mehr, wenn deren Einkaufszettel individuell zusammengestellt wird. Es gibt keine „lenkbare" Masse an Zuschauern für Werbebotschaften mehr, wenn Fernsehprogramme und Zeitungen individuell zusammengestellt werden. Diese individuellen, intelligenten, elektronischen Assistenten sind das sichtbare Ergebnis der Cloud.

Doch so nützlich uns diese elektronischen Assistenten in vielen Situationen unseres Lebens und unserer Arbeit sein werden, so wird es auf der anderen Seite der gleichen Medaille aber auch Verlierer geben. Denn was tun Verkäufer, wenn der Kunde dank Barcodescanner und Amazon viel besser weiß, ob das Produkt zu ihm passt, wie es andere Kunden bewertet haben und ob es um die Ecke oder online billiger zu haben ist? Vom Experten zum Kassierer! Was tun Lehrer, wenn ihre Schüler per E-Book immer mehr wissen, als das Ministerium vorschreibt? Vom Experten zum Vorleser! Was tun Handwerker, wenn Häuslebauer sich keine Heizung für ihr Haus mehr empfehlen lassen, sondern den Handwerker beauftragen jene bestimmte Heizung XY einzubauen, die angeblich die beste sein soll ... sagt das Internet. Vom Experten zum Handlanger! Was tun Touristenführer, wenn in der Reisegruppe immer einer ist, der per Handy mehr über die Geschichte von Häusern zu berichten weiß, als der Reiseleiter jemals auswendig lernen kann? Vom Experten zum Schirmwedler! Was tun Makler, wenn dem Wohnungssuchenden die für ihn individuell passende Immobilie beim Gang über die Straße automatisch in die Brille eingeblendet wird? Vom Experten zum Türaufschließer!

Wir werden in den kommenden Jahren eine Devaluation des Expertentums erleben, die große Teile unserer Arbeitswelten radikal ändert und neue Märkte entstehen lässt. Denn all jene Expertinnen und Experten, die heute unsere Welt prägen, müssen sich fragen lassen, ob ihre Expertise künftig nicht schneller und individueller durch eine Software angeboten werden kann.

Das neue Vertrauen in die Technologie

Um die Rolle der rasanten Technologieentwicklung für die Arbeitswelten des Jahres 2025 zu verstehen, ist nicht nur die Frage „Was ist technologisch möglich?“ wichtig, sondern vor allem die Frage „Wem werden wir Menschen erlauben, unsere Daten zu verwalten, seine Recommendation-Systeme anzubieten und seine elektronischen Assistenten auf unseren Geräten zu installieren?“.

Die Antwort ist zugleich einfach und schwer. Sie lautet: Es wird jenes Unternehmen sein, dem der Kunde am meisten vertraut. So technisch und kühl uns die Technologievisionen vielleicht vorkommen mögen, der strategisch entscheidende Punkt, an dem sie zum Geschäftsmodell werden, ist ein durchweg emotionaler: Wem vertraue ich?

Wichtig ist dabei, dass das grundsätzliche Misstrauen in Unternehmen und den Staat, so wie es vor 40 Jahren bei der Einführung unseres heutigen Datenschutzes noch vorherrschte, inzwischen weitgehend verschwunden ist. Die Ängste der heute älteren Generationen vor einer Freigabe von Daten kommen noch aus einer Zeit, die bipolar geprägt war: Angst vor der Bedrohung durch den Ostblock, Angst vor dem Weltmachtanspruch der Amerikaner, Angst vor der Allmacht der Regierung und der Unternehmen. Wir erleben seit 20 Jahren, wie diese allgegenwärtige Angst allmählich verschwindet. Deshalb erleben jüngere, aber auch ältere Menschen die Freigabe ihrer Daten inzwischen überwiegend als nützlich anstatt bedrohlich.

Datenschutz hat für die Arbeits- und Technologiewelten eine zentrale Bedeutung, allerdings nach einer neuen Grundlogik: Der Datenschutz wird nicht mehr die Freigabe der Daten verhindern, sondern den Menschen eine Möglichkeit geben, ihre Daten freizugeben und dennoch souverän über sie zu bleiben.

Für Technologieanbieter wird diese Grundlogik zum bestimmenden Faktor zwischen Erfolg und Misserfolg! Und so schön dies in der abstrakten Beschreibung klingt, so herausfordernd wird es in den konkreten Forderungen der Trendforscher an die Wirtschaft. In seiner Trendstudie „Der unverstandene Megatrend“[3] hat der 2b AHEAD ThinkTank konkret fünf Zukunftsregeln benannt, die in jeden zukunftssicheren elektronischen Assistenten hineingehören:

Regel 1: Wir geben unserem Kunden die Möglichkeit, die über ihn gespeicherten, statischen Daten und die realtime gemessenen Bewegungsdaten jederzeit auf einfachste Weise einzusehen, zu verändern oder zu löschen. Wir bieten Services an, die dies einfach und bequem machen. Der

„Delete-all-data"-Button gehört zu unserer Cloud selbstverständlich dazu.

Regel 2: Wir nutzen die gespeicherten, statischen Daten und die realtime gemessenen Bewegungsdaten der Kunden ausschließlich, um dem Kunden ein auf ihn zugeschnittenes Angebot zu geben. Wir sichern, dass der Kunde nicht ausschließlich bedürfnisorientierte Informationen bekommt. Wir respektieren sein Recht auf Überraschungen!

Regel 3: Wir informieren den Kunden proaktiv über Schlussfolgerungen, die unsere Prognostik- und Business Intelligence-Systeme über seine Bedürfnisse gezogen haben. Der Kunde hat jederzeit die Chance, diese Schlussfolgerungen zu korrigieren oder abzulehnen. Auch der „Reset-all-data"-Button ist für uns selbstverständlich.

Regel 4: Wir machen es unserem Kunden möglich, selbstbestimmt mit seinen Daten umzugehen. Dies bedeutet auch, dass er die Möglichkeit hat, die Cloud zu wechseln. In diesem Fall geben wir ihm die Möglichkeit, seine Daten in nutzbarer Form mitzunehmen. Der dritte wesentliche Button in unserer Cloud ist der „Download-all-data"-Button.

Regel 5: Wir verkaufen die gespeicherten, statischen Daten und die realtime gemessenen Bewegungsdaten der Kunden nicht. Vielmehr stellen wir dem Kunden alle Daten jederzeit zur Verfügung, damit er diese seine Daten auch bei anderen Anbietern nutzen kann.

Diese produktive Balance zwischen Intelligenz der Technik und Vertrauen der Nutzer wird sich in unseren Arbeitswelten der Zukunft natürlich erst Schritt für Schritt einstellen. Das euphorische Ausprobieren und Selbstbegreifen neuer Technologien wird sich auch weiterhin abwechseln mit versuchtem Missbrauch und den mahnenden Stimmen der Bewahrer. Doch diese notwendigen gesellschaftlichen Adaptionsprozesse werden die Geschwindigkeit der technologischen Entwicklung nicht aufhalten. Das Tempo wird weiterhin vom Moorschen Gesetz bestimmt: Alle 18 Monate verdoppelt sich die Leistungsfähigkeit von Computerchips.[4] Teils fasziniert, teils besorgt fragen sich selbst die weltbesten Technologieforscher, wann denn diese rasante Dynamik zu Ende sein wird. Doch nach wie vor ist kein Anzeichen vom Ende in Sicht. Im Gegenteil: Es ist hochwahrscheinlich, dass die Computerchips des Jahres 2025 sechzehn Mal schneller sind als die heutigen.

Was das bedeutet? Inzwischen ist der Vergleich zwischen der Leistungsfähigkeit des menschlichen Hirns und Computern zu einem beliebten Rechenspiel der Wissenschaftler geworden. In simplen Zahlen ausgedrückt schafft ein menschliches Gehirn etwa 1.013 Rechenoperationen pro Sekunde. Die heutigen Supercomputer schaffen bereits bis zu 1.014.

Falls diese Entwicklung so weitergeht, werden Normal-PCs für 1.000 Dollar etwa im Jahr 2020 die Leistungsfähigkeit eines menschlichen Gehirns erreichen. Bei gleicher Geschwindigkeit könnte etwa im Jahr 2040 die Leistungsfähigkeit aller menschlichen Gehirne durch einen einzigen Computer emuliert sein.[5]

Doch Achtung! Dass die Computer mehr Rechenoperationen als unser Hirn liefern, bedeutet noch nicht, dass per Computer tatsächlich die Funktionsweise des Hirns mit seinen neuronalen Netzen per Computer nachgebildet werden kann. Daran forscht die Wissenschaft intensiv. Ein Ergebnis ist noch nicht in Sicht. Doch wie immer diese Forschung ausgehen mag, die einfache Botschaft lautet: Im Wettstreit gegen die Computer haben wir nicht den Hauch einer Chance. Und die interessanten Fragen entstehen dann erst: Was tun wir dann? Wie sehen unsere Arbeitswelten unter diesen Bedingungen aus?

Links

Intelligente Fensterscheibe & Spiegel: Corning

▶ www.youtube.com/watch?v=jZkHpNnXLBO

3D-Displays der Zukunft

▶ www.2bahead.com/nc/de/tv/rede/video/philipp-von-trotha-von-realeyes-3d-displays-ohne-brille

Dr. Stephan Sigrist zum Kampf zwischen Mensch und Computer

▶ www.2bahead.com/tv/rede/video/wie-unsere-koerper-den-wettlauf-mit-computern-bestehen

7:05 Uhr: Kinder wecken

Eine Tochter für das nächste Jahrhundert

Stille! So behutsam wie möglich drückt Peter die Klinke zu Margas Kinderzimmer herunter. Aus dem Türspalt quillt Dunkelheit. Kein Ton von 3D-Weckern, kein smart glass und keine Screentapete stören die Ruhe hier.

Es ist das einzige Zimmer im Haus, das so aussieht, als wäre es schon 30 Jahre alt. Das hat er so gewollt. Kerstin und er haben sich lange gestritten, wie das Kinderzimmer aussehen sollte. Letztendlich haben sie sich für die Radikalvariante entschieden: kein technologischer Schnickschnack in den ersten fünf Jahren! Sie wollten versuchen Marga zuerst die Werte der realen Welt beizubringen, bevor sie in die virtuelle Welt abtauchen würde. So der Plan!

Dass sie das nicht komplett durchhalten würden, ist ihnen wohl beiden klar gewesen. Marga hat Peters Smartphone schon lange vor ihrem ersten Geburtstag als Lieblingsspielzeug auserkoren und der Computer begeisterte sie auch schnell. Dennoch wehren sie sich bis heute dagegen, ihre Jüngste mit Screentapeten zu beglücken. Manchmal beschleicht Peter der Gedanke, dass er die Renovierung nicht wegen Marga so beharrlich verweigert, sondern wegen seiner selbst. Wenn er diese Klinke herunterdrückt, wird er immer wieder an sein eigenes Kinderzimmer erinnert, damals vor 50 Jahren. Ob er wohl genauso denken würde, wenn Marga nicht seine Nachzüglerin und er nicht schon 57 wäre? „Wie auch immer“, schießt es ihm durch den Kopf, als er sich behutsam auf die Bettkante neben seine schlafende Tochter setzt, „lange werden wir das nicht mehr durchhalten können.“

Das sind großartige Momente. Immer wenn er hier in völliger Dunkelheit liegt und für ein paar Minuten dem regelmäßigen Atem seiner kleinen Tochter lauscht, dann hat Peter das Gefühl, mit sich und der Welt zufrieden zu sein.

Die Gedanken wandern: Zu jenem Tag vor fünf Jahren, als Kerstin und er beschlossen haben ein weiteres Kind zu wollen. Der Entschluss war damals nicht wirklich überraschend. Immerhin haben sie ihn ja schon viele Jahre vorher vorbereitet, als sie Sperma- und Eizellen einfrieren ließen. Aber trotzdem war jener Tag ein denkwürdiger. Es war ein Dienstag. Unverhofft sind Max und Jenny an jenem Tag schnell im Bett verschwunden und ohne großes Gezeter eingeschlafen. So haben Kerstin und er sich viel zeitiger als gewöhnlich im Wohnzimmer wiedergefunden. Statt ins Bett zu gehen, haben sie begonnen zu reden: Über ihre Zukunft. Wie ihr Leben wohl in zehn Jahren aussehen würde? Und was sie mit ihren Jahren zwischen 60 und 90 anfangen wollen, wenn die Kinder raus sind und die Langeweile der Rente droht? Sie sind sich schnell einig gewesen, dass sie weiter arbeiten werden. Und dann hat Kerstin gefragt, was er davon halte, nochmal von vorn anzufangen. Zuerst hat er nicht gewusst, was sie genau damit meinte. Doch dann wurde es ihm klar. Der Gedanke brachte ihm die Freudenröte ins Gesicht.

Also sind sie damals in eine Kinderwunschklinik gegangen. Vermutlich hätte es auch auf natürlichem Weg nochmals geklappt. Aber so verantwortungslos wollten sie nicht sein. Viel zu oft haben sie in den letzten Jahren darüber gelesen, dass mit steigendem Alter der Eltern die Mutationen im weitergegebenen Erbgut drastisch steigen und das genetische Erbmaterial alter Eltern damit eine Gefahr für das Wohlergehen ihrer späten Kinder darstellt. Das Risiko wollten sie nicht eingehen. Wie so viele andere haben sie damals den Trend der künstlichen Befruchtung mitgeprägt. Und Peter hat es nie bereut!

Ganz im Gegenteil! In seiner Begeisterung für die neuen Möglichkeiten der Medizin hat Peter damals gleich noch darauf bestanden, bei Margas Geburt Stammzellen aus dem Nabelschnurblut einzulagern. Das war nicht billig und keiner weiß, ob sich das jemals lohnen wird. Aber allein die Chance, dass damit möglicherweise irgendwann die heute noch unheilbaren Krankheiten geheilt werden könnten, erschien ihm wertvoll genug. Kerstin ist da zurückhaltender gewesen. Sie hat wohl vor allem an Max und Jenny gedacht. Ihr ist es unfair erschienen, dass Marga in ihrem Leben eine Heilungschance bekommen sollte, die ihre beiden Geschwister niemals haben würden.

Aber Peter hat sich am Ende durchgesetzt. „Der Fortschritt wird von Menschen gemacht, damit wir ihn nutzen“, hat er argumentiert. Auch wenn dadurch die Jüngeren unter uns immer die Gnade der besseren Chancen haben werden. Rein statistisch ist es ja hochwahrscheinlich, dass Marga über 100 Jahre alt wird. „Das muss man sich einmal vorstellen: Sie ist unsere Tochter für das nächste Jahrhundert, für das Jahr 2121!“, hat er voller Freude gesagt. „Unglaublich, was bis dahin alles geschehen wird!“

Margas zarte Stimme beendet Peters Gedanken abrupt. „Papa“, sagt sie und dreht sich zu ihm herum. „Muss ich schon aufstehen?“

Zukunft: Lebenszyklen

Die Neuvermessung des Lebens

Lassen wir für das nächste Kapitel den gern gepflegten Jammerton der öffentlichen Debatte zur Alterung der Gesellschaft zunächst kurz beiseite. Es gibt in dieser Debatte eine sehr einfache Grundwahrheit: Wir werden immer älter! Seit etwa 170 Jahren verlängert sich die durchschnittliche Lebenserwartung der Menschen in den Industrieländern linear. Der Anstieg ist groß: Alle vier bis fünf Jahre verlängert sich die Lebenserwartung um ein Jahr.

Das bedeutet: Wenn Sie zum Lesen dieses Buches fünf Tage brauchen, dann bekommen Sie am Lebensende einen Tag dafür geschenkt! Das sind bemerkenswerte Dimensionen. Und ein Ende dieses linearen Anstiegs ist nicht in Sicht. Mediziner gehen zwar davon aus, dass es irgendwo eine Grenze gibt, aber bislang ist sie nicht gezogen. In diesen Langzeittrend sind die sehr wahrscheinlichen Erfolge von Genforschung, Stammzelltherapien und der Produktion künstlicher Ersatzorgane durch 3D-Drucker in den kommenden Jahren übrigens noch nicht einbezogen. „Kopf-Krankheiten“ wie Alzheimer werden therapierbar durch Gentechnik, „Körper-Krankheiten“ werden wir durch die Ersatzteilproduktion von Organen und Knochen in 3D-Druckern verlangsamen können. Die Kurve der Lebenserwartungen könnte also nochmals zusätzlich einen deutlichen Sprung nach oben machen. Schon heute sehen wir, dass die Zahl der 100-Jährigen in Deutschland unerwartet schnell steigt. Der Grund ist, dass die Sterblichkeitsrate im Alter über 80 Jahre derzeit rapide sinkt. Seit 1960 hat sie sich mehr als halbiert. Die Ursachen sind schnell gefunden: Unsere Medizin kann insbesondere Herzkrankheiten heute besser behandeln und die Menschen leben insgesamt gesünder, weil sie mehr wissen.

Falls Sie heute 100 werden, warten Sie bitte nicht auf den Glückwunschbrief des Bundespräsidenten. Vor ein paar Jahren noch bekam jeder Jubilar zum 100. einen persönlichen Brief des Staatsoberhaupts. Inzwischen sind es so viele 100. Geburtstage geworden, dass der Präsident erst bei 105 zum Stift greift. Kein Wunder: Wenn Peters Tochter Marga im Jahr 2071 ihren 50. Geburtstag feiert, dann wird die durchschnittliche Lebenserwartung schon weit über 90 Jahren liegen. Mehr als die Hälfte ihrer Generation wird älter als 100 Jahre werden. Dies ist keine Science-Fiction. Denn Margas Generation wird gerade jetzt in unseren Betten gezeugt und in unseren Kliniken geboren.

Doch der Anstieg der Lebenserwartung ist nur ein kleines Faktum in einem viel größeren Umwälzungsprozess. Es wäre töricht zu glauben, dass diese Zusatzjahre einfach nur am Ende an unser Leben angehängt werden. Es gibt tatsächlich vor allem in Politik und Medien nicht wenige, die uns prophezeien, dass wir künftig krank und schmerzvoll einem langsameren Ende entgegensiechen. Dies ist großer Unsinn! Wer dies vertritt, der bezieht nur einen einzigen Zukunftstrend in seine Prognosen ein und geht davon aus, dass alle anderen Umfeldfaktoren konstant bleiben würden. Dies ist ein beliebter Anfängerfehler in der Trendforschung.

Doch natürlich bleiben die Umfeldfaktoren nicht konstant. Auch sie verändern sich. Vor allem wird die Verlängerung unserer Lebenserwartung durch eine Verzögerung des Alterungsprozesses begleitet. Demografieforscher vergleichen dazu gern das Sterberisiko heutiger Menschen mit ihren Vorfahren. Ein heute 72-jähriger Japaner hat etwa das gleiche Sterberisiko wie ein 30-jähriger Jäger und Sammler. 72 ist das neue 30![6] Auch das Tempo dieser Veränderung ist gigantisch. Bislang hat es in den 200.000 Jahren seit Entstehung des Homo sapiens etwa 8.000 Generationen gegeben. Diese rapide Verzögerung des Alterungsprozesses ist allerdings erst in den letzten 100 Jahren geschehen. Anteil hatten also nur die letzten vier Generationen. „Diese Ergebnisse sprechen dafür, dass nur 100 Jahre moderner Entwicklung die Lebenserwartung des Menschen stärker steigen ließ als die Evolution vom Affen zum Homo sapiens", erklärt etwa der Demografieforscher Oskar Burger.[7]

Die Auswirkungen dieser Trends werden nicht nur Wissenschaftler in ihren Studien bemerken. Wir alle stehen vor einer konkreten Frage: Was werden wir in unseren Jahren zwischen 60 und 90 tun? 30 Jahre Urlaub? Wie langweilig! Wir werden uns nach sinnvollen Beschäftigungen sehnen! Und wenn wir erst in einigen Jahren diese Entwicklung nicht nur als theoretische Frage in Büchern lesen, sondern direkt in unserer Familie und bei unseren Freunden beobachten können, dann werden wir verstehen, dass wir hier nicht nur über das letzte Drittel unseres Lebens reden. Vielmehr werden sich auch die Lebensphasen in unseren ersten 60 Jahren verändern.

Es war noch die Generation unserer Eltern, die ein klares Lebensphasenmodell vor Augen hatte: Jugend und Ausbildung, Erwachsensein und Arbeit, Alter und Rente! Das war schön einfach! Wenn wir uns mit offenem Blick in unserer Welt umschauen, dann sind heute noch die meisten Strukturen in Politik, Steuer und Rente, aber auch in Schule, Ausbildung und Universität und sogar in Unternehmen, Institutionen und Behörden auf exakt diesen Dreiklang der Lebensphasen ausgelegt. Das Problem dabei: Es gibt ihn schon heute nicht mehr!

In den kommenden Jahren bis zum Jahr 2025 wird sich unser Verständnis von den Lebensphasen radikal verändern. Es wird kleinteiliger werden. Wir reden nicht mehr über drei, sondern mindestens über acht Lebensphasen: Die erste Phase der Kindheit und Jugend bis zum Alter von etwa 16 Jahren werden wir auch 2025 vor allem zu Hause bei den Eltern verbringen. Allerdings wird das Familienerlebnis mobiler. Häufigere Umzüge und das Leben in Patchworkfamilien werden in vielen Fällen zur Normalität.

Die zweite Phase ist geprägt von der Gründung des ersten eigenen Haushalts bis zum Alter von etwa 24 Jahren. In diese Phase fallen die Zeiten der ersten Berufsausbildung, des Studiums und der ersten längeren Partnerschaften. Abhängig von der Prägung durch festere oder losere Elternstrukturen in der ersten Lebensphase ist diese zweite Phase entweder eine sehr mobile und dynamische Lebensphase, die die Menschen durch viele Städte, verschiedene Länder und Kulturen führt. Oder sie ist eine Phase, die nur einen geografisch kleinen Schritt weg vom Elternhaus erlaubt.

Die dritte Phase ist die erste Jobphase. Sie ist in vielen Fällen geprägt von einer ungebremsten Mobilität über Länder und Kontinente hinweg, von Firma zu Firma, von Projekt zu Projekt. Diese Phase dauert an über die Hochzeit oder den Beginn der ersten „Partnerschaft fürs Leben“ hinweg bis zur Familiengründung, also der Geburt des ersten Kindes. Abhängig von dem Lebensmodell für eine frühe oder eine späte Familie dauert diese Phase bis zum Alter von ca. 30 oder von 40 Jahren.

Die vierte Phase ist die Familienphase. Egal wie dynamisch und mobil die vorhergehende Phase gewesen sein mag, die nun eintretende Familienphase wird in den meisten Fällen geprägt sein durch die Entscheidung für eine Heimat und einen Ort, an dem die Kinder in den ersten Jahren aufwachsen sollen. Diese Phase dauert an, bis das letzte geplante Kind etwa vier bis fünf Jahre alt geworden ist, also bis zum Alter von ca. 38 oder 48 Jahren. In dieser Phase wird das Leben ruhiger und sesshafter. Es entstehen Bindungen an Orte, Unternehmen und Menschen. Es wird sich allerdings zeigen, dass dies oft nur Bindungen auf Zeit sind.

Die fünfte Phase ist denn auch geprägt durch ein neues

Nomadentum. In dieser Phase zeigt sich, dass die vorangegangene Familienphase oft überinterpretiert wurde. Denn die Menschen sind mitnichten dauerhaft sesshaft geworden. Im Gegenteil: Nachdem die Kinder „aus dem Gröbsten heraus sind“, setzt eine neue und oft noch dynamischere Art des Nomadentums ein. Für die Verwirklichung in Job und Karriere werden Wohnorte genauso gewechselt wie Unternehmen und Branchen. Die Flugmeilenkonten wachsen hier oft ins Unermessliche. Es ist die Phase, in der es wieder um die Selbstverwirklichung und das Geldverdienen geht. Diese Phase dauert abhängig von jungen oder späten Familien bis in ein Alter von ca. 45 oder 55 Jahren.

Die sechste Phase ist jene, in der die eigenen Kinder das Elternhaus verlassen. Sie dauert also etwa bis ins Alter von 52 oder 62 Jahren. In dieser Phase erfolgt im besten Fall eine Neuausrichtung des Familienlebens. Eine Rückbesinnung auf eine Zweierpartnerschaft, die aber zugleich die Selbstverwirklichung der beiden Partner ermöglicht. Es ist eine Phase, in der oft das gemeinsame Haus und die bisherige Heimat aufgegeben werden, um die Partnerschaft neu zu beleben und im Beruf die vermeintlich letzten Stufen der Karriereleiter zu erklimmen.

Die siebte Phase ist eine der interessantesten Phasen im gesamten Lebenszyklus. Sie ist für viele von uns neu oder bislang unbeachtet. Es ist die Phase des Neuanfangs. Wir Menschen werden im Alter zwischen 50 und 60 begreifen, dass nun noch ein ganzes Drittel des Lebens vor uns liegt. In dieser Phase fühlen wir uns noch kraftvoll und aktiv. Wir haben etwas Geld gesammelt und viel Lebenserfahrung. Dies ist die Phase, in der wir Menschen unser eigenes Leben wieder infrage stellen und neu erfinden. Es ist die Phase, in der wir uns nochmals einen neuen Job suchen, eine neue Heimat oder gar eine neue Beziehung. Denn im Unterschied zu unserer Elterngeneration haben wir verstanden, dass die kommenden Jahre nicht nur ein „Absitzen des Lebensrests" bringen werden, sondern eine bislang nicht für möglich gehaltene letzte Phase der Selbstverwirklichung. Die Phase dauert abhängig von der körperlichen Konstitution bis zum Alter von 70 bis 80 Jahren.

Die achte Phase ist nun die wirkliche Phase des Zurücklehnens. Sie unterscheidet sich wenig von unseren heutigen Vorstellungen des Lebensabends. Sie wird, solange es körperlich möglich ist, im eigenen Haushalt verbracht, danach in Pflegeeinrichtungen. Der bedeutende Unterschied zu unserer heutigen Vorstellung ist allein das Alter. Es handelt sich eben nicht um Lebensphase 3 ab dem Alter von 60, sondern um Lebensphase 8 ab dem Alter von 80.

Zwei Hauptlebensmodelle

Selbstverständlich lassen sich die Lebensphasen und die Lebensmodelle der Menschen nicht über einen Kamm scheren. Viele werden völlig zu Recht darauf hinweisen, dass die Lebensmodelle so vielfältig sind wie die Werte und Glaubenssätze, mit denen wir sozialisiert wurden. Dem ist nicht zu widersprechen.

Dennoch soll hier darauf hingewiesen werden, dass die Hauptlebensmodelle des Jahres 2025 dadurch entstehen werden, dass unterschiedliche Menschen die acht genannten Lebensphasen in unterschiedlicher Geschwindigkeit durchlaufen. Bereits in unserem Vorgängerbuch über das Jahr 2020 haben wir die beiden Hauptlebensmodelle der „Frühen Familien" und „Späten Familien" beschrieben.[8] Das Lebensmodell der „Frühen Familien" folgt dem Hauptwert der „Zugehörigkeit", gefolgt von der „Anerkennung". Zugehörigkeit finden diese Menschen in ihren Familien, Anerkennung dagegen im Beruf. In den wesentlichen Entscheidungen des Lebens hat die „Zugehörigkeit" jedoch ein größeres Gewicht als die „Anerkennung". Deshalb erfolgt die Familiengründung zwischen 20 und 30, oft noch während des Studiums und der Ausbildung. Die Verwirklichung im Beruf ist auch wichtig, aber zweitrangig. Sie wird später vollzogen.

Das zweite Hauptlebensmodell gewichtet die beiden Hauptwerte in entgegengesetzter Reihenfolge. Menschen, deren Hauptwert die „Anerkennung" ist, gefolgt von der „Zugehörigkeit", werden sich mit der Familiengründung sehr viel mehr Zeit lassen. Dies sind die „Späten Familien". Sie werden zunächst nach einer Steigerung ihrer persönlichen Anerkennung streben. Sie werden die Lebensphase zwischen 25 und 35 Jahren nutzen, um sich im Beruf und als Person zu verwirklichen. Diese Menschen werden in dieser Zeit natürlich auch ernst gemeinte Partnerschaften eingehen, gleichzeitig aber den Aufbau zu starker Bindungen (Ehe, Kinder) vermeiden. Im Lebensabschnitt zwischen 35 und 45 Jahren haben diese Menschen so viel Anerkennung im beruflichen Bereich erfahren, dass sich ihr Verständnis von anerkennenswerten Leistungen verändert. So kann plötzlich auch der Aufbau von festen Bindungen und Familienverhältnissen zu einem Anerkennungsgewinn führen. Menschen, die dieses Hauptlebensmodell leben, werden ihre Familiengründung im Alter zwischen 35 und 45 vollziehen. Doch auch nach der Familiengründung bleibt in diesem Lebensmodell der Wert der „Anerkennung" der wichtigere gegenüber der „Zugehörigkeit".

Es liegt nach wie vor im Trend der Zeit, dass das Modell der „Späten Familien" nach wie vor gegenüber dem ersten Modell ansteigt. Zumindest in den Ländern Europas sind in den letzten Jahrzehnten die Familienstrukturen zunehmend komplexer geworden. Das Alter bei der Erstgeburt ist sukzessive angewachsen, die Heiratsraten sind zurückgegangen, die Scheidungs- und Trennungsraten sind angestiegen und Lebensformen jenseits der ehelichen Familie haben an Bedeutung gewonnen. Dieser Trend wird auch in den kommenden Jahren weitergehen, bis sich eine Balance zwischen beiden Modellen gefunden hat.

Unsere Vorstellung von den Arbeitswelten wird damit nicht einfacher! Sie werden komplexer. Dies sind die Zeichen der Zeit. Im Laufe unseres Lebens werden wir länger und viel flexibler arbeiten. Die Vorstellung von Arbeit als lästiges Übel, ohne das man nicht genug Geld für eine erfüllte Freizeit zur Verfügung hat, befindet sich auf dem Rückzug. Stattdessen ist und bleibt die Arbeit ein wesentlicher Teil zur Selbstverwirklichung, dessen Dimension erst dann wirklich deutlich wird, wenn eine lange Zeit ohne Arbeit droht.

Unser Arbeitsleben ist nicht mehr ein Element nur einer Lebensphase, geprägt durch gleiche Mechanismen und Strukturen. Vielmehr wird die Arbeitswelt 2025 aus mindestens fünf Phasen bestehen, die alle nach eigenen Logiken und Bedürfnissen funktionieren. Unsere Arbeitswelt wird geprägt sein durch vielfältige Wechsel, durch Ausstiege und Einstiege, zwischenzeitliche Bindungen, vorübergehende regionale Sesshaftigkeit und neu aufflammende Dynamik. Für viele ist dies heute schon keine Neuigkeit: Neu wird im Jahr 2025 allemal sein, dass Politik, Wirtschaft und Gesellschaft die Veränderungen erkannt und entsprechend reagiert haben. Man könnte also sagen: Die Arbeitswelten werden in den kommenden Jahren vom Kopf auf die Füße gestellt.

7:56 Uhr: Auf dem Weg zur Arbeit

Ein Auto in kreisch-pink

Rummssss! Die Tür war zu! Vom Fahrersitz wirft Peter seiner Tochter einen genervten Blick über die Schulter. Warum lernt sie das denn nie? Dutzende Male hatte er ihr verboten die Autotür mit Krachen zuzuwerfen. Das konnte doch nicht gut sein für die Tür! Zumal sein neues Auto die Türen völlig selbstständig und leise schließt. Aber seit Marga vor ein paar Wochen von der Mutter ihrer Freundin Pia in deren etwas älterem Auto mitgenommen wurde, scheinen Papas Verbote für sie Luft zu sein. Offenbar haben die beiden Mädchen viel Spaß und viel Krach auf dem Rücksitz gehabt. Vergnügt grinst Marga zurück. Die kleine Stupsnase wippt lustig auf und ab. Dies ist der Blick, bei dem es Peter immer warm uns Herz wird. Wer könnte ihr böse sein?

Jetzt aber los. Wenn er sich vor Viertel nach acht in die Selbstfahrer-Autobahn einfädelt, dann kommt er noch in die Kolonne mit der 120-km/h-Durchschnittsgeschwindigkeit, danach kommen nur noch die langsamen Kolonnen. „Start!“, ruft Peter seinem Armaturenbrett entgegen.

Es ist noch keine zwei Jahre her, als das automatische Fahren auf den deutschen Autobahnen eingeführt wurde. Seitdem geben die Fahrer die Kontrolle an ihr Auto ab, sobald sie in einer Kolonne auf der Autobahn sind. Später soll das auch in Städten so kommen. Aber das ist noch Zukunftsmusik. Doch auf den Autobahnen funktioniert das fast perfekt. Die Autos kommunizieren miteinander und bestimmen ihre optimale Geschwindigkeit. Auch bei unvorhergesehenen Dingen sind sie ihren Fahrern haushoch überlegen: Sie können durch Nebel schauen und sogar das Verhalten der anderen Autos prognostizieren. Und komischerweise gibt es inzwischen nicht einmal mehr Diskussionen über die neu eingeführten Tempolimits. Peter hatte so manches Mal darüber den Kopf geschüttelt: 30 km/h in den Städten und 120 km/h auf den Autobahnen reichen den Deutschen offenbar völlig, wenn sie in dieser Zeit nicht verkrampft am Lenkrad sitzen, sondern entspannt einen Film sehen oder E-Mails beantworten können. Nur wenn man gerade nichts zu schauen oder zu arbeiten hat, dann ist Autofahren furchtbar langweilig geworden.

Aber so locker war die Sache natürlich nicht immer. Über viele Jahre hat es ewige Diskussionen zwischen der Autoindustrie und der Regierung gegeben. Die Wirtschaft wollte neue Autos verkaufen, aber nichts für den Ausbau der Straßen tun, die Regierung wollte ihren Spar-Haushalt nicht gefährden. Schließlich haben sich die autoverrückten Deutschen dann aber doch an die Spitze der weltweiten Selbstfahr-Bewegung gestellt. Die Regierung hat ein milliardenschweres Konjunkturprogramm für die Autoindustrie bereitgestellt und dies damit begründet, dass sonst der weltweiten Wirtschaft in jedem Jahr allein durch Unfälle auf Autobahnen zehn Milliarden Euro verloren gehen. Und bei der letzten Bundestagswahl hat der neue Kanzler sogar viele Millionen Stimmen älterer Menschen dadurch gewonnen, dass er ihnen versprach, sie könnten mit diesen neuen, intelligenten Autos auch noch weiterfahren, wenn die eigene Reaktionsstärke nachlässt.

Was der Kanzler den Steuerzahlern nicht erzählt hat: Die neuartigen Autos, die mit ihrem Steuergeld entwickelt wurden, werden vor allen in den Millionenstädten Asiens verkauft, wo die Menschen durch autonomes Fahren nicht mehr vier Stunden täglich im Auto sitzen, sondern nur noch zwei bis drei. „Aber das ist wohl die Grundlogik hinter allen Innovationen unserer Zeit", denkt Peter. „Sie entstehen, um den Menschen die Zeit zurückzugeben, die ihnen die Technik vorher genommen hat."

Das Display in seiner Scheibe zeigt 8:08 Uhr, als Peter auf die Autobahnauffahrt einbiegt. Geschafft! Er reiht sich in die Kolonne ein und drückt den Übergabeknopf. Marga schreckt kurz auf, als die tiefe Stimme des Autos fragt, ob die Kontrollübergabe wirklich eingeleitet werden soll. „Jaaaa!", ruft sie von hinten, bevor Peter antworten kann. „Stimmprüfung fehlgeschlagen, Übergabe abgelehnt, halten Sie das Auto unter Kontrolle!", kommt das Kommando postwendend zurück. „Sei still!", zischt Peter in Richtung Marga. Eine Sekunde später tut es ihm leid. Sein Ton ist fast so herrisch wie der seines Autos gewesen. „War nicht so gemeint, aber bitte lass mich jetzt mit dem Auto reden!" Marga verdreht die Augen.

Zwei Minuten später dreht Peter seinen Fahrersitz nach hinten. Das Auto hat die verbleibende Fahrzeit auf der Autobahn mit 34 Minuten berechnet. Das ist die perfekte Zeit zum Spielen. Das rot blinkende Warnlicht erinnert daran, dass der Fahrer die Autobrille aufsetzen soll, wenn er nicht mehr durch die Windschutzscheibe schaut. Mit der Brille sieht er zwar nicht besser, denn sie ist aus Glas. Aber falls es nötig wäre, dass er wieder die Kontrolle über das Auto übernimmt, dann wird der Blick aus der Windschutzscheibe in seine Brille hineinprojiziert, selbst wenn er rückwärts sitzt. Über das eingebaute Mikrofon kann er dem Auto die einfachen Kommandos zurufen. Doch meist ist das gar nicht nötig. Die eingebauten Hirnstromsensoren in den Bügeln erkennen seine Kommandos zuverlässig, schon ehe er sie aussprechen kann.

Peter schaut seine Tochter an: „Na, was wollen wir machen? Einen Film ansehen oder mit Mama telefonieren?“ Marga sagt nichts. Ihr verkniffener Blick irritiert ihn. „Was ist los? Bist du sauer, dass ich dich so angebrüllt habe?“ Betont langsam bewegt sie ihren Kopf auf und ab. „Und wie soll ich das wiedergutmachen?“ Da huscht ein Lächeln über ihr Gesicht, fast so, als hätte sie auf diese Frage gewartet. „Kann ich das Auto anmalen?“ Peter zieht die Stirn in Falten. „Naaaaaa gut“, sagt er schließlich. Schnell zückt Marga ihr Tablet, wählt ihr persönliches Hintergrunddesign und schiebt es mit einem schnellen Fingerstrich in Richtung des Armaturenbretts. „Soll ich das Innenraumdesign ändern?“, fragt die sonore Stimme des Autos. Marga schaut ihren Vater auffordernd an. „Ja“, antwortet Peter und macht sich auf das Schlimmste gefasst. Es tritt ein: Überall, wo vor einer Sekunde noch geschmackvolles Holzinterieur zu sehen war, kreischt ihm jetzt ein Blubbermuster in kreisch-rosa entgegen ... vom Armaturenbrett, den Türen, dem Himmel, ja sogar die Scheiben haben eine leicht rosa Tönung angenommen. „Na, hoffentlich erkennt uns niemand, wenn wir nachher auf den Betriebsparkplatz kommen“, denkt er. Marga strahlt: „Das darf ich nachher Pia zeigen, oder?“

Zukunft: Mobilität

Die Lust der Selbstfahrer

Wer heute nach der Zukunft des Arbeitsweges fragt, bekommt einen nicht enden wollenden Stapel von Studien für eMobility vorgelegt. Die Botschaft ist eindeutig: Unsere Autos der Zukunft werden mit Strom fahren. Das ist so richtig wie falsch zugleich. Denn natürlich werden wir in der nahen Zukunft Schritt für Schritt den Antrieb unserer Autos von ressourcenfressenden Verbrennungsmotoren auf Elektromotoren umstellen. Im Jahr 2025 ist das ein alter Hut. Dann ist gerade ein neuerlicher Umstieg im Gange: Die Brennstoffzellen-Technologie wird flächendeckend zur favorisierten Antriebstechnologie werden. Unsere Autos produzieren dann selbst Strom und sind wichtige Knotenpunkte in unseren dezentralen Stromnetzwerken geworden.

Doch noch viele mehr als die Antriebstechnologie wird die Digitalisierung und Vernetzung unseren Weg zur Arbeit verändern. Schritt für Schritt werden unsere Autos digitalisiert. Ihre Oberflächen werden zu Displays, die je nach Fahrer und Situation ihre Farbe und später auch ihre Form verändern können. Und noch viel wichtiger: Unsere Autos werden Schritt für Schritt zu „Selbstfahrern“. Sie werden lernen mit anderen Fahrzeugen zu kommunizieren. Dieser gegenseitige Datenaustausch und die smarte Prognostik der elektronischen Systeme werden unsere Autos „intelligent“ machen. Wir sehen die Anfänge dieser Intelligenz schon heute. Zunächst begannen unsere Navigationssysteme die Staus zu erkennen und unsere Route automatisch zu verändern. Etwas später suchten sich die ersten Modelle automatisch den nächsten freien Parkplatz. Nun sind sie so weit, dass sie automatisch einparken, ohne dass der Fahrer auch nur einen Finger bewegt. Andere Modelle halten selbstständig die Spur und den Abstand zum Vordermann. Sie warnen vor Gefahren, limitieren die Geschwindigkeit und leiten selbstständig Notbremsungen ein. Dies alles hat mit Zukunft nichts zu tun. Dies ist heute.

Natürlich geht diese Entwicklung weiter. Etwa für das Jahr 2020 erwarten die Cheftrendforscher der Automobilhersteller, dass die ersten tatsächlich selbstfahrenden Autos auf den Markt kommen.[9] Zunächst wird das nur auf Autobahnen gehen. Man fährt auf die Autobahn auf, ordnet sich in eine fahrende Kolonne ein und drückt den „Autopilot“-Knopf. Sofort übernimmt der Wagen selbstständig die Kontrolle. Er lenkt, bremst, beschleunigt ... und wenige Minuten vor unserer Autobahnabfahrt fordert er uns auf selbst die Kontrolle wieder zu übernehmen.

Trendforscher nennen dies „teilautonomes Fahren“. Damit ist gemeint, dass der Fahrer zwar die Kontrolle an sein Auto abgeben kann, aber binnen Bruchteilen von Sekunden auch wieder in die Hand bekommt. Dies ist die erste von heute drei absehbaren Zukunftsarten des selbstständigen Fahrens. Erste Testwagen mit diesen Funktionen gibt es inzwischen bei jedem Automobilhersteller. Sie fahren inzwischen Rennen gegeneinander, werden optimiert und vor allem werden sie billiger. Sie bringen auch einen Paradigmenwechsel in der Automobilbranche mit sich. Denn heute herrscht an Bord der meisten Fahrzeuge noch eine gepflegte Anarchie. Das bedeutet: Alle elektronischen Steuergeräte sind gleichberechtigt. Um den vorhersehbaren Datenstau in komplexen Situationen zu vermeiden, muss künftig ein zentraler Rechner mit entsprechender Softwarearchitektur das Auto steuern. Was hier recht einfach klingt, ist in der Realität der Automobilindustrie eine echte Revolution. Denn noch heute bezahlt sie ihre Elektroniklieferanten zumeist nach Hardware. Die Softwareentwicklung, also das Herzstück des Autos der Zukunft, wird auf die Gerätestückzahl umgelegt. Erst wenn sich dieser Knoten in der Innovationsdynamik der Automobilindustrie löst, wird es mit größeren Schritten in die Zukunft gehen. Denn die Frage, wann diese Autos vor unseren Türen stehen, hängt im Wesentlichen von drei Faktoren ab: 1. Wann werden die nötigen Sensoren so preisgünstig, dass eine Massenproduktion möglich ist? 2. Wann sind die Bandbreite der Funknetze und die Vernetzung so stabil, dass ein Datenaustausch zwischen allen Autos in Echtzeit möglich und bezahlbar ist? 3. Wann akzeptieren die Regulierungsbehörden, dass für den Beginn des autonomen Fahrens nicht zuerst alle Straßen und Infrastrukturen vernetzt sein müssen, sondern dass es reicht, von Auto zu Auto zu kommunizieren?

Die zweite Zukunft des Arbeitsweges könnte etwa im Jahr 2025 zumindest auf den großen Magistralen der Megacities Einzug halten. Wir nennen es „autonome Schwärme“. Gemeint ist ein öffentliches Transportmittel, das aber viel kleinteiliger und individueller als heutige Busse und S-Bahnen ist. Stellen Sie sich den Busnetzplan einer beliebigen Stadt vor. Stellen Sie sich vor, dass nicht Busse, sondern Tausende kleine Transportkapseln für zwei bis vier Personen in diesem Netz unterwegs wären. Sie steigen in eine leere Kapsel ein, wählen eine Zielstation und schon werden Sie individuell hingebracht. Auch diese Zukunft der Mobilität ist heute in Ansätzen schon zu sehen, wenn wir etwa die Funktionsweise des für die Masdar City geplanten public transportation system betrachten.[10]

Die dritte Zukunftsart der Mobilität zur Arbeit wird dann wohl erst nach 2030 eingeführt. Es ist das „hybride Fahren“, bei dem unsere eigenen Autos auch auf den Magistralen der großen Städte selbst fahren ... oder auch nicht, je nachdem, ob der Fahrer die Kontrolle abgeben will oder nicht. Dann sind die Verkehrssysteme mit all ihren Straßen, Ampeln, Parkplätzen, Fußwegen und Verkehrszeichen so vernetzt, dass selbstfahrende Autos sich sicher sogar im komplexen Stadtverkehr mit seinem ständigen Wechsel zwischen Anfahren und Bremsen, Abbiegen und oft unvorhersehbaren Ereignissen bewegen können.

Doch wie verändern diese technologischen Entwicklungen unseren Arbeitsweg? Die spürbarste Auswirkung wird die Zeit betreffen: Wir werden schneller! Oder korrekter ausgedrückt: Wir werden langsamer und dadurch schneller. Das klingt verwirrend, hat aber einen einfachen Grund: Die erste und wichtigste Auswirkung der selbstfahrenden Autos ist eine Senkung der Höchstgeschwindigkeit. Durch die Vernetzung und das Zusammenspiel aller Autos sorgt dies aber zugleich für eine Steigerung der Durchschnittsgeschwindigkeit. Die Folge sind weniger Unfälle. Dieses Geschwindigkeits-Unfall-Szenario ist übrigens der Grund, warum die Automobilindustrie starke Unterstützung in der Politik für die nötigen Investitionsgelder in diese Technologien bekommen wird.

Den politischen Willen wird die Zukunft der Mobilität auch brauchen. Denn die größte Bremse dieser Entwicklung ist nicht etwa die Technologie. Das größte Problem ist ein juristisches. Es ist die Frage: Wer ist für eventuelle Unfälle und Schäden verantwortlich, wenn das Auto selbst fährt? Ist es der Fahrer? Ist es der Automobilhersteller? Der Zulieferer der Prognostik-Software? Vor der Klärung dieser heiklen juristischen Frage schrecken bislang alle verantwortlichen Akteure zurück. Doch irgendwann in den kommenden Jahren wird sie geklärt werden müssen. Denn sie betrifft nicht nur das autonome Fahren, sondern jeden Bereich unseres Lebens, in dem elektronische Assistenzsysteme genutzt werden. Wenn diese Bremse gelöst ist, brechen die technologischen Dämme.

Vielleicht haben Sie sich beim Verfolgen von Peters und Margas morgendlicher Autofahrt gefragt, warum sie im Jahr 2025 überhaupt noch ein Auto benutzen. Die Frage ist berechtigt! Denn es wird in den großen Städten eine Masse von Menschen geben, die kein Auto mehr besitzt. Schon in den vergangenen Jahren wurden die Automobilhersteller in Europa durch Studien aufgeschreckt, dass junge, dynamische Stadtbewohner nicht mehr nur keinen Sinn darin sehen, ein Auto zu kaufen, sondern nicht einmal mehr den Führerschein machen wollen! Ein Fiasko für alle, die Autos verkaufen wollten!

Der Grund ist die Freiheit! Seit mehr als 50 Jahren ist das Auto in unserem Kulturraum der Inbegriff von Freiheit. Wer eines besaß, konnte an jeden Ort gelangen, an den er wollte. Junge Männer konnten junge Frauen mitnehmen, die sie beeindrucken wollten. Familien konnten Kinder und bergeweise Koffer transportieren, wann und wie sie wollten. Auto bedeutete Unabhängigkeit! Doch dann geschah es, dass man in den Städten mit seinem Auto langsamer war als mit der S-Bahn. Man stand im Stau, man verlor Zeit und Nerven und konnte nichts anderes tun, als sinnlos am Radio herumzudrehen. In dieser Zeit wurden Autofahrer unfreier als Menschen ohne Auto. Kein Wunder, dass immer weniger Autos wollten. Wohlgemerkt: Dies gilt für die großen Städte!

Der Grund, warum Peter und Marga im Auto sitzen, ist, dass in den Arbeitswelten des Jahres 2025 Autos vielen Menschen wieder ein Stück Freiheit zurückbringen. Sie sparen nicht nur Fahrzeit, sondern bieten vor allem die Möglichkeit, die Fahrzeit optimal zu nutzen. Denn Fahrer können beim Fahren telefonieren, E-Mails schreiben und am Computer arbeiten. Sie können sogar ihren Sitz nach hinten drehen, Filme sehen oder mit den Kids spielen.

Dennoch wird bei Weitem nicht jeder ein eigenes Auto besitzen. Vor allem nicht Mitarbeiter ohne eigene Kinder! Denn für diese bietet sich in den kommenden Jahren noch mehr Freiheit: Die Arbeitswelten 2025 werden wesentlich davon geprägt sein, dass der Fuhrpark unserer Unternehmen zum elektronischen Mobilitätsassistenten geworden ist. Er wird die Mobilitätskette der Mitarbeiter komplett abbilden. Man begegnet ihm auf allen Touchpoints, auf Handys, Tablets, Desktops, Uhren, Brillen etc. Mit wenigen Fingerklicks oder Sprachkommandos wird er für jeden Mitarbeiter den Weg von A nach B eigenständig berechnen, planen und buchen. Man kann alle Elemente in der Mobilitätskette auf einfachste Weise per Handy bedienen.

Doch auch das ist noch zu sehr im Hier und Jetzt und zu wenig in der Zukunft! Der Fuhrpark des Jahres 2025 reagiert nicht nur individuell auf die aktiven Wünsche des Mitarbeiters. Vielmehr agiert er proaktiv: Er beobachtet das Mobilitätsverhalten, die Wünsche und Bedürfnisse individuell und situativ und passt seine Dienstleistung adaptiv an die Wünsche des Mitarbeiters an, ohne dass dieser sie formulieren muss. Natürlich nicht nur in der Arbeitszeit. Wenn Arbeits- und Freizeit sowieso verschwimmen, dann wird der Mitarbeiter seinen Mobilitätsassistenten ohnedies immerzu nutzen!

Der Vorteil für die Unternehmen liegt auf der Hand. Ihre bisher in der meisten Zeit nur sinnlos herumstehenden Dienstwagen werden auf diese Art intelligent genutzt. Nicht nur durch die Mitarbeiter, sondern sogar durch Fremde. Auch abends und am Wochenende. Die Folge sind erhebliche Einsparpotenziale in Ressourcen und Finanzen. Ein auf diese Weise gemanagter Fuhrpark lastet seine Autos effizienter aus und benötigt in der Summe weniger Wagen. Zugleich kostet er nicht nur Geld, sondern erzielt Einnahmen durch Vermietungen in Randzeiten. Dies ist der Grund, warum heute schon das sogenannte Corporate Carsharing von fast allen Anbietern intensiv vorangetrieben wird.

Links

Autonome Autos

▶ www.2bahead.com/nc/tv/rede/video/die-vision-vom-selbstfahrenden-auto

Adaptive Autos

▶ www.youtube.com/watch?v=jZkHpNnXLB0

public transportation system in Masdar City

▶ www.youtube.com/watch?v=7UMvj2ZYnU8

8:41 Uhr: In der Kita

Ein Herz für Herrn Beranek

„Pia! Pia! Pia!“ Ohne nach links oder rechts zu schauen, rast seine Tochter quer über den Betriebsparkplatz. „Ein Glück!“, Peter drückt sich erleichtert aus dem Autositz. Offenbar hat sein kleines Verzögerungsmanöver funktioniert. Betont langsam ist er nach der Autobahn über die vier folgenden Ampeln gefahren. Und tatsächlich: Die vorletzte ist kurz vor ihm rot geworden. Die Chance, dass sie die gemeinsame Ankunft mit Margas Freundin und damit seine öffentliche Blamage wegen des pink glitzernden Autos verpassen, stieg. Noch im Auto hat Marga in ihrer Kids-Community nachgesehen, wo Pia gerade war und wie schnell die Freundin in die Kita unterwegs war. Ganz aufgeregt hat Marga berichtet, sie würde nur drei Minuten nach der Freundin auf dem Parkplatz sein. Da hat er an der Ampel etwas nachhelfen müssen. So sind aus den drei Minuten plötzlich fünf geworden und Pia ist schon im Eingang der Kita verschwunden.

Schnell verschließt Peter das Auto mit Handy und Fingerabdruck und folgt seiner Tochter über den Parkplatz. Das bunte Haus auf der anderen Seite will nicht so recht in das Ambiente des ehemaligen Industriegebietes hier neben der Autobahn passen. Zwar ist von Industrie auch hier schon lange keine Spur mehr, aber der nüchterne Stil der Gebäude ringsherum hat sich doch erhalten. Schon so manches Mal hat Peter im Vorstandsstab die Diskussion über einen Umzug der ganzen Firma in die Innenstadt angestoßen. Aber er konnte sich nicht durchsetzen. Immer wieder hörte er von den anderen Vorständen: „Jene Mitarbeiter, die sich weigern zu ihrer Arbeit hierher an die Autobahnabfahrt zu kommen, die fahren auch nicht in die Innenstadt!" Und vermutlich haben die Traditionalisten hier sogar recht. Seit überall in den Wohngebieten Office-Center für Projektarbeiter entstanden sind, die sich mit wenigen Klicks zu virtuellen Netzwerken zusammenschalten lassen, verweigern auch seine besten Mitarbeiter konsequent den Weg ins Büro. Es sei denn, ihre Kinder gehen in die betriebseigene Kita, die Firmen-Grundschule oder gar das Nextgen-Gymnasium auf dem Firmengelände.

Peter freut sich noch heute über diesen Coup vor sechs Jahren. Es war sein Coup! Sein wichtigster! Damals war er noch der Innovationschef von Nextgen. Doch statt eines neuen Produktes oder einer neuen Marketingstrategie legte er seinen Vorstandkollegen an diesem Tag einen kühnen Plan vor: Die Firma solle eine eigene Kita, eine Grundschule und ein Gymnasium gründen. Alles betriebseigen! Er sieht die verblüfften Gesichter noch heute vor sich. Doch anstatt der erwarteten Killerfragen: „Ist das denn unsere Branche?", „Haben wir die Kompetenzen dafür?" und „Wieso sollten wir uns in die Aufgaben des Staates einmischen?", ließ der Vorstandsvorsitzende damals das kritische Gemurmel mit einem „Das ist interessant!" verstummen. Und als Peter seinen Plan ausführlich erklärte, gab es keinerlei Gegenstimmen mehr.

Was er erklärte, war so einfach wie genial: Die Firma würde nach einigen Anfangsinvestitionen mit Kita, Schule und Gymnasium nicht nur eigenes Geld verdienen. Sie würde auch ihren Mitarbeitern die Chance geben, ihren Kindern eine zukunftsweisende Ausbildung nach neuem Konzept zu verschaffen. Die Kinder würden Verantwortung, Mut und Führungsstärke lernen, statt permanenter Sprechverbote und Auswendiglernen in 45-Minuten-Kästchen. Eine Vielzahl von Mitarbeitern der Firma würde als Teilzeit-Dozenten eingebunden und hätte die Ausbildung der Kinder in der eigenen Hand. Dies sei eine erstklassige Motivation, in Zeiten des dramatischen Fachkräftemangels bei der Firma zu bleiben. Wegen dieser Schule! Und unter den Schülern würden zumindest einige künftige Mitarbeiterinnen und Mitarbeiter sein, auf deren künftige Fähigkeiten man sich schon heute verlassen könne.

„‚Eigentlich verrückt", geht es Peter durch den Kopf, während er seine Tochter beim Schuheausziehen beobachtet, „dass dieser Plan so problemlos aufgehen würde, das war damals mehr Wunsch als Gewissheit." Mit entrücktem Blick schaut er auf seine Tochter.

Marga holt ein rotes Schokoladenherz aus ihrer Anoraktasche. Ihre Augen funkeln, als sie mit ausgestreckter Hand auf ihren Vater zuläuft. Peters Herz füllt sich augenblicklich mit Dankbarkeit. „Schau mal, Papa! Das habe ich dem Herrn Beranek mitgebracht." Ihr süßes Gesicht neigt sich verlegen zur Seite, als sie zu diesem Satz keck aus den Augenwinkeln herausblinzelt. Für Peter ist es ein Satz wie ein Keulenschlag. „Ach, für Herrn Beranek ist das Herz?!", fragt er halb ungläubig, halb enttäuscht. „Ja!", schmettert ihm seine Kleine entgegen. „Na, dann gib's ihm!"

So schnell sie kam, ist seine Enttäuschung auch wieder verflogen. Im Grunde ist er ja froh, dass die Kita seinem Rat im Elternbeirat gefolgt ist, und genau so viele männliche wie weibliche Erzieher eingestellt hat. Und selbst wenn Margas erste kleine Liebe der sympathische Kita-Erzieher ist: Es hätte selbst für einen eifersüchtigen Vater schlimmer kommen können. Kurz hängt er diesem Gedanken noch nach, als er seiner Tochter hinterher und auf den jungen Mann zuläuft. „Guten Morgen, Herr Seedorf!“, hört Peter ihn sagen. Er spürt den festen Händedruck. Ein angenehmer Mensch. Peter nickt ihm zu, winkt kurz zu Marga und fragt sich im Umdrehen, wieso dieser Beranek wohl so schelmisch grinst, als er die Frage hört: „Haben Sie ein neues Auto? Das ist eine tolle Farbe ...“

Zukunft: Kita

Zwischen Enabler und Verhinderer

Es gibt keine Zweifel! Wir gehören weltweit zu den Ländern mit der geringsten Geburtenrate. Aktuell liegt die offizielle Geburtenrate in der Schweiz bei 1,52, in Österreich bei 1,43 und in Deutschland bei etwa 1,39 Kindern pro Frau im gebärfähigen Alter. Zwar können wir wohl in der aktuellen Generation von etwa 1,6 Kindern pro Frau ausgehen, doch es wären 2,1 Kinder notwendig, um die Bevölkerungszahl auf Dauer stabil zu halten.[11] Über die Ursachen ist schon viel gerätselt worden. Sicher scheint, dass mit steigendem Wohlstand und verbesserter Bildung die Anzahl der Geburten pro Frau sinkt. Zudem verhindern fehlende Jobsicherheit und Kinderbetreuungsmöglichkeiten die Entscheidung für ein erstes Kind.[12]

Doch es zeichnet sich ein Gegentrend ab. In entwickelten Ländern wie Norwegen, Island und Australien gibt es Anzeichen für eine Zunahme der Geburten. Die Erklärung liegt darin, dass hoch entwickelte Länder eine Reihe von gesellschaftlichen Änderungen durchmachen, die einen

Anstieg der Geburtenrate bewirken können. Angefangen bei der Familienpolitik über die Sozialsysteme bis hin zu sich ändernden Werteinstellungen. Im deutschsprachigen Raum lassen sich solche Änderungen trotz intensiver politischer Bemühungen bisher nicht mit ausreichender Glaubwürdigkeit nachweisen. Hier gilt, ähnlich wie in anderen entwickelten Ländern, dass historisch gesehen zunächst die Kinderzahl pro Mutter sank. In einer zweiten Phase kam das Phänomen einer zunehmenden Anzahl kinderloser Frauen hinzu. Und da insbesondere in Deutschland nicht nur die Geburtenrate auf niedrigem Niveau verharrt, sondern die Zahl der Frauen im gebärfähigen Alter auch noch kontinuierlich absinkt, ist die Folge auch für das Jahr 2025 klar: Die absolute Zahl der Kinder sinkt, ihr Anteil an der Gesamtbevölkerung verringert sich.[13]

Wenn es schon kaum möglich erscheint, die Anzahl der Geburten deutlich zu erhöhen, so gibt es in den kommenden Jahren bis 2025 doch eine andere Option, mit der demografischen Entwicklung umzugehen. Ziel muss es sein, möglichst allen Kindern eine optimale Entwicklung ihrer Talente zu ermöglichen. Auf den ersten Blick erscheint diese Forderung nahezu selbstverständlich. Doch ist sie es? Pro Jahr verlassen mehr als sechs Prozent der Schulabgänger die deutsche Schule ohne Abschluss und damit ohne berufliche Chancen. Da reicht es auch nicht, dass das deutsche duale Ausbildungssystem als eines der besten Berufsbildungssysteme der Welt gilt. Um es kurz zu sagen: Wir werden uns das nicht mehr leisten können. Die Förderung aller Kinder ist in der Zukunft nicht nur ein soziales Gebot, sondern schlicht eine ökonomische Notwendigkeit.

Für den Arbeitsmarkt des Jahres 2025 ist aber noch eine andere Feststellung von Bedeutung. Reduziert man die materielle Ungleichheit in der Elterngeneration, führt das zu höherer Bildung bei ihren Kindern. Der Ausgleich von sozialen

Benachteiligungen der Eltern führt dazu, die Berufschancen der Kinder deutlich zu verbessern und dem Arbeitsmarkt des Jahres 2025 die dringend benötigten Fachkräfte bereitzustellen. Jenseits von großen politischen Verteilungskämpfen, die wir in den kommenden Jahren erwarten, wird dies im Jahr 2025 die staatliche Familienpolitik leisten müssen. Der Weg dahin führt nicht über ein einfaches „Mehr Geld!". In Deutschland werden bereits heute pro Kind jedes Jahr 5.100 Euro vom Staat ausgegeben.[14] Damit werden 152 familienpolitische Maßnahmen nach dem Gießkannenprinzip finanziert. Ergebnis: mangelhaft!

Entsprechend umfasst die Familienförderung der Zukunft nicht mehr eine unüberschaubare Anzahl von Einzelmaßnahmen und hat ihren Schwerpunkt auch nicht mehr in steuerlichen Konzepten, die vor allem die Vielverdiener begünstigen. Sie wird sich wohl auf drei Säulen konzentrieren, die gleichberechtigt nebeneinanderstehen. An der Spitze steht ein allen Kindern zustehendes, vom Einkommen der Eltern unabhängiges Kindergeld. Wie heute ... nur mehr! Hinzu kommen erhöhte Investitionen in Betreuungs- und Bildungsangebote mit den Schwerpunkten frühkindliche Bildung und Grundschule. Abgerundet wird die Förderung durch ergänzende Direktzahlungen für Kinder aus einkommensschwachen Familien, die an die Erfüllung bestimmter Auflagen gebunden sind. Diese klare Fokussierung auf wenige Säulen ist nicht nur effektiv, sie spart zudem Verwaltungskosten in Milliardenhöhe und setzt qualifizierte Arbeitskräfte frei, die im Jahr 2025 an anderer Stelle dringend gebraucht werden. Dieses Drei-Säulen-Modell wird das Handeln der politischen und wirtschaftlichen Akteure dominieren.

Doch der Kern des Bildungsproblems liegt nicht in der Schule oder Hochschule. Das Grundproblem liegt in der unterdurchschnittlichen Ausstattung von Kindergärten und

Grundschulen. Gerade hier bringen bessere Lernbedingungen besonders hohe Erträge. In der Kita werden entscheidende Grundlagen für Bildungschancen gelegt.[15] Bis zum Jahr 2025 werden wir dies erkannt haben. Der Schwerpunkt der öffentlich finanzierten Bildungsinvestitionen wird dann stärker in den frühen Bildungsphasen liegen. Die Bereitstellung öffentlich finanzierter Kinderkrippen und Kindergärten ist 2025 ein Standortfaktor ersten Ranges im Wettbewerb um junge Menschen und Fachkräfte. Regionen und Bundesländer, die nicht mithalten, werden abgehängt werden.

Für die zu prognostizierende Entwicklung der Kindertagesstätten bis zum Jahr 2025 gibt es einige Zukunftsszenarien, die in der Branche selbst prognostiziert werden.[16] Im pessimistischen Szenario werden Kindertagesstätten zur Hälfte privatisiert sein. Sie bieten flexible Betreuungsangebote, die sich am Schichtdienst der Eltern orientieren. Die Öffnungszeiten reichen von 6 bis 22 Uhr und die meisten Kinder verbringen mehr Zeit in einer Kindertagesstätte als zu Hause. Die Eltern fordern die Förderung ihrer Kinder ein und prägen damit das Leistungsangebot der Kita. Sprachförderung für Kinder mit sprachlichen Defiziten und eine zweite Fremdsprache werden zur Normalität. Der steigende Leistungsdruck auf Kinder führt dazu, dass sich der Anteil der Kinder, die psychologisch betreut oder anderweitig gefördert werden müssen, erhöht. An dieser Stelle könnten sich zwei parallele Lebenskulturen entwickeln: Familien, in denen Kinder maximal gefördert werden, stehen Familien gegenüber, in denen Kinder eine Förderung nur durch die Kita erhalten. Die Verknüpfung von Bildungschancen der Kinder und Bildungsstand der Eltern bleibt bestehen.

Im Wunschszenario der Kita-Betreuerinnen ist dagegen der Leistungsdruck auf die Kinder nicht gewachsen. Die Öffnungszeiten bleiben mit Ausnahmen für bestimmte Berufsgruppen bestehen. Die Hälfte der Erzieherinnen und Erzieher hat eine akademische Ausbildung. Der Anteil der Männer steigt. Die Gruppengrößen sinken, was zu verstärkten Bindungen zu den Kindern als Basis für intensivierte Bildungs- und Erziehungsarbeit führt. Und die Kitas bieten beratende, physiotherapeutische und medizinische Leistungen an. Die Technologisierung und die mediale Welt haben in diesem Szenario keinen großen Einzug in die Kitas gehalten.

Die Realität im Jahr 2025 liegt vermutlich zwischen diesen beiden Extrempositionen. Weder das gewünschte „Weiter so, aber mit mehr Geld!" noch die befürchtete „leistungsoptimierte Genieschmiede" sind für Trendforscher wahrscheinliche Szenarien. Sicher können wir jedenfalls sein, dass die Bedeutung der frühkindlichen Bildung weiter ansteigt und die Gesellschaft mehr Ressourcen und Aufmerksamkeit für Kitas aufwendet. Mit Sicherheit wird sich auch die Landschaft der Kitas weiter ausdifferenzieren, was nicht nur positive, sondern auch negative Auswirkungen – wie die Abschottung der einzelnen Milieus – zur Folge haben kann.

Dabei werden die Kitas des Jahres 2025 dennoch nicht zu Lernfabriken analog heutiger Schulen, in denen Kinder unter Leistungsdruck gesetzt und gezwungen werden Dinge zu lernen, deren Sinn sie nicht verstehen. Wir werden mit einiger Wahrscheinlichkeit keine Lernfabriken haben, die Kreativität und die kindliche Freude am Entdecken schon dadurch abtöten, dass sie Wissen in Kästchen sperren und der sinnlichen Erfahrung verschließen. Hirnforscher weisen zu Recht darauf hin, dass eine Überfrachtung mit Reizen der Entwicklung des kindlichen Gehirns schadet. Kinder machen die wichtigsten Erfahrungen im Umgang mit dem eigenen Körper und in sozialen Beziehungen zu anderen Menschen. Darauf aufbauend entwickeln sie Freude daran,

Dinge zu erforschen, und im Gehirn entstehen neuronale Netzwerke, in denen die Erfahrungen gespeichert sind. Jeder Versuch, Kinder zu früh in eine bestimmte Richtung zu lenken, wird entsprechend dazu führen, dass sie lernen, es käme nicht auf ihre eigenen Ideen, sondern auf die Erfüllung von Erwartungshaltungen der Erwachsenen an. Die Kinder würden zu Konsumenten, ihre natürliche Entdeckungsfreude verkümmert.[17] Die Kita der Zukunft wird also ein ausreichendes Maß an Selbstständigkeit für das einzelne Kind mit aufbauenden Unterstützungsangeboten verbinden. Und zwar gleichermaßen individuell als auch in der Gruppe mit anderen Kindern und gemeinsam mit Erzieherinnen und Erziehern. Die Kita der Zukunft wird intensive Kontakte zur Praxis pflegen und den Kindern auf kindgerechte Art Einblicke in die Welt außerhalb von Familie und Kita ermöglichen.

Für Erzieherinnen und Erzieher ergeben sich hier in den kommenden Jahren glänzende Zukunftsaussichten. Ohne Frage werden neue Kita-Plätze und damit allein in Deutschland mehr als 42.000 zusätzliche Erzieher benötigt.[18] Für die anspruchsvollen Aufgaben in der Kita werden diese Erzieher zudem eine ähnliche Qualifikation wie Grundschullehrer brauchen. Auch der Einsatz multiprofessioneller Fachkräfte wie Musiker, Logopäden, Kinderpsychologen und kaufmännischer Manager für die Leitung der Einrichtungen ist hochwahrscheinlich. Die nachdrückliche Konsequenz ist die Notwendigkeit einer Akademisierung dieser Berufe. Es versteht sich von selbst, dass damit auch die Löhne steigen. Die Kita wird zu einem attraktiven Arbeitgeber für hochqualifizierte Menschen.

Doch noch ein zweiter Trend wird den Bereich der Kindergärten prägen: Für Unternehmen wird es zunehmend attraktiver Firmenkindergärten zu gründen. Dies ist keine Fragen von sozialem Gewissen, sondern von purer Ökonomie: Investitionen von Unternehmen in Unternehmenskindergärten wirken sich bereits heute wirtschaftlich positiv aus.[19] Sie steigern die Zufriedenheit der Mitarbeiter und stärken die Bindung zum Unternehmen. Für nicht wenige junge Fach- und Führungskräfte sind Angebote von „Edel-Kitas“ inzwischen wichtiger bei der Entscheidung für einen Arbeitgeber als Dienstwagen, Bonus und Aufstiegschancen. Künftig sind Kitas eine der besten Möglichkeiten, Fachkräfte zu gewinnen und zu binden. Junge Eltern werden künftig bereits im Recruiting-Gespräch fragen, ob ihre Kinder auch eine adäquate Betreuung im Betriebskindergarten erhalten.

Da kleinere Unternehmen dabei naturgemäß ins Hintertreffen gegenüber Konzernen geraten, sind Kooperationen mit kommunalen oder freien Trägern von Kitas zu erwarten. Firmen, die weiterdenken, werden es aber nicht bei der Betreuung der Mitarbeiterkinder belassen. Sie öffnen ihre Angebote für benachteiligte Bevölkerungsgruppen und sorgen so dafür, dass der Fachkräftenachwuchs auch auf diese Weise gefördert wird. Außerdem ermöglichen sie den Mitarbeiterkindern soziale Lernprozesse, wie sie in homogenen Gruppen kaum möglich sind.

Links

Hirnforscher Gerald Hüthers neueste Erkenntnisse der Hirnforschung für Lernen und Bildung

▶ www.2bahead.com/nc/tv/rede/video/so-veraendert-sich-unser-hirn-im-umfeld-von-unsicherheit

Schulrevolutionärin Margret Rasfeld über das Bildungssystem der Zukunft

▶ www.2bahead.com/nc/tv/rede/video/warum-neue-fuehrungskompetenzen-noetig-werden

9:12 Uhr: Telefonkonferenz

Wo die „Gastarbayter“ wohnen

„Wow! Wie sieht der denn aus?“ Peter sieht aus dem Augenwinkel, wie seine Assistentin Tina neben ihm bewundernd die Augenbraue lupft. Leider ist nicht er gemeint. „Aber wenigstens kann ich mich noch auf meine alte Kunst verlassen, den Raum aus den Augenwinkeln zu beobachten“, denkt er. Sie sitzen nebeneinander und schauen auf das dreidimensionale Hologramm an der Wand, in dem gerade ihr Kollege Martin Domaschke erschienen ist. Live aus Taschkent. Übelnehmen kann er seiner Assistentin ihre Bewunderung nicht. Denn auch Peter muss eingestehen, dass Martin in den letzten fünf Jahren zu einer imposanten Erscheinung geworden ist.

Peter erinnert sich genau an diesen Martin Domaschke. Er war sein bester Mitarbeiter. Ein Soziologe, den er gemeinsam mit IT-Spezialisten, Mathematikern und Designern in ein Team gesteckt hat. Zuerst haben alle komplett aneinander vorbeigeredet. Aber nach einer Weile erwies es sich als Glücksgriff, dass Peter diesen Martin zum Teamleiter gemacht hat. Für Nextgen sind großartige Zukunftsprodukte herausgekommen. Zwei von denen sind heute noch Verkaufsschlager der Firma. Und dann hat Peter diesen Martin kündigen müssen.

Es war ein Tag im Jahr 2020. Peter erinnert sich genau. Er hat sich tagelang vorher den Kopf zerbrochen, wie er es ihm schonend erklären sollte. Denn Martin hat nichts falsch gemacht. Im Gegenteil. Er war der beste Teamleiter. Und dennoch musste er gehen. Denn Peter wusste genau: Wenn er ihn jetzt kündigt und ihm eine neue Herausforderung in seinem Netzwerk empfiehlt, dann ist die Wahrscheinlichkeit, dass der Kontakt bestehen bleibt und Martin irgendwann wieder zurückkommt, dreimal höher, als wenn er selbst in einem halben Jahr gelangweilt wäre und von sich aus ginge.

Und dann hat dieser blitzgescheite Martin vor ihm gesessen und ihm auf den Kopf zugesagt, dass er schon wisse, was jetzt geschehen werde. Und dass er es gut finde. Er ist Peters Empfehlung gefolgt und wechselte zu einer Partnerfirma, die gerade ein Projekt startete, in dem sie alle Hierarchien abbauten und sämtliche strategische Entscheidungen ab sofort in Open-Space-Runden unter allen Mitarbeitern treffen wollten. Als Soziologe unter IT-Spezialisten war das eine neue Herausforderung für Martin.

Im Rückblick war diese Kündigung eine der besten Entscheidungen von Peter. Denn als er sich zwei Jahre später wieder bei Martin meldete und ihn mit diesem verrückten Usbekistan-Projekt konfrontierte, da zögerte er keinen Augenblick und kam zurück zu Nextgen. Seine Aufgabe: Er sollte nach Taschkent reisen und dort eine Nextgen-Schule aufbauen. Denn Peter hatte einen Plan!

Seit Jahren schon fehlten der Firma qualifizierte Mitarbeiter. Langsam wurde das zum echten Problem. Als Vorstand für HR und Innovation hat Peter alles versucht: Er hat Frauen umworben nach der Mutterschaft zu Nextgen zu kommen, er hat für ältere Mitarbeiter die „Generation 60–80“ erfunden, sodass diese weiterarbeiten konnten, statt in Rente zu gehen, und er hat Fachkräfte in den üblichen Gastarbeiterländern überall auf der Welt umworben nach Deutschland zu Nextgen zu kommen. Doch gerade Gastarbeiter gingen viel lieber in Länder, wo sie mit geringfügigen Englischkenntnissen ein gutes Leben haben konnten. „Deutschland ist viel zu kompliziert!“, hat Peter immer wieder gehört.

Eines Tages ist ihm der Zufall zu Hilfe gekommen. Er hat nach dem Wort „Gastarbeiter“ gegoogelt und ist auf „Gastarbayter“ gestoßen. Erst war es nur seine voyeuristische Neugier, die ihn zum Weiterklicken animierte. Wer begeht denn solche grotesken Schreibfehler? Doch dann stellte sich heraus, dass es das Wort tatsächlich gibt. Genau wie „Buxgalter“ für Buchhalter, „Vafli“ für Waffel, „Tseytnot“ für Zeitnot und „Reys“ für Reise. In Usbekistan!

Also ist er nach Taschkent geflogen und hat Menschen gefunden, die gut ausgebildet und ohne übertriebene Ansprüche am Rande der globalisierten Welt leben und in deren Weltsicht Deutschland noch kein Kulturmuseum, sondern ein Wirtschaftsmusterland darstellt. Gemeinsam mit Martin hat Peter nach ein paar Monaten die usbekische Regierung überzeugen können einen Exklusivvertrag zu schließen. Für drei Jahre darf nun allein Nextgen als einziges ausländisches Unternehmen kommerzielle Schulen in Usbekistan einrichten. Dieser strategische Vorteil im Kampf um die Gastarbayter wird nicht ewig halten, aber ein Zeitvorteil von drei Jahren ist besser als nichts. Der muss genutzt werden. Deshalb geht es heute darum, so schnell wie möglich die erste Schule zu eröffnen!

Peters Augen folgen dem Blick seiner Assistentin in das dreidimensionale Hologramm von Martin, das sich vor ihnen auf der anderen Seite des Tisches aufgebaut hat. „Die Zeit in Taschkent tut Martin sichtlich gut“, geht es ihm durch den Kopf. „Offenbar hat er viel Zeit für das Training.

Sein Körper nimmt immer mehr die schlanke, durchtrainierte Gestalt eines Triathleten an." „Gut siehst du aus, Martin! Vielleicht sollte ich auch wieder mal nach Usbekistan kommen!", eröffnet Peter das Meeting.

Zukunft: Büro

Adaptiv statt individuell

Es war kein anderer als der Vorstandsvorsitzende von PriceWaterhouseCoopers, der die Zukunftsdebatten um die Arbeitswelten der kommenden zehn Jahre im 2b AHEAD ThinkTank mit einer klaren These eröffnete: Avatare und elektronische Assistenten werden bereits in fünf Jahren die heutigen Aufgaben von Sekretärinnen und Assistenten übernommen haben. Sie werden für ihren Besitzer Kundenbedürfnisse vorausdenken. Sie werden im Geschäftsleben die Sekretärinnen und Assistenten ersetzen. „Ob wir das mögen oder nicht ..., es wird stattfinden!" Hans Wagener war sich ganz sicher.[20]

Doch was tun wir dann? Man muss kein Prophet sein, um vorauszusagen, dass sich langfristig Mensch und Maschine weiter annähern. Die Grenzen zwischen Natur und Technologie werden sich weiter auflösen. Wir werden irgendwann ein neues Verständnis von Natürlichkeit entwickeln. Doch dies geschieht erst nach 2025! Wie sehen also unsere Arbeitswelten um das Jahr 2025 aus?

Vor diesem Hintergrund klingt die Prognose des PWC-Vorstands fast menschlich. Denn sie bedeutet: Wir Menschen werden aus dem ruinösen Wettstreit des menschlichen Hirns gegen die Computer ausgestiegen sein. Wir werden erkannt haben, dass wir gegen Computer nicht den

Hauch einer Chance haben. Wir werden die Überlegenheit der Technologie in ihren Feldern akzeptieren. Wir werden die Technologie als Sekretär und Assistent nutzen. Und wir werden unsere eigene Wertschöpfung auf all jene menschlichen Stärken konzentrieren, die sich 2025 noch nicht berechnen lassen: das Fühlen, die Emotion und die Intuition.

Parallel zur Technologie wird sich auch unser Büro verändern. Wir werden 2025 die Vorstellung von Büros als kleine Arbeitsboxen hinter uns gelassen haben. Die Bürohäuser der Zukunft werden aus einem Dreiklang neuer Raumkonzepte bestehen. Bereits heute werden die Architektenentwürfe der neu zu bauenden Office-Center davon bestimmt. Zentrales Element dieser Büros der Zukunft sind große „Co-Working-Spaces“. Sie sehen aus wie Lounges oder Cafés und bieten optimale Bedingungen für bequeme Teamsitzungen. Hier gibt es kein „Meins“ und „Deins“, die Arbeitsplätze sind nicht bestimmten Personen zugeordnet. Vielmehr haben die Mitarbeiter ihre persönlichen Daten und Geräte jederzeit in ihrem Laptop dabei. Zusätzlich gibt es eine zweite Kategorie von Räumen. Es sind kleinere Denker- und Schreiberstübchen, in die man sich bei Bedarf allein zurückziehen kann. Und schließlich bringt die dritte Raumkategorie den Kontakt nach außen. Ebenso kleine Räume, in denen die Tapeten komplett aus Displays bestehen, die sich mit jedem anderen Ort der Welt vernetzen lassen. Hier arbeiten Mitarbeiter gemeinsam in virtuellen Räumen an 3D-Objekten, obwohl Tausende Kilometer zwischen ihnen liegen.

In diesen futuristischen neuen Bürohäusern, die bereits heute gebaut werden, sieht man viel Glas, aber kaum noch einen Computer. Das bedeutet nicht, dass es keine mehr gibt. Im Gegenteil: Es gibt Hunderte davon. Aber sie sind verschwunden in Tischen, Glasscheiben und Wänden. Diese Wände passen sich dem Bedürfnisprofil des aktuell gerade dort arbeitenden Menschen an. Sie erkennen Stimmungen und unterstützen die Arbeit mit passenden Farben und Bildern. Die Tische und Glasscheiben haben die Funktionen heutiger Computerdisplays. Sie sind zu intelligenten Assistenten geworden, die ihre Besitzer beobachten, permanent miteinander kommunizieren und deren individuelle Bedürfnisprofile analysieren. Die Menschen steuern diese neuen Computer per Gesten und sprechen mit ihnen wie mit Menschen – egal in welcher Sprache, denn die Übersetzerfunktion in Echtzeit ist zur gewöhnlichen Standardapp geworden. Etwa um das Jahr 2020 wird auch die Gedankensteuerung in unsere Büros Einzug halten. Das bedeutet: Unsere Computer erkennen Befehle, die wir denken, und setzen diese um.

Im Ergebnis bekommen die Menschen die für sie wichtigen Informationen jederzeit passgenau in die jeweilige Situation eingespielt. Dies bedeutet nicht, dass die Menschen direkt abhängig wären: Sie können diese Informationsangebote jederzeit annehmen oder ablehnen. Sie können ihre Geräte auch ausschalten. Doch unser Nutzungsverhalten verändert sich gewaltig. Während wir heute noch davon sprechen, dass unsere Büros so individuell wie möglich sein müssen, werden wir 2025 von Adaptivität sprechen. Das Bürohaus ist nicht mehr nur einmalig individuell gestaltet, sondern es passt sich jederzeit adaptiv den Nutzern und deren Nutzungssituationen an.

Und was tut dann unsere bisherige Sekretärin? Erleben wir eine neue Welle der Arbeitslosigkeit, weil Technologie uns die Arbeit wegnimmt?

Wie funktioniert die Arbeit ohne Arbeiter?

Das Gegenteil ist der Fall! Im Jahr 2025 wird der heute heiß diskutierte Fachkräftemangel in Deutschland längst Wirklichkeit sein. Durch die demografische Entwicklung gehen bis 2025 weit mehr Menschen in Pension, als junge Menschen in den Arbeitsmarkt hineinkommen. Im Ergebnis werden dem Arbeitsmarkt in Deutschland 6,5 Millionen Erwerbspersonen weniger zur Verfügung stehen als noch 2010. Dieses Minus kann nur zu einem geringen Teil durch Produktivitätssteigerungen aufgefangen werden, also dadurch, dass ein Computer die Arbeit von bisherigen Assistenten übernimmt. Doch unterm Strich ist sicher, dass im Jahr 2025 zwischen 2 Millionen[21] und 5,4 Millionen[22] arbeitende Menschen in Deutschland[23] zu wenig da sind. Dieser Trend schlägt dabei von Region zu Region und auch von Branche zu Branche unterschiedlich stark durch.[24]

Klare Verlierer sind die Unternehmen bei den sogenannten „sekundären Dienstleistungsberufen", also bei Juristen, Managern, Geistes- und Sozialwissenschaftlern, Gesundheits- und Sozialberufen etc. Hier steigt die Anzahl der zu besetzenden Jobs stark an. Aber das Angebot an Arbeitskräften nimmt nur leicht zu oder in manchen Prognosen sogar ab. Ähnlich dramatisch wird es für Unternehmen bei den „primären Dienstleistungsberufen", wie Verkäufern, Vertrieblern, Büro- und kaufmännischen Dienstleistungsberufen, Transport, Sicherheits- und Wachberufen, Gastronomie und Reinigungsberufen. Hier steigt die Anzahl der zu besetzenden Jobs leicht an, während das Arbeitskräfteangebot deutlich zurückgeht. Am unproblematischsten sind noch die produktionsbezogenen Berufe, wie Rohstoffgewinnung, Be- und Verarbeitung, Wartung und Steuerung von Maschinen und Anlagen. In diesen für Deutschland, Österreich und die Schweiz wichtigen Feldern werden 2025 etwas weniger Arbeitskräfte gebraucht. Allerdings sinkt die Anzahl der verfügbaren Arbeitskräfte noch etwas schneller.

Damit verändern sich die Machtverhältnisse am Arbeitsmarkt grundlegend. Waren es bisher die Unternehmen, die sich aus einer Vielzahl von Bewerbern die aussuchen können, die ihrem Idealbild entsprechen, haben stattdessen im Jahr 2025 qualifizierte Arbeitskräfte die Wahl. „Jetzt müsst ihr uns was bieten!“ lautet der neue Wahlspruch. Insbesondere dann, wenn sie nicht nur bei der Wahl des Arbeitsinhaltes, sondern auch bei der Wahl des Arbeitsortes flexibel sind.

Besonders ausgeprägt ist dieser Trend im Jahr 2025 bei den Facharbeitern. Aus Sicht der Unternehmen könnte insbesondere die duale Ausbildung durch den Rückgang der Anzahl Auszubildender der eigentliche Verlierer des demografischen Trends sein. Da das Zusammenwirken von Facharbeitern und Hochschulabsolventen nicht zu Unrecht als das Rückgrat der deutschen, aber auch der österreichischen und Schweizer Wirtschaft angesehen wird, ist das keine positive Aussicht. Was also tun?

Die Antwort ist nicht schwer: Wir müssen Menschen in Jobs bringen, die bisher nicht arbeiten. In der politischen Debatte geht es dabei vor allem um die Frauenquote und die Möglichkeiten für Frauen, nach der Mutterschaft wieder in Jobs zu kommen. Haben Sie sich einmal gefragt, warum die Frage der Geschlechtergerechtigkeit nach jahrhundertelangem Kampf der Frauenrechtlerinnen ausgerechnet heute in der Politik angekommen ist? Endlich! ... muss man hinzufügen, denn natürlich ist sie absolut berechtigt. Und doch liegt die aktuelle Akzeptanz des Problems wohl mehr in Zahlen: Je nach Rechenmodell ließen sich in den kommenden Jahren in Deutschland weitere 400.000 bis 900.000 Jobs durch Frauen besetzen.[25]

Ähnlich populär ist derzeit die Forderung nach einer verstärkten Zuwanderung von ausländischen Fachkräften. Diese würden 400.000 bis 800.000 Jobs besetzen. Das klingt nicht nach viel. Doch täuschen wir uns nicht! Schon jetzt deutet sich an, dass die Zuwanderung vom Grundsatz her die einzige fast unbegrenzte Quelle zur Sicherung der Fachkräftebasis darstellt. Die Erschließung dieser Quelle ist nicht einfach, aber möglich. Zu erfüllen sind zwei Bedingungen. Zunächst muss an den richtigen Stellen gesucht werden. Das müssen keineswegs immer die Länder sein, aus denen die Zuwanderer in der Vergangenheit herkamen. Nicht weniger wichtig ist, für die Zuwanderung Modelle zu entwickeln, bei denen alle Beteiligten gewinnen. Das betrifft die Unternehmen und Regionen, in denen die Zuwanderer heimisch werden sollen. Es betrifft aber genauso die Zuwanderer selbst und die Länder, aus denen sie kommen. Denn die deutschsprachigen Länder sind nicht allein auf der Suche nach Fachkräften. Sie stehen im Wettbewerb mit anderen Industrieländern und somit wird der globale Wettbewerb um mobile, gut qualifizierte Arbeitskräfte weiter zunehmen. Jobnomaden werden nicht nur in Deutschland, Österreich und der Schweiz umworben. Viele Schwellenländer bieten interessante, gut bezahlte Arbeitsplätze.

Damit sie dennoch zu uns kommen, ist einerseits die Anerkennung von Berufsabschlüssen und Qualifikationen entscheidend. Zudem wird sich vermutlich ein ganzes Netz von Studien und Ausbildungsangeboten entwickeln, um bestimmte zusätzliche Qualifikationen zu erwerben, die eine wirkliche Gleichstellung ermöglichen. Für viele ausländische Hochschulabsolventinnen und Hochschulabsolventen könnte es sogar ein besonderer Magnet sein, an deutschen Hochschulen die eigene Qualifikation abzurunden, um dann mit besten Aussichten in Deutschland oder den Nachbarländern auf Stellensuche zu gehen.

Dabei ist der Traum von gut ausgebildeten Fachkräften aus Spanien, Italien und Griechenland für die deutschen Unternehmen tatsächlich nur ein Traum. Er wird im Jahr 2025 kaum mehr Bestand haben. Die Zuwanderung aus Südeuropa ist dann möglicherweise nicht größer als die Abwanderung Deutscher in diese Richtung. Viele Zugewanderte werden den Weg zurück in ihre alte Heimat finden. Denn die Länder Süd- und Osteuropas haben eine ähnliche demografische Entwicklung wie Deutschland. Auch in diesen Ländern altert die Bevölkerung, die Jungen fehlen und die Fachkräfte werden knapp. Sobald ihre Länder die aktuelle Wirtschaftskrise in den Griff bekommen haben, ziehen viele Zuwanderer wieder nach Hause in die Sonne.

Wo leben die Menschen, die zu uns kommen wollen?

Deutschland muss spätestens dann nach anderen Zuwanderungsländern suchen. In Europa ist nicht viel zu machen. Auch Russland und China haben ein Demografieproblem riesigen Ausmaßes. Da wäre noch Indien, das oft als Quelle für Fachkräfte genannt wird. Doch die Inder sind traditionell auf die englischsprachigen Länder ausgerichtet. Was bleibt? Die arabische Halbinsel und Mittelasien! In Ägypten liegt das Durchschnittsalter bei 24,3 Jahren, im Irak bei 20,9 und in Usbekistan bei 25,7 Jahren. Jedes Jahr verlassen Hunderttausende Absolventen die Hochschulen auf der Suche nach einer anspruchsvollen und gut bezahlten Arbeit. Deutschland wird 2025 längst begonnen haben diese Potenziale gezielt zu erschließen. Das geht aber nicht mit einer einfachen Anwerbung. Die politischen Kräfte in diesen Ländern haben wenig Interesse, Millionen Dollar in die Hochschulausbildung junger Menschen zu investieren, die dann abwandern. Also müssen Modelle entwickelt werden, bei denen alle Beteiligten gewinnen.

Ein Modell könnte so aussehen, dass mit der Anwerbung bereits Vereinbarungen über eine Weiterqualifizierung an deutschen Hochschulen getroffen werden. Danach arbeiten die hochqualifizierten Fachkräfte in gut bezahlten, verantwortungsvollen Jobs in deutschen Unternehmen. Manche bleiben für immer und holen ihre Familie nach Deutschland. Aber die Mehrzahl kehrt nach einigen Jahren in ihre Heimatländer zurück, um dort als begehrte Fach- und Führungskraft eine zweite Karriere zu beginnen. Ein System zum gegenseitigen Vorteil, bei dem die deutschen Unternehmen den zusätzlichen Aufwand bei der Einarbeitung immer neuer Generationen durch stabile Wirtschaftsbeziehungen zu im Aufwind befindlichen Regionen der Welt versüßt bekommen. Denn was ist besser für den Export und die internationale Arbeitsteilung als ein Netz von persönlichen Beziehungen, welches durch Anwendung moderner elektronischer Medien mühelos am Leben erhalten werden kann?

In der Summe wird der Anteil der Menschen mit nichtdeutscher Herkunft bis zum Jahr 2025 weiter gestiegen sein. Wer einen Beruf erlernt hat, der hierzulande gebraucht wird, der kann kommen, um ihn auszuüben und seine Qualifikation abzurunden. Viele Unternehmen werden die zuwandernden Fachkräfte unterstützen, um rechtzeitig ihre Qualifikationsanforderungen mit den Bewerbern abzustimmen. Das Zusammenleben und Arbeiten mit qualifizierten Zuwanderern wird selbstverständlich sein. Im Jahr 2025 sind die Menschen nicht besser geworden, rassistische Einstellungen gibt es weiterhin. Aber so, wie viele heute den ausländischen Arzt akzeptieren, werden sie im Jahr 2025 mit dem vorgesetzten Manager oder Ingenieur am Arbeitsplatz oder dem Klempner umgehen, auf dessen Dienstleistungen sie angewiesen sind. Nicht immer aus Überzeugung, aber doch mit einem gewissen Gefühl der Normalität. Die einfache, aber klare Erkenntnis ist: Ohne Zuwanderer geht es nicht!

Diese gelebte „Willkommenskultur“ verläuft im Jahr 2025 vermutlich in drei Etappen. Sie beginnt mit der

„Vorintegration“ im Heimatland. Hier gibt es gezielte Werbung, vereinfachte bürokratische Verfahren durch die Botschaften, Sprachkurse, Beratungen zum Arbeitsmarkt oder auch die Vermittlung von interkulturellem Wissen. Mit der Ankunft in Deutschland beginnt dann die „Erstintegration“. Die ausländischen Fachkräfte nicht als Bittsteller, sondern als Premiumgäste zu behandeln, lautet zukünftig die Devise. Und schließlich kommt die „Etablierung“ der Zuwanderer in der neuen Heimat. Hier geht es um die Unterstützung bei der schulischen Integration von Kindern oder Partnern, Vertiefung der Sprachkenntnisse, Betreuung beim Gang zu Ämtern gehört ebenso dazu wie begleitende Aktivitäten von Gewerkschaften oder Bürgerorganisationen. Dies alles ist auch im Jahr 2025 kein „Rundumsorglospaket“ für Zuwanderer. Aber wer Hilfe sucht, wird sie auch erhalten. Und vor allem wird er das Gefühl haben, willkommen zu sein in unserem Land, welches sich lange Zeit dem Selbstbetrug hingab, kein Zuwanderungsland zu sein.

Haben Sie mitgezählt?

Bei einem Arbeitskräftemangel von etwa 5 Millionen, bei durchschnittlich 600.000 Frauen und 600.000 Ausländern bleibt rein mathematisch immer noch ein Bedarf von 3,5 bis 4 Millionen unbesetzten Stellen. Wer soll das füllen? Suchen wir weiter: Die Erhöhung der Arbeitszeit von Teilzeitbeschäftigten könnte 300.000 bis 1,2 Millionen Arbeitskräfte bringen, der Verzicht auf Frührente und das komplette Ausnutzen der Arbeitszeit bis zum Alter von 67 Jahren hat ein Potenzial von 500.000 bis 1,2 Millionen, die Abschaffung von Teilzeitarbeit und Steigerung der Arbeitszeit von Vollbeschäftigten bringt 400.000 bis 1,1 Millionen und der Verbesserung von Ausbildung und Qualifizierung werden 400.000 bis 700.000 neue

Arbeitskräfte zugetraut.[26] In Summe lösen wir das Problem damit nicht. Im Gegenteil. Es wird richtig eng!

Wo ist also die Lösung? Behalten Sie diese Frage bitte für ein paar Minuten im Kopf. Wir kommen gleich dazu. Vielleicht machen Sie sich schon einmal Gedanken, was Sie persönlich zwischen Ihrem 60. und ihrem 90. Geburtstag machen wollen?

Links

Office-Center in Wohngebieten

▶ www.2bahead.com/nc/tv/rede/video/arbeiten-2020-wie-fluide-arbeitswelten-der-zukunft-aussehen

Büro der Zukunft von Microsoft

▶ www.youtube.com/watch?v=Zp-_oUwdSeY

Dienstreise der Zukunft von Microsoft

▶ www.youtube.com/watch?v=a6cNdhOKwiO

9:27 Uhr: Projektplanung

Wie heißen die Schulfächer der Zukunft?

„Großartig!“, entfährt es Tina nun schon zum vierten Mal. Zusammen mit Martin und Peter wandert seine Assistentin durch die Klassenräume der neuen Nextgen-Schule in Usbekistan. Natürlich nicht real! Martin, der in Taschkent in seinem Büro sitzt, hat den beiden einen Zugang in sein virtuelles 3D-Modell der künftigen Schule gegeben. Zu dritt können sie jetzt durch die Räume gehen, die als Hologramm vor ihnen hier im Konferenzraum auftauchen. Wobei „gehen“ übertrieben wäre. Alle drei sitzen. Nur die Klassenzimmer um sie herum bewegen und drehen sich. Was heißt „Klassenzimmer“? Kreativlabore wäre der richtige Ausdruck! Es gibt keine Schulbänke und keinen Lehrertisch. Stattdessen bunte Sitzecken, Spielteppiche und Rollwände. Jeder kann sich sein Zimmer heute so und morgen so einrichten. Tina ist begeistert.

Über diese Kreativräume haben Peter und Martin schon oft gesprochen. Sie sind nicht nur bunt bemalter Selbstzweck. Vielmehr haben die beiden in ihrer Planung die bisherigen 45-Minuten-Unterrichtseinheiten abgeschafft. Das hat Peter schon bei der eigenen Nextgen-Schule in Deutschland durchgesetzt. Wenn er darüber spricht, redet er sich regelmäßig in Rage: „Was haben wir denn bisher getan? Wir sperren Kinder in 45-Minuten-Kästen und verbieten ihnen miteinander zu reden und voneinander zu lernen! Damit trainieren wir ihnen zwölf Jahre lang genau das ab, was wir dann später in den Unternehmen wieder von ihnen erwarten." Diesen Unsinn gibt es auch hier in Taschkent nicht mehr. Stattdessen hat jeder Schüler mehrere Coaches und persönliche Patenschaften. Natürlich nicht nur mit Lehrern, sondern auch mit Abteilungsleitern und Mitarbeitern im Unternehmen und mit anderen Experten. Für Peter hat dies etwas mit Wertschätzung zu tun. „Unsere Schüler müssen das Gefühl haben, dass sie etwas Besonderes sind und andere Menschen ihnen bei der Entfaltung ihres Potenzials helfen. An unserer Schule wird es nicht anders zugehen als bei einem Fußball-Profiverein.

Wofür sollte man in solch einer Schule Klassenzimmer brauchen? Stattdessen gibt es jede Menge Themenräume. Jeder Schüler soll sich an jedem Tag selbst aussuchen, auf welchen Themenraum er heute gerade Lust hat. Da geht er dann hin. Und am Nachmittag gibt es Arbeitsgemeinschaften zu den verschiedensten Themengebieten. Leistungskontrollen und Prüfungen soll es natürlich trotzdem geben. „Das ist schließlich keine ‚Wünsch-dir-was-Schule'! Hier sollen die bestausgebildeten Schüler der Zukunft herauskommen!", hat Peter seinem Kollegen im letzten Meeting entgegengerufen. Aber nach seiner Vorstellung sollen die Schüler selbst entscheiden, wann sie bereit sind, die Leistungskontrollen abzulegen.

Martin hat diese Wünsche seines Vorstands seit dem letzten Meeting gründlich hinterfragt. Nun zeigt er auf dem riesigen Display des Konferenztisches die neusten internationalen Studien zum Lernen und zu den Schulen der Zukunft. Sein elektronischer Assistent hat die wichtigsten Stellen angestrichen und spielt sie nun jeweils passend zu den jeweiligen

Klassenräumen auf das Display. „Martins Farbgeschmack ist echt schräg", geht es Peter durch den Kopf: Offenbar mag der Kollege vor allem Neonfarben. Oder ist es Egon? Martin ist einer der wenigen Menschen unter Peters Bekannten, die ihren elektronischen Assistenten nicht Rob genannt haben. Sondern Egon! Ob der vielleicht ein wenig exzentrisch ist?

Peters Rob hat unterdessen seinen Lieblingsplatz und Hauptsitz eingenommen. Er ist in Peters Handy, doch wo immer Peter hinkommt, synchronisiert sich Rob automatisch auf die dort vorhandenen Monitore. Theoretisch wohnt er überall. Und vor allem ist er in jeder Situation bereit, die jeweils richtige Information in Peters Leben einzuspielen, immer passend auf die Situation und natürlich auf Peters individuelle Bedürfnisse. Dafür beobachtet und analysiert er ihn, was auch immer Peter tut, sagt oder entscheidet. Mit Ausnahme der Zeiten, wenn Peter ihn einfach ausschaltet. Doch das ist selten.

Auch jetzt wird Robs Zeit erst noch kommen. Als Martin mit seinem Rundgang durch die geplante Schule fertig ist, präsentieren Rob und Egon ihren Besitzern die wichtigsten Fragen für die Konferenz. Zusammen haben sie das neue Informationsmaterial analysiert und mit den Fragen und Antworten der vorangegangenen Meetings abgeglichen. Die Liste zeigt ein klares Bild. Einig sind sich die beiden, dass ihre Schüler künftig nicht die üblichen Schulfächer lernen sollen, sondern vor allem Kompetenzen wie einen kompetenten Umgang mit neuer Technologie und Umgang mit Wissen, Internationalität und Weltsprachen, die Reflexion und das Infragestellen von bisherigen Regeln, die Teamführung, Teamwork und emotionale Intelligenz und nicht zuletzt Verantwortungsbewusstsein, Mut, Neugier und unternehmerisches Denken. Doch wie sollen dann die Schulfächer heißen?

Egon und Rob haben einen Vorschlag zur Diskussion

gestellt. Ihre Schulfächer heißen Verantwortung, Herausforderung, Kreativität, Strategie & Analyse, Mut, Recherche & Quellenarbeit, Reflexion & Kritik, Kommunikation & Psychologie, Nachhaltigkeit & Ausdauer, Musik & Instrument lernen, Sport, logisches Denken & Schach.

Peter sieht zu Tina hinüber. Sie schaut zweifelnd auf die Liste. „Das sollen Schulfächer sein?“, liest er in ihren Augen. Und plötzlich ist er sich sicher: Sie sind auf dem richtigen Weg …

Zukunft: Lernen

Das Ende des Bildungsideals

Es gibt wohl kaum ein Thema, bei dem sich die Mehrzahl der Erwachsenen so einig ist wie bei der Bewertung der Schule. Sie muss unbedingt besser werden! So die Feststellung und Forderung zugleich. An dieser Einstellung wird sich auch im Jahr 2025 nicht viel ändern. Schule wird weiterhin im Zentrum der Aufmerksamkeit und der Kritik stehen. Allerdings bezweifelt im Jahr 2025 kaum noch jemand, dass es notwendig ist, die Potenziale möglichst aller Kinder so zu entwickeln, dass sie einen geachteten und erfüllenden Platz im Leben und in der Arbeitswelt finden. Fachkräftemangel, immer noch zurückgehende Schüler- und Absolventenzahlen und ein immer größerer Migrantenanteil wirken überzeugender als alle Gerechtigkeitsdebatten. Eliteförderung und Benachteiligtenförderung werden 2025 keine Gegensätze mehr sein, sondern die beiden Seiten einer Medaille.

Um ein realistisches Bild von den bevorstehenden Veränderungen für die Schule der Zukunft zu bekommen, müssen die heute so populären Bewertungen zur Qualität der deutschen Schule genauer untersucht werden. Sie sind teilweise überzogen, teilweise aber auch richtungsweisend. Zentral ist die Einschätzung, dass mit etwa sechs Prozent viel zu viele Schülerinnen und Schüler die Schule ohne Abschluss beenden. Auf der anderen Seite wird aber auch deutlich, dass die Hoffnung vieler Unternehmen, man müsse nur diese Reserven heben, um den Mangel an Bewerbern für die berufliche Erstausbildung zu beseitigen, nicht realistisch ist. Denn bei Senkung des Anteils der Schülerinnen und Schüler ohne Berufsabschluss um 10–50% ergibt sich ein zusätzliches Fachkräfteangebot zwischen 50.000 und 300.000 Personen.[27] Nicht wenig, aber keinesfalls ausreichend!

Es sind nicht diese Korrektur- und Optimierungspotenziale, die die neue Schule der Zukunft ausmachen werden. Vielmehr ist es die heutige Generalkritik, die bis zum Jahr 2025 an vielen Stellen des Landes zur Herausbildung neuer Schulen führen wird. Die Aufgabe einer modernen Institution Schule im 21. Jahrhundert ist nicht die Vermittlung von Wissen, sondern die Entfaltung des persönlichen Potenzials jedes Schülers. Um das zu erreichen, bedarf es eines Umdenkens. Die heutige Schule ist eine Institution der Kontrolle und der Angst. Angst vor Noten, Angst vor Prüfungen, Angst vor Leistungskontrollen. Solange Schule mit Angst besetzt ist, verstößt sie gegen grundlegende Erkenntnisse der Hirnforschung. Denn zur Ausbildung von neuen Nervenzellenverbindungen, den Synapsen, im Gehirn, führt der Ausstoß bestimmter Botenstoffe. Diese aber werden nur bei Begeisterung produziert, nicht bei Angst. In diesen Nervenzellenverbindungen ist letztlich das Wissen gespeichert und je günstiger die Bedingungen für die Entstehung der Synapsen sind, desto besser können Kinder lernen.

Aber diese Begeisterung lässt sich nicht verordnen oder

gar erzwingen. Sie lässt sich nur wecken. Wecken durch das Einlassen auf Neues, eigenständiges Entdecken und Gestalten in angstfreien Räumen. Dem entgegen stehen die traditionellen Hauptfunktionen des deutschen Bildungssystems: das Qualifizieren, Selektieren, Normieren und Legitimieren. Dieses System wurde einst für die Industriegesellschaft geschaffen, in der Disziplin und Anwendung von Wissen im Rahmen vorgegebener Schemata im Vordergrund standen. Es funktionierte gut. Es brachte ein Bildungsideal hervor, das einen Kanon der Allgemeinbildung definierte, mit dem wir für viele Jahrzehnte einen der vorderen Plätze in der Welt gesichert hatten. Doch dies ist mehr als einhundert Jahre her!

In einer Zeit des rasanten technologischen Wandels, in einer Informationsgesellschaft, in der jegliche Information über wenige Klicks auf einem beliebigen Gerät gefunden werden kann, und in einer Welt, in der sich das abrufbare Wissen binnen weniger Monate jeweils verdoppelt, muss das System zwangsläufig in Konflikte geraten. Es ist eine Zeit, die uns so unsicher und unprognostizierbar erscheint, weil das bisherige Wissen unseres Bildungsideals keine Antworten mehr auf die Unvorhersehbarkeiten quer durch Wirtschaft, Gesellschaft und Privatleben gibt. Diese Unsicherheit zu bewältigen wird für die Erwerbstätigen des Jahres 2025 eine ständige Herausforderung. Was müssen Menschen dafür können? Was müssen sie lernen?

Zuallererst brauchen sie dafür emotionale und soziale Stabilität. Diese erwächst aus der Erfahrung, sich selbst verwirklichen und bei Bedarf auch neu erfinden zu können. Das bedeutet: Ihre Hauptfähigkeit ist die Fähigkeit zum selbstständigen Aneignen neuen Wissens! Nicht weniger wichtig sind die Fähigkeiten zur Selbststeuerung in komplexen Prozessen. In der Arbeitswelt des Jahres 2025 wird angeleitete Arbeit mit klarer Vorgabe der einzelnen Schritte eher die

Ausnahme sein. Vom Erfinder über den Manager bis zum Handwerker ist Selbstorganisation und Selbstoptimierung angesagt. Die Fähigkeiten dafür kommen nicht von selbst, sondern müssen in der Schule ausgeprägt werden. Ähnliches gilt für die Kreativität. Sie ist die Voraussetzung für das Überleben ganzer Wirtschaftszweige im internationalen Wettbewerb. Die Zeiten, da einige wenige Denker im stillen Kämmerlein die bahnbrechenden Innovationen austüftelten, sind lange vorbei! Neues entsteht vorzugsweise an den Schnittstellen unterschiedlichster Wissenschaftsdisziplinen. Hier ist disziplinäres Wissen eine zwar hilfreiche, aber keineswegs ausreichende Voraussetzung. Dabei arbeitet in der Arbeitswelt des Jahres 2025 kaum noch jemand isoliert. Teamarbeit ist auf allen Ebenen angesagt und auch das will erlernt sein. Für die Arbeit im Team, aber auch für die Selbststeuerung von Arbeits- und Lernprozessen sind Metakompetenzen nötig, die in der traditionellen Schule kaum ausgebildet werden. Es geht nicht nur um die immer wieder genannten sozialen Kompetenzen für den Umgang miteinander. Notwendig sind komplexe Kompetenzen für die strategische Handlungsplanung, Folgenabschätzung, Problemlösungsfähigkeit und Impulskontrolle.

Dies sind die zentralen Aufgaben für die Schule des Jahres 2025! Das Erreichen dieser Ziele ist aus Sicht der Kinder vor allem durch ein „Sich-erproben-Können“ in offenen Lernfeldern möglich. Gebraucht werden herausfordernde Lernlandschaften, die den Kindern Herausforderungen jeweils passend zu ihren Interessen stellen. Dies setzt voraus, dass Lernprozesse in Handlungsprozesse integriert werden, in denen die Schülerinnen und Schüler selbstständig Aufgaben lösen. Lernen wird zur Herausforderung, wenn neue Aufgaben bearbeitet werden, die dann auch zum Erfolgserlebnis führen. Die Grundlagen für eine solche Schule der Zukunft müssen nicht erst ganz neu erdacht werden. Das Konzept und die Bildungsziele einer Schule der Zukunft sind bereits heute skizziert[28] und werden in Pilotprojekten getestet.

Doch im Jahr 2025 geht es nicht um Pilotschulen. Es geht darum, dass solcherart Schulen für alle Schüler benötigt werden: für die heute schon Leistungsfähigen, weil sie erst hier ausreichend ihre Kreativität und Talente entwickeln können und neben den fachlichen auch Sozial- und Selbstkompetenzen ausprägen. Und für die große Gruppe der Schulversager oder gar Schulverweigerer, weil die „neue Schule" für sie möglicherweise sogar die einzige Chance ist, wieder aktiv zum Lernen zu kommen.

Damit erhält die Schule neuen Typs im Jahr 2025 auch für die Fachkräftesicherung einen entscheidenden Stellenwert. Denn in ihr können sich die Schülerinnen und Schüler nicht nur selbst verwirklichen. Sie ermöglicht auch die Entwicklung aller Talente, was vermutlich die wichtigste gesellschaftliche Aufgabe der kommenden zehn Jahre und zugleich die einzige Antwort auf den dramatischen Fachkräftemangel sein wird. Dies und nicht die Aussicht auf eine wie auch immer geartete „Kuschelpädagogik" sind die wahren Gründe, die ein radikales Umdenken bei der Gestaltung des deutschen Schulsystems erfordern. Ein Umdenken, welches mit einem wirklichen Paradigmenwechsel von der passiven Belehrung zur aktiven Aneignung verbunden ist.

Eltern auf der Suche

Eltern wollen für ihre Kinder meist die beste Schule. Das gilt heute wie im Jahr 2025. Die Entscheidung für eine Schule wird allerdings 2025 vermutlich auch nicht leichter fallen als heute. Dafür sorgt auch weiterhin die Dauerbaustelle des deutschen Föderalismus: die Frage nach dem ein-, zwei- oder dreigliedrigen Bildungssystem.[29] Die Diskussion ist eingesperrt in das Labyrinth aus 16 deutschen Bildungszwergstaaten, Parteiideologien und Eigeninteressen. Ungezählte und oft auch unvollendete Schulreformen säumen den Weg.

Dennoch gibt es zumindest einen Trend, der sich schrittweise durchsetzt. Es ist der Übergang von einem drei- zu einem zweigliedrigen Schulsystem. Neben dem offenbar unantastbaren Gymnasium behauptet sich eine zweite Schulform, die in vielen Fällen sogar zum Abitur führt. Allerdings verhindert der deutsche Föderalismus dieses zweigliedrige System ähnlich wie in der Schweiz für das gesamte Land verbindlich zu vereinbaren. Ein ähnlicher Volksentscheid wie 2006 in der Schweiz würde wohl auch in Deutschland zu einer breiten Zustimmung führen. Doch realistisch gesehen wird Deutschland im Jahr 2025 auch ohne einen solchen bundesweiten Rahmen größtenteils ein zweigliedriges Schulsystem haben. Einzelne Enklaven ändern nichts am Bundestrend.

Große Veränderungen wird es in den kommenden Jahren auch im Verhältnis zwischen öffentlichen Schulen und Privatschulen geben. Deren Anzahl hat bereits heute stark zugenommen. Inzwischen besuchten mehr als sieben Prozent der Schüler eine Privatschule.[30] Dieser Trend wird nicht zu stoppen sein. Und dies wäre auch nicht sinnvoll. Denn wer sich eine Veränderung im trägen staatlichen Schulsystem erhofft, der wird an eine Erhöhung des Leidensdrucks über den Aufbau eines Qualitätswettbewerbs nachdenken müssen. Hierbei darf aber nicht verschwiegen werden, dass das System der Privatschulen in Deutschland in den vergangenen Jahren einen eindeutigen Trend zu sozialer Selektion mit sich brachte. Ausschlaggebend ist dabei nicht nur wie in den USA das Haushaltseinkommen, sondern Bildung und Beruf der Eltern. Ob und wie dies in der Schule des Jahres 2025 verhindert werden kann, scheint bislang völlig unklar. Eine entscheidende Rolle könnten an dieser Stelle erneut die

Unternehmen spielen. Es erscheint hochwahrscheinlich, dass diese neben unternehmenseigenen Kindergärten und dem Sponsoring von Universitäten und Stipendien auch in den bislang von ihnen vernachlässigten Bereich der Schulen vordringen. Die Entstehung entsprechender unternehmenseigener Schulen, die eine Art Privatschule darstellen, aber über ein Sponsoring oder einen monatlichen Bildungszuschuss ihren Mitarbeitern das Schulgeld ihrer Kinder finanzieren, ist hochwahrscheinlich. Ob diese die soziale Selektion mindern oder gar vorantreiben, wird zwischen den Schulträgern, den Unternehmen und der staatlichen Aufsicht auszuhandeln sein.

Auf die Lehrer kommt es an

Die Schule der Zukunft erfordert natürlich auch bei vielen Lehrerinnen und Lehrern ein Umdenken. Sie brauchten schon immer ausgeprägtes Fachwissen, Empathie, psychologisch-didaktische Fähigkeiten und möglichst auch eine ausreichende Lebenserfahrung. Eine berufliche Entwicklung, die nur die Stationen Schule, Universität und Schule kennt, hat schon manchmal den Blick für die Lebensrealität verengt.

Doch noch anspruchsvoller ist die pädagogische Neuorientierung für die Schule der Zukunft. In welchem Schultyp und nach welchem Konzept die Lehrer der Zukunft auch arbeiten mögen, sie werden nicht umhinkommen stärker als bisher auf die einzelnen Schüler einzugehen und diesen den Übergang zum selbstorganisierten Lernen zu zeigen. Beides erfordert einen zeitweiligen Rollenwechsel vom Wissensvermittler im Frontalunterricht zum Lernbegleiter, der bereitsteht den individuellen Lernprozess zu strukturieren, zu motivieren und bei der selbstständigen Lösung von Aufgaben zu helfen. Es versteht sich von selbst, dass psychologische und pädagogische Fähigkeiten dafür eine zentrale Rolle spielen. Die Überwindung von Fächergrenzen und das Lernen in der Praxis wird von den Lehrern die Fähigkeit abverlangen, stärker interdisziplinär zu denken und ihr Wissen über die eigene Fachdisziplin hinaus zu nutzen.

Ungeachtet des ständigen Rollenwechsels zwischen Wissensvermittler und Lernbegleiter bleiben auch in der Schule der Zukunft die Lehrer die zentralen Akteure im Unterrichtsgeschehen. Der Wert eines guten Lehrers lässt sich sogar berechnen. Der renommierte Bildungsökonom Eric Hanushek von der Stanford University fand heraus, dass die Qualität des Lehrers einen Einfluss auf das Lebenseinkommen seiner Schüler in der Größenordnung von mehreren hunderttausend Dollar hat.[31]

Es bleibt also auch 2025 dabei: Von Lehrern und weniger von einzelnen Methoden oder Strukturen der Schule hängt ab, was die Schüler erreichen. Dass die Lehrer des Jahres 2025 dabei nicht zwingend alle ein klassisches Lehramtsstudium durchlaufen werden, sondern quereinsteigende Akademiker aus der Praxis in Vollzeit oder Teilzeit die Qualität der Schulen erheblich heben können, gilt unter Bildungsexperten als große Chance.

Links

Die Schule der Zukunft bereits heute im Selbsttest

▶ www.2bahead.com/nc/tv/rede/video/warum-neue-fuehrungskompetenzen-noetig-werden

Hirnforschung zur Schule der Zukunft

▶ www.2bahead.com/nc/tv/rede/video/so-veraendert-sich-unser-hirn-im-umfeld-von-unsicherheit

10:16 Uhr: Beim Arzt

Berufseinsteiger mit 77

Das Handyklingeln reißt Peter aus seinen Gedanken. Hatte er nicht das Handy lautlos gestellt, um nicht gestört zu werden? Offensichtlich muss es ein Privatanruf sein, denn die beruflichen landen im Augenblick direkt auf seiner Mailbox. Unwirsch setzt er die Handybrille auf und schaut auf das Foto des Anrufers, das ihm in die Brillengläser hineinprojiziert wird.

Umso überraschter ist er, als er das Foto auf dem Display erkennt. Und daneben steht in großen Lettern: „Ist beim Arzt. Hat vermutlich eine medizinische Frage!“ Peter muss unweigerlich schmunzeln. Manchmal ist Rob mit seinen smarten Prognosen über die Anrufer eine wirklich große Hilfe. Aber manchmal ist er auch einfach nur blöd. Schnell denkt er: Annehmen! ... Und Bruchteile von Sekunden später hört er ein vertrautes Atmen aus den Bügeln seiner Handybrille.

„Wolfgang, grüß dich! Das ist ja schön!“ Peters Freude ist echt. Er hat seinen Schwiegervater schon viele Wochen nicht mehr gesehen. „Hallo Peter!“ Die Stimme klingt belegt. „Was ist denn, ist etwas passiert?“, fragt Peter besorgt. „Nein, keine Sorge. Ich habe nur eine Frage an dich.“ Peter dreht seinen Sessel in Richtung Fenster, lehnt sich bequem zurück und hört: „Inge und ich sind heute Morgen in die Stadt gefahren. Weißt du, mein Rücken tut doch in den letzten Tagen immer so weh. Und bei uns in der Kleinstadt gibt es schon lange keinen Arzt mehr. Und jetzt sitze ich hier im Wartezimmer und Inge ist shoppen gegangen." Peter wartet. Was er bislang gehört hat, klingt für seine Ohren nicht sonderlich dramatisch. „Ich will sie nicht anrufen, weil sie mir sonst nur wieder Vorwürfe macht. Wir haben gestern Abend schon darüber gestritten." So richtig versteht Peter immer noch nicht: „Aber worüber habt ihr denn gestritten?" „Na, ich habe doch vor zwei Wochen wieder einen Job angenommen. Und sie glaubt ja immer, dass ich mich überlaste."

„Phhhh ..." Peter stößt hörbar den Atem aus. Wolfgang ist aber auch wirklich ein schwieriger Fall. Einen neuen Job hat er angenommen? Mit seinen 77 Jahren? Seine Schwiegermutter ist wirklich nicht zu beneiden. Schon vor 20 Jahren hatte sie ihren Mann nicht mehr wiedererkannt. Damals, mit 57, war er in Pension gegangen. Aber im Gegensatz zu seiner Frau setzte sich Wolfgang nicht zur Ruhe. Im Gegenteil! Er selbst sprach immer wieder von einem Neustart! Er kaufte sich ein Rennrad, er begann jeden Tag zu trainieren. Nicht einmal, nein, zweimal täglich! Ein paar Monate später hat er eine Truppe sportverrückter 60-Jähriger um sich geschart und war fortan kaum noch zu Hause. Es gibt kaum eine Extremsportart, die Wolfgang in den letzten 20 Jahren ausgelassen hat. Und seine Frau wird ihn definitiv weniger gesehen haben als sein Rennrad. Doch dann, vor zwei Jahren, kamen die Schmerzen. Und gingen nicht wieder weg. Das war's mit dem Sport.

„Peter?" „Ja, ich bin hier. Um Gottes Willen, warum hast du denn wieder einen Job angefangen?" „Ich habe das einfach nicht mehr ausgehalten. Es war so langweilig. Und dann kam Matthias und erzählte, dass sein Chef schon ewig nach einem erfahrenen Maschinenbauingenieur sucht, aber keinen findet. Matthias hat vorgeschlagen, dass ich dort einfach mal hingehen und den Jungen ein bisschen von meinen Erfahrungen erzählen könnte. Das habe ich gemacht. Und als ich dann dort war, da brauchten die einen Projektleiter. Na ja, und da hat's mich wieder gepackt. ... Aber ich mache das ja nicht Vollzeit!" „Wie viel arbeitest du denn in der Woche?" „Na ja, so 20 bis 25 Stunden. Aber ich teile mir die Zeit absolut frei ein. Du glaubst gar nicht, wie schön das ist, wieder ein Team zu leiten und wieder richtig große Erfolge zu haben."

Peter nickt kaum merklich. Nach dem ersten Schreck kommt das Verständnis. Er hat sich selbst schon manches Mal in den vergangenen Monaten gefragt, was er denn eigentlich mit dem dritten Drittel seines Lebens zwischen 60 und 90 Jahren anfangen wolle. Er hat noch keine Antwort. „Okay, Wolfgang. Lass uns da am Wochenende nochmal darüber reden. Aber warum hast du mich denn jetzt angerufen?" „Ach so, ja. Na ja, ich bin hier in die Stadt zu diesem Arzt gefahren. Ein Dr. Krüger. Und dann komme ich hier rein. Und weißt du was? Der Dr. Krüger sieht aus, als wäre er direkt aus dem Nahen Osten angekommen. Der hat sogar so einen Talibanbart. Meinst du, dass ich dem trotzdem vertrauen kann?"

Peter hat angefangen zu schmunzeln. Das muss ein großartiges Bild sein: Sein weltgewandter Schwiegervater, der die letzten 20 Jahre Rennrad fahrend, Fallschirm springend, bergsteigend auf allen Kontinenten dieser Welt verbracht hat, sitzt im Wartezimmer einer kleinen Arztpraxis in einer mittelgroßen deutschen Stadt, weil sein Stammarzt die Kleinstadt verlassen hat, und fragt sich, ob dieser Dr. Krüger mit dem ausländischem Aussehen es darauf abgesehen haben könnte, seinen schmerzenden Rücken noch mehr zu peinigen. Unglaublich!

Zukunft: Gesundheitswesen

Der lange Weg zum Arzt

Kaum eine Berufsgruppe hat heute in Deutschland so gute Chancen wie jene der Ärzte. Die Arbeitslosigkeit unter Ärzten liegt bei 0,7 Prozent.[32] Das bedeutet Vollbeschäftigung. Doch was für die Ärzte ein Segen ist, bringt für die Gesundheitsversorgung massive Probleme mit sich. Vor allem im ländlichen Raum stehen Praxen leer. Bis 2020 werden zusätzlich fast 24.000 Hausärzte in Pension gehen. Doch so paradiesisch die Situation für die einzelnen Ärzte auch scheinen mag, ... sie ist es nicht. Jedenfalls nicht für jene, die als Krankenhausärzte arbeiten wollen. Sie können zwar nach der Ausbildung unter Tausenden von Angeboten wählen. Mit dem Einstieg in den Klinikalltag treffen sie aber dann fast überall auf das gleiche Bild: Der Ärztemangel und somit deutlich unterbesetzte Abteilungen führen zu permanenter Überbelastung.

Das alles, so die logische Schlussfolgerung, erfordert noch mehr Ärztinnen und Ärzte. Im Unterschied zu den ingenieurwissenschaftlichen Studiengängen gab es bei den Medizinern aber nie freie Studienplätze, durch deren Besetzung die Anzahl der Absolventinnen und Absolventen deutlich zu steigern wäre. Auch der Aufbau zusätzlicher Studienplätze ist nicht einfach, denn das Medizinstudium gehört zu den teuersten Studiengängen. So ist denn auch bis zum Jahr 2025 nur mit einem moderaten Anstieg der Absolventenzahlen zu rechnen. Um die Probleme der medizinischen Unterversorgung zu lösen, müssen in erster Linie die Reserven im System erschlossen werden. Bessere Versorgung mit einer nur wenig steigenden Anzahl von Ärztinnen und Ärzten bei gleichzeitiger Steigerung des Bedarfs durch die Alterung der Bevölkerung – vor dieser Herausforderung steht das Gesundheitssystem im Jahr 2025. Dies klingt vielleicht dramatischer, als es ist, denn das System hat viele Reserven. Diese zu heben könnte schon ausreichen.

Als Erstes wären da die unnötigen Behandlungen. Das auf Gewinnmaximierung ausgerichtete deutsche Gesundheitssystem bietet offensichtlich Anreize, Operationen durchzuführen, für die keine zwingende medizinische Notwendigkeit besteht. Der zweite Weg besteht in einer deutlichen Reduzierung der bürokratischen Aufgaben für Ärztinnen und Ärzte. Ein Klinikarzt ist heute drei Stunden täglich damit beschäftigt, seine Arbeit zu dokumentieren.[33] Verbesserungen sind auch bei der Arbeitsteilung im Krankenhaus oder in der Arztpraxis zu erwarten. Das betrifft etwa die Chirurgie- und Anästhesieassistenz, die auch von mittleren medizinischen Fachkräften ausgeübt werden kann. Auch das Pflegepersonal wird mit medizinischer Zusatzausbildung im Gesundheitswesen des Jahres 2025 mehr medizinische Arbeiten übernehmen.

Ein wesentlich größerer Schritt wird die Verbreitung der Telemedizin, die bis 2025 auch in Deutschland flächendeckend eingeführt sein wird. Ihr Einsatz verändert nicht nur das Berufsbild vieler Ärzte, sondern ermöglicht auch zusätzlichen Spezialisten den Einzug in das Gesundheitswesen. Die enorme Entwicklungsgeschwindigkeit der Informations- und Kommunikationstechniken verbunden mit wachsendem Problembewusstsein der Verantwortlichen und massiven Einsparungszwängen wird dazu führen, dass die technischen Probleme und Sicherheitslücken weitgehend überwunden werden und im Jahr 2025 zum Beispiel telemedizinische Beratung von Landarztpraxen Normalität wird, was heute noch heftig umstritten ist.

Doch während unser heutiges Verständnis von Telemedizin allein auf die Verbesserung der medizinischen Versorgung nach bisherigen Spielregeln abzielt, werden sich auf längere Sicht auch die Spielregeln selbst verändern. Schon lange Zeit befinden wir Menschen uns in einer Veränderung unseres Bewusstseins gegenüber unserem eigenen Körper. Wir verlassen allmählich die Vorstellung, dass der Körper etwas Naturgegebenes oder Gottgegebenes ist. Früher dachten wir das. Die Konsequenz war, dass wir es uns nicht erlaubten, unseren Körper zu optimieren. Wir durften ihn höchsten reparieren, wenn er durch Unfall oder Krankheit „kaputt gegangen" war. Doch diese Vorstellung ist von gestern. Statt ihrer gewinnt in den kommenden Jahren die Vorstellung überhand, dass es sich bei unserem Körper um eine materielle Hülle handelt, die optimierbar ist. Die heutigen Medienberichte über die vermeintlichen Schattenseiten dieser Entwicklung sind deutliche Trendsignale. Wenn heute dramatisch über vereinzelte Fehler bei Schönheitsoperationen oder den Missbrauch von Ritalin berichtet wird, dann bedeutet das nicht, dass wir Menschen uns in diesem Trend von solchen „Anfängerfehlern" irritieren lassen. Im Gegenteil: Wenn wir Wissenschaftler in Studien danach fragen, ob Menschen ihren Körper und ihr Hirn optimieren wollen, dann erhalten wir Zustimmungsraten von 70–80 Prozent. Dies bedeutet: Die Menschen übernehmen mehr und mehr die Verantwortung für die Leistungsfähigkeit dieser Hülle, sowohl für die physische als auch die geistige Leistungsfähigkeit.

Entsprechend wird in den kommenden Jahren die Nachfrage nach Produkten und Technologien überproportional zunehmen, die es uns erlauben, die Leistungsfähigkeit unseres Körpers und Hirns zu steigern. Hier entstehen große Märkte in der Nahrungsmittelindustrie, in der Biomedizin, der Informationstechnologie bis hin zur Neuroprothetik. Der bedeutendste Treiber ist dabei die Verlängerung unserer Lebenserwartung, die neue aktive Lebenszeit zwischen 60–90 Jahren[34] und das damit verbundene Bedürfnis der Älteren nach dem Erhalt ihrer Leistungsfähigkeit im Vergleich mit jüngeren Mitarbeitern. Menschen, die älter werden, wollen im Wettstreit mit jüngeren nicht an Leistungsfähigkeit verlieren. Verlustangst war schon immer der stärkste Treiber!

Wir werden irgendwann um das Jahr 2025 herum das Phänomen erleben, dass unsere Mitmenschen ihre natürlichen Organe durch künstliche Organe ersetzen, wenn sie damit ihre Leistungsfähigkeit erhalten können. Auf diesem Wege werden wir Technologie immer näher an unseren Körper heranholen und letztendlich sogar in den Körper hineinlassen. Bereits heute sorgen sogenannte 3D-Drucker für Aufsehen. Sie drucken Ersatzteile für den Körper einfach aus. Heute geht es noch um Nachbildungen von Organen aus körperfremden Materialien. So wurde bereits das erste menschliche Ohr aus Silikon ausgedruckt. Auch Knochen, Zähne und Gelenke werden inzwischen aus körperfremdem Material gedruckt. Eine zusätzliche Dimension erreichen die sogenannten 3D-Bio-Printer. Sie drucken menschliches Gewebe. Bereits heute wird berichtet, dass der Druck von menschlichen Adern gelungen sei. Bis 2025 wird bei dieser Entwicklungsgeschwindigkeit der Druck von etwas komplexeren Organen wie etwa menschlichen Herzen nicht nur technologisch möglich, sondern zudem so im Preis gesunken sein, dass eine massenhafte Anwendung möglich wird.[35]

Doch damit wird sich auch unsere Definition von Gesundheit und Lebensqualität verändern. Durch die steigende Leistungsfähigkeit wird das Niveau, auf dem wir mitspielen müssen, angehoben. Unsere Gesellschaft wird schneller und leistungsfähiger werden. Und noch ein anderer Effekt entsteht durch die sprunghafte Qualitätssteigerung in der medizinischen Diagnostik. Immer mehr gesunde Menschen werden sich einer medizinischen und Gendiagnostik unterziehen und dabei feststellen, dass sie zwar scheinbar gesund, aber eigentlich krank sind.

Heute leben wir noch in einer Vorstellung, dass wir an normalen Tagen 100% gesund und 0% krank sind. Dann gehen wir zum Arzt und sobald dieser einen gelben Zettel ausfüllt, sind wir plötzlich 100% krank und 0% gesund. Was für ein Unsinn! Doch nach diesem Unsinn funktioniert das komplette heutige Gesundheitssystem! Durch die künftige Medizintechnik und unser neues Krankheitsbewusstsein wird sich unser Anspruch an eine 100%ige Gesundheit reduzieren. Wir werden uns daran gewöhnen, dass eine exakt gemessene 70%ige Gesundheit sich anfühlt wie eine 100%ige. Wir werden täglich unseren Krankheitszustand erfahren und täglich die Wahl haben, unseren Gesundheitszustand durch das Essen von entsprechenden Nahrungsmitteln um 2–3% zu verbessern. In der Nahrungsmittelbranche gilt die teilweise Verschmelzung mit der Pharmabranche hin zu „Medical Food" als der aktuelle Zukunftstrend. Das bedeutet: In Nahrungsmitteln werden natürliche oder pharmazeutische Wirkstoffe enthalten sein. Sie versprechen den Menschen gesünder zu machen. Die Menschen werden von einem technischen Gerät beispielsweise den Hinweis bekommen, dass sie heute eine Abweichung von 23 Prozent zu ihrem idealen Körperzustand haben. Zugleich bekommen sie den Hinweis, dass sie heute einen bestimmten Joghurt essen oder einen bestimmten Drink trinken sollten, damit sie morgen nur noch 19 Prozent krank sind. Wir werden diese Nahrungsmittel also essen, damit wir gar nicht erst krank werden.

Zugleich wächst die Technologie immer näher an den Körper heran. Vielleicht noch nicht für das Jahr 2025, aber für die Jahre danach braucht es keine wahrsagerischen Fähigkeiten für die Prognose, dass es Menschen geben wird, die nach Brain-Chips verlangen. Es werden vermutlich nicht die Spitzenführungskräfte sein. Diese werden dann hoffentlich verstanden haben, dass sie andere, eher psychologische und emotionale Kompetenzen brauchen. Jedoch werden

Menschen auf einem „gehobenen Sachbearbeiter-Niveau“[36] womöglich zu einem wachsenden Teil nach solchen Brain-Chips verlangen.

Doch was bedeutet es für die Arbeitswelt, wenn es Menschen gibt, die die Leistungsfähigkeit ihres Körpers mit Doping oder Technologie steigern? Es ist nicht von der Hand zu weisen, dass damit auch für jene Menschen ein sozialer Druck entsteht, die gegenüber solchen Selbstmanipulationen eigentlich nicht aufgeschlossen sind. Sie werden diesen Eingriff in die Natürlichkeit vehement ablehnen. Teilweise auch radikal. Doch je lauter sie rufen werden, desto klarer wird werden, dass sie in der Minderheit sind. Wir werden eine Zeit der heftigen gesellschaftlichen Auseinandersetzung über diese Frage erleben. Doch je mehr Zeit ins Land geht, je deutlicher sich die Prognosen der Biochemiker bestätigen, dass sie künftig Wirkstoffe ohne Nebenwirkungen entwickeln, desto mehr wird sich ein gesellschaftlicher Konsens einstellen. Vermutlich heißt er: Eine kompetente Nutzung dieser Mittel ist sinnvoll und gesellschaftlich anerkannt, um seinen Körper gezielt für ein paar Stunden leistungsfähiger zu machen. Ein Missbrauch oder eine Dauernutzung dieser Mittel wird aber geächtet und abgelehnt. In den Arbeitswelten des Jahres 2025 wird sich damit die Polarisierung zwischen den Leistungsfähigen und den weniger Leistungsfähigen weiter dramatisieren. Oder anders gesagt: Wer es sich leisten kann, wird gesünder, wer es sich nicht leisten kann, wird kränker!

Und ob es tatsächlich die Ärzte sein werden, die wir Normalbürger im Jahr 2025 als unsere Berater in Sachen Gesundheit als Erstes um Rat fragen, erscheint keineswegs sicher. Zumindest werden wir bereits unseren intelligenten elektronischen Gesundheitsassistenten und unseren Ernährungsberater befragt haben, bevor der Arzt zum Zuge kommt. Dies wird unsere Normalreaktion auf den verbreiteten Ärztemangel sein. Allerdings sind Ärzte nicht die einzige

Berufsgruppe mit akademischer Ausbildung, die heute schon fehlen und in der Arbeitswelt des Jahres 2025 heiß umworben sein werden.

Das Beispiel von Peters Schwiegervater Wolfgang in der Geschichte dieses Buches zeigt eine zweite Berufsgruppe mit Potenzial für grundlegende Veränderungen: die Ingenieure!

Wo sind unsere Ingenieure hin?

Eine der wichtigsten Ursachen für die vergleichsweise geringen Probleme, mit denen Deutschland durch die Wirtschafts- und Finanzkrise gekommen ist, ist seine Rolle als Industriestandort. Entgegen allen Unkenrufen vom Ende der Industriegesellschaft hat Deutschland einen starken industriellen Kern erhalten, der große Exporterfolge feiert. China ist zwar die billige Werkbank der Weltwirtschaft, aber die deutschen Maschinenbauer bauen diese Werkstatt. Übrigens nicht nur in China, sondern auch in anderen aufstrebenden Regionen Südamerikas, Südostasiens und Afrikas. Es scheint für die kommenden Jahre eine kontinuierliche Option der deutschen Industrie zu sein, die „Werkstatt der Welt" ebenso zu bauen wie Infrastruktursysteme in Verkehr, Energie und Wasserversorgung.

Es sind vor allem die Hidden Champions, die diese lukrativen Aussichten haben. Es sind jene Unternehmen, die kaum jemand außerhalb ihrer Spezialdisziplin kennt, die aber in ihrem Gebiet Weltmarktführer sind. Weltweit werden 2.734 solche Hidden Champions gezählt. Davon stammen 1.307 aus Deutschland. Meist sind es Familienunternehmen, die auf eindrucksvolle Weise ihre Spezialmärkte über Jahrzehnte dominieren. Einige von ihnen wurden in der Zwischenzeit von internationalen Wettbewerbern aufgekauft. Besonders die Chinesen interessieren sich sehr für die deutschen Mittelständler. Das teilweise befürchtete Ausschlachten des Know-hows und der Kundenkontakte blieb meist aus.

Dank ihrer vorausschauenden Firmenpolitik und anhaltend hoher Innovationsraten haben die heimlichen Spitzenreiter aus der Industrie gemeinsam mit anderen Bereichen des produzierenden Gewerbes das Potenzial, auch im Jahr 2025 ihre bemerkenswerte Stellung auf dem Weltmarkt zu halten. Und dennoch sind sie in Gefahr! Denn jene Menschen, die bislang die Garanten für die besondere Innovationsstärke und für die Fähigkeit zur Qualitätsproduktion bei weltmarktfähigen Preisen waren, werden weniger! Ingenieure auf der einen und Facharbeiter auf der anderen Seite, also das Zusammenwirken von Menschen mit hohen und mittleren Qualifikationen, ist bislang der Erfolgsgarant für die deutsche Industrie, ebenso wie in Österreich und der Schweiz. Sie werden auch weiterhin benötigt, um Felder wie den Umbau des Energiesystems, die Umstellung der Wirtschaft auf eine höhere Ressourceneffektivität, die Durchsetzung der Elektromobilität oder auch die Verwirklichung von Big Data auf den Weg zu bringen.

Mit Blick auf das Jahr 2025 muss ein differenziertes Bild gezeichnet werden: Die befürchtete Katastrophe durch fehlende Ingenieurinnen und Ingenieure wird vermutlich nicht eintreten. Die Studiengänge sind und bleiben gut gefüllt. Aber Ingenieurinnen und Ingenieure werden angesichts der anhaltend hohen Innovationsdynamik der deutschen Wirtschaft trotz hoher Studentenzahlen weiterhin ein knappes Gut bleiben. Und dies könnte doch für den einen oder anderen zur Katastrophe werden.

Denn viele für Deutschland wichtige Unternehmen werden Probleme bekommen. Es sind jene in der Provinz ansässigen Hidden Champions, denen die Ingenieure fehlen. Die Absolventen der Hochschulen drängen auch im Jahr 2025 weiter mit Macht in die attraktiven Großstädte und zu den Global Playern. Es sind vor allem die Hersteller von Premiumautomobilen, die auf der Hitliste der Ingenieure ganz oben stehen.[37]

Eine der wichtigsten Fragen für die deutsche Wirtschaft wird deshalb sein: Wie bekommen unsere Hidden Champions ihre künftigen Ingenieure in die Provinz? Hinweise auf die hervorragenden Arbeitsbedingungen und das hohe Maß an Selbstständigkeit in mittelständischen Unternehmen reichen nicht aus. Stattdessen werden Programme zur Vereinbarkeit von Beruf und Familie angeboten. Mit dualen Studiengängen über betriebseigene Kindergärten, Schulen bis hin zu unternehmenseigenen Wohnungen und Sportclubs werden sich diese sogenannten „caring companies" attraktiv machen wollen. Die Strategie für das Jahr 2025 wird sein, den Mitarbeitern ein vollkommenes Lebensumfeld zu geben. Dazu gehört natürlich auch eine entsprechende Unternehmenskultur mit umfangreichen Möglichkeiten der Partizipation und des betrieblichen Aufstiegs. Und dennoch: Auch dies wird nicht reichen!

Gerade für die Mittelständler im Maschinenbau werden es die älteren Ingenieure sein, die im Jahr 2025 für weiteren Geschäftserfolg sorgen. Die Rede ist von Menschen im Alter zwischen 60 und 90 Jahren.

Dies klingt vielleicht verstörend, doch dies wird es nicht sein. Denn eine Lebenserwartung von 90 Jahren ist dann Normalität. Die Frage an jeden Einzelnen von uns wird sein: Was wollen wir tun, zwischen 60 und 90? Urlaub machen? Langweilig! Viele werden das Gefühl vermissen, gebraucht zu werden. Sie werden arbeiten wollen, so lange es geht. Und es geht immer länger!

Im Jahr 2025 ist die gesetzliche Rente mit 67 Normalität. Angesichts der demografischen Entwicklung werden sich die Diskussionen um eine weitere Erhöhung verschärfen. Allerdings nicht mit der Rasenmäher-Methode, die allen das gleiche Rentenalter vorschreibt. Vielmehr wird es um intelligente Strukturen gehen, die Beschäftigung zulassen und fördern, solange Mitarbeiter und Unternehmen das wollen. Für die Hidden Champions, aus Maschinenbau und verarbeitendem Gewerbe, wird das zur Normalität. Den Wert älterer Ingenieurinnen und Ingenieure haben sie 2025 längst erkannt und Strukturen geschaffen, die es ermöglichen, die Erfahrungen der Älteren weiter sinnvoll zu nutzen.

Die Rede ist nicht von „Rosinen pickenden Alten“, gegen die sich die jüngeren Ingenieure zu Recht wehren würden. Stattdessen übernehmen die Älteren weiter Verantwortung, sind aber auch als interne Berater oder im Rahmen von Projekten tätig. Der Typus des flexiblen Projektarbeiters betrifft alle Altersgruppen.

Als wichtigste Voraussetzung für einen solchen erfolgreichen Einsatz älterer Ingenieure müssen diese Unternehmen es allerdings schaffen, eine mentale Schwelle in unseren Köpfen zu überwinden. Wir müssen das Senioritätsprinzip durchbrechen. Wir müssen lernen „downzugraden“! Die Vorstellung, dass wir mit steigender Erfahrung und steigendem Alter in der Hierarchie und im Lohngefüge immer höher steigen, ist eine wirtschaftliche Unmöglichkeit in den Arbeitswelten des Jahres 2025. Dies werden Unternehmen und Mitarbeiter, aber auch Gewerkschaften und Politik lernen müssen. Die größten Fehler, die auf diesem Weg ins Jahr 2025 gemacht werden, sind falsche Tarifabschlüsse für ältere Arbeitnehmer.

Einige Gewerkschaften werden diese hohen Tarifabschlüsse als Kompensation dafür fordern, dass sie bei der Frage der Erhöhung des gesetzlichen Rentenalters über 67 hinaus erneut verlieren werden. Durch den Druck der Gewerkschaften werden sich einige Unternehmen anfangs auf hohe Löhne einlassen, weil sie durch den Ingenieurmangel mit dem Rücken an der Wand stehen. Erst später werden sie feststellen, dass sie nicht nur ihre Personalausgaben in schwindelnde Höhe getrieben haben, sondern dass dies im Endeffekt dazu führt, die Löhne der Berufseinsteiger nach unten korrigieren zu müssen. Womit es wieder keine jungen Ingenieure gibt und der Kreislauf von vorn beginnt.

Zum Brechen des Senioritätsprinzips gehört übrigens auch, dass ältere Arbeitnehmer offen für Weiterbildung und Qualifizierung sind. Heute noch geht die Weiterbildungsbeteiligung mit steigendem Alter und abnehmender Qualifikation drastisch zurück. Diese Koppelung muss im Jahr 2025 durchbrochen werden. Nur wenn die Älteren tatsächlich lebenslang, individuell und selbstgesteuert lernen und mit allen digitalen Medien umgehen, bleiben sie gleichrangige Partner für frischgebackene Hochschulabsolventen und andere jüngere Kollegen.

11:02 Uhr: Im Restaurant

Von armen und reichen Alten

Es ist der kühle Windhauch um ihre Beine, der Inge sagt, dass ihre Tochter Kerstin hereingekommen ist. Sie blickt nicht auf. Demonstrativ blättert sie ihre Illustrierte um und vertieft sich in den Exklusivbericht vom britischen Königshaus. Es kommt ja nicht mehr oft vor, dass sie dieses schöne Rascheln des Papiers genießen kann. Seit Wolfgang vor ein paar Jahren zu Weihnachten diese beiden elektronischen Bücher für sie beide unter den Weihnachtsbaum gelegt hat, ist die gute alte Zeitung immer mehr aus ihrem Leben verschwunden. Zuerst wollte sie diese neumodischen Geräte gar nicht benutzen, aber als Wolfgang ihr gezeigt hat, dass ihre Lieblingszeitungen schon mit drin sind und ganz automatisch auf dem Display erscheinen, hat sie sich dabei ertappt, wie sie das neue Gerät immer wieder in die Hand nahm: am Frühstückstisch, beim Friseur, im Auto, in der Badewanne und sogar beim Sitzen auf der Toilette. Es liegt einfach so nah! „Umso schöner", geht es ihr durch den Kopf, „sind die Momente, wenn ich wie jetzt im Restaurant sitzen kann und Zeit habe, in einer echten gedruckten Zeitung zu blättern." Doch wieso sagt Kerstin nichts?

Irritiert blickt Inge zur Tür. Doch dort, wo sie die Silhouette ihrer Tochter erwartet hat, steht statt Kerstin ein junger Mann. Unschlüssig schaut er durch den Raum, fast als würde er darüber nachdenken, ob er sich in der Tür geirrt hat. Jetzt, als sich ihre beiden überraschten Blicke zum Duell treffen, gewinnt er. Inge kann gerade noch feststellen, dass die markante Falte auf seiner Stirn langsam verschwindet, da wird sie auch schon von einem strahlenden Grinsen gefangen genommen. „Unverschämt!“, denkt sie, als sie ihren Blick mit Stil und Stolz abwendet. „Wie kann der nur so unverhohlen mit mir flirten? Dabei könnte ich seine Großmutter sein.“ Die Frage ist rein rhetorisch.

Doch wo ist Kerstin? Inge hatte noch nie Verständnis für die ständigen Verspätungen ihrer Tochter. Besonders seit Kerstin diesen Job in Afrika macht, scheint für sie Pünktlichkeit mehr und mehr ein Fremdwort zu werden. Früher war sie da ganz anders! Aber das war damals, als Mutter und Tochter sich noch oft getroffen haben. Mindestens einmal pro Woche saßen sie im Café und haben über das Leben, die Männer und ihre Freundinnen geredet. Heute muss Inge froh sein, wenn Kerstin wenigstens dann Zeit hat, wenn es wirklich wichtige Fragen zu besprechen gibt. So wie heute!

Am Wochenende hat Inge bei Kerstin angerufen. Sie brauchte mal jemanden, mit dem sie über ihr Problem reden konnte. Schon seit Wochen trug sie es mit sich herum und traute sich nicht darüber zu sprechen. Es war ja auch zu peinlich! Wie sollten ihre Kinder das verstehen? Doch dann ging alles ganz schnell. Am Telefon hat Kerstin gleich gespürt, dass Inge Redebedarf hat. Sie hat sie geradezu gefragt. Und Inge begann zu erzählen ..., dass sie sich entschlossen habe, das Haus, in dem sie leben, zu verkaufen ..., dass sie Verständnis habe, wenn die Kinder sie dafür hassen würden, schließlich sei das Haus das „Ein und Alles“ von Inge und

Wolfgang gewesen, jener Ort, in den sie jeden Euro investiert haben, um hier in Ruhe alt zu werden, ... und jene Heimat für die Kinder, in der sie glücklich groß geworden sind. „Wie kann man sich entschließen diese schönen Erinnerungen zu verkaufen?" Inge hat sich mit dieser Frage mehr als ein halbes Jahr nachts im Bett gewälzt.

Umso mehr ist sie von der Reaktion ihrer Tochter überrascht worden. Für Kerstin ist das gar keine Frage gewesen. „Natürlich müsst ihr da raus und wieder in die Stadt ziehen. Dort, wo etwas los ist, wo ihr näher am Leben seid!", hat sie gesagt. Fast wäre Inge wütend geworden über diese unromantische Sichtweise ihrer Tochter. Doch dann hat in ihr die Freude gewonnen, verstanden zu werden. „Hast du das Haus schon über den elektronischen Makler angeboten?", hat Kerstin gefragt. „Natürlich!", hat Inge geantwortet. Das war ja das Problem! Die meisten Immobilien wechseln schon seit Jahren per Software-Assistenten ihre Besitzer. Man sagt dem elektronischen Assistenten in seinem Handy, welches Haus man verkaufen will, und kurz darauf hat dieser einen anderen elektronischen Makler gefunden, der das Haus für seinen Besitzer kaufen will. Sogar der ideale Preis wird von den beiden Assistenten ausgehandelt. Das spart jede Menge Zeit und Geld. Nur in besonders schweren Fällen findet der elektronische Makler keinen Käufer. Inge ist ein besonders schwerer Fall.

Das ist der Grund, warum sie hier im Restaurant in der Zeitung blättert. In 20 Minuten haben sie einen Termin bei einem echten Immobilienmakler, einem richtigen Menschen. Es gibt kaum noch welche, die diese Tätigkeit persönlich ausüben, und wenn, dann nehmen sie horrende Gebühren. Doch Kerstin hat den Ernst der Lage sofort verstanden und für heute diesen Termin gemacht. Der Makler war zuerst am Handy etwas reserviert. Als sie ihm vom Haus ihrer Eltern erzählte, hat er sie fast bedauert. Und am Ende hat er dem Termin zwar zugestimmt, aber im selben Atemzug gesagt, dass sie kaum etwas für das Haus kriegen würde. Sie solle froh sein, wenn er jemanden findet, der das Ding übernimmt, und für sie keine weiteren Kosten entstehen.

Inge hat sich empört über diese herablassende Art, über ihr Lebenswerk zu reden. Doch Kerstin hat ihr schnell erklärt, dass Wolfgang und sie hier am Scheideweg für die kommenden 20 Jahre stehen würden. Das Bedürfnis, wieder vom Land in die Stadt zu ziehen, hätten fast alle älteren Paare. Einige schaffen es. Viel zu viele können es sich aber nicht leisten, nochmal zu kaufen oder zu mieten. Sie sind gezwungen die letzten 20 oder gar 30 Jahre getrennt von ihren Kindern, Freunden und dem abwechslungsreichen Stadtleben weiter im Dorf zu verbringen. Das eigene Haus, in das sie ihr Leben lang investierten, ist zu einer Art Gefängnis der Langeweile geworden. Kerstin hat sogar dramatisch die Stimme gehoben und gesagt: „Das ist in Zukunft die Stelle, an der sich ‚Arm' von ‚Reich' unterscheidet!“ Inge hat das etwas übertrieben gefunden. Aber je mehr sie darüber nachdachte, umso mehr wollte sie unbedingt zur Seite der „Reichen“ gehören. Deshalb sitzt sie hier. Doch wo ist Kerstin? Schon vor zehn Minuten sollte sie hier sein!

Ob ihre Tochter wohl einen Rückzieher machen will? Inge schüttelt den Kopf. Das kann sie sich nicht vorstellen. Aber wer weiß? Das Angebot von Kerstin war ein sehr großzügiges. Sie hat gesagt: „Wenn ihr euer Haus losbekommt, dann gebe ich euch den Rest dazu, der euch für eine neue Wohnung in der Stadt fehlt.“ Inge hat direkt fühlen können, wie die Dankbarkeit in ihr aufstieg. Es war ein schönes Gefühl. Fast so wie ganz früher in ihrer Familie. Inges Vorfahren hatten schon immer viele Kinder. Und für die war es eine Selbstverständlichkeit, in das Haus der Eltern einzuziehen und für die Eltern zu sorgen.

Dass es damit vorbei ist, hat Inge im vergangenen Jahrzehnt nur zu deutlich gespürt. Keine ihrer Freundinnen hat es geschafft, dass die eigenen Kinder mit ihrer Familie in das Elternhaus ziehen. Die heutige Jugend ist viel vorsichtiger geworden. Im Unterschied zu ihren Eltern kauft sie kaum noch Häuser auf Lebenszeit. Jedenfalls nicht, wenn sie nicht ganz sicher ist, diese Häuser bei Bedarf auch wieder verkaufen zu können. Selbst wenn die Kinder die Eigentumshäuser ihrer Eltern erben, versuchen sie diese so schnell wie möglich zu verkaufen. Oft gelingt das nicht oder nur, wenn man selbst nochmals investiert und viel Geld ausgibt. Auf diese Weise wird das Streben der Elterngeneration, ihren Kindern ein Eigenheim als Erbe zu hinterlassen, auf rasante Weise von einer Freudennachricht zur Hiobsbotschaft.

Inzwischen haben sogar die Banken und die Immobilienwirtschaft reagiert. Nicht mehr das Verkaufen von Immobilien ist deren großes Geschäft, sondern das Verleasen. Und zumindest bei den Häusern, die heute neu gebaut werden, wird nicht mehr mit der Individualität der Architektur geworben, sondern mit der Adaptivität! Das heißt: Ein Haus muss sich den verändernden Nutzungssituationen seiner Bewohner anpassen!

An solche Gedanken kann sich Inge nicht erinnern. Als Wolfgang und sie damals vor 40 Jahren dieses Haus gebaut haben, konnten sie sich nicht vorstellen, dass sie eines Tages wieder ausziehen wollen würden. Im Gegenteil! Selbstverständlich sollten ihre Kinder hier einziehen. Es hat Jahre gedauert zu verstehen, dass die Kinder dies nicht wollen. Doch wenn sie das schon nicht tun, dann sollten sie trotzdem die Sorge für die Eltern übernehmen. So wie Kerstin jetzt! Diesen Gedanken findet Inge tröstlich. Aber wo bleibt Kerstin?

Zukunft: Alter

Die neue Schere zwischen Arm und Reich

Wir haben uns daran gewöhnt, dass die meisten Trendanalysen von den Lebensstilen der Innovativen und den Ideen der kreativen Avantgarde geprägt werden. Doch seien wir ehrlich: So faszinierend die Technologieprognosen auch sein mögen, wie unsere Geschäftsmodelle und unsere Gesellschaft in zehn Jahren wirklich aussehen, wird vermutlich noch stärker von der Frage bestimmt, welche Perspektive die Schwachen bekommen und welche sie annehmen. Dabei sind Reichtum und Armut natürlich relative Begriffe. Wie der Weltbank-Ökonom Branko Milanovic[38] errechnet hat, brauchte man im Jahr 2005 nur 34.000 Dollar, um zu dem einen reichsten Prozent auf der Welt zu gehören. Nach seinen Berechnungen waren fast die Hälfte des reichsten Prozents US-Amerikaner. Vier Millionen Reiche lebten auch in Deutschland, das damit Platz zwei im internationalen Vergleich einnahm. Doch all diese Einkommensberechnungen nach dieser oder jener Methode sagen in Wahrheit sehr wenig über die wirklichen Chancen und Nichtchancen in dieser Welt.

Im Jahr 2025 wird in unserem Land mit hoher Wahrscheinlichkeit die Grenze zwischen Chancenreich und Chancenarm für ältere Menschen in der Frage bestehen, ob sie ihr Haus im Grünen verkauft bekommen oder nicht. Für viele Jahre in der Vergangenheit galt als Devise, die abgezahlte Wohnimmobilie als Grundlage für einen sorgenfreien Lebensabend zu nutzen. In den größeren Städten wird das auch im Jahr 2025 noch so sein. Dort sind die Eigentümer von Wohnimmobilien sogar in der glücklichen Lage, dass ihr Eigentum wertvoller wird. Doch was für sie ein großes Glück ist, bringt den Hausbesitzern auf dem Land große Probleme. Auch sie zieht es in den Jahren bis 2025 in die Kernstädte. Alle Hoffnungen der Vergangenheit, die virtuellen Arbeitsmöglichkeiten des Internets würden das Wohnen auf dem Land auf Dauer attraktiv machen, haben sich auch 2025 nicht erfüllt. Die Entscheidung für die Stadt als Wohnort resultiert aus dem Zusammenwirken vieler Faktoren: gute Schulen, Freizeit- und Kulturangebote, geringe Pendelzeiten und -kosten, Mängel in der ärztlichen Versorgung auf dem Land, Arbeitsverhältnisse, in denen Phasen der Präsenz mit virtuellen Phasen verbunden werden, usw.

Dies führt zu einem rasanten Bevölkerungsrückgang in den Landkreisen. Hier nimmt die Bevölkerung bis 2025 im Schnitt um mehr als 20 Prozent ab. Auf diese Weise bleiben in den Dörfern neben einigen Liebhabern des Landlebens vor allem die Alten und Armen zurück. Der Umzug in die Stadt ist eine Entscheidung für ein chancenreicheres Leben. Die meisten haben diese Entscheidung für sich längst getroffen. Doch sie kommen einfach nicht weg vom Land. Ihr Einkommen reicht nicht aus, um eine der teurer werdenden Zweitwohnungen in der Stadt zu finanzieren, und sie finden im Jahr 2025 auch keinen Käufer für ihr Einfamilienhaus auf dem Land, um mit dem Verkaufserlös den Neustart in der Stadt zu wagen.

Digitale Spaltung

Die sozialen Gräben haben aber 2025 noch andere Dimensionen. Sie verlaufen entlang der Trennungslinien zwischen vernetzungskompetenten Menschen und jenen, die die Kulturtechnik der Vernetzung nicht erlernt haben. Es geht um die Nutzung aller digitalen Technologien für das eigene Identitätsmanagement. Einfacher gesagt: Wer im Jahr 2020 die Spielarten der internetbasierten Kommunikationsdienste von intelligenten Assistenten und Smartphones über E-Books, Messenger und InternetTV bis zu Communities, Twitter & Co nicht beherrscht, der wird ein Leben führen wie jene heutigen Zeitgenossen unserer Generation, die keine E-Mails benutzen: Sie können leben, führen aber zunehmend ein isoliertes Einzeldasein, da fast alle Lebensprozesse über das Internet laufen. Das gilt nicht nur für die Kommunikation mit anderen Menschen, sondern auch für die Inanspruchnahme von Gesundheitsdienstleistungen, den Einkauf und die Kommunikation mit Behörden und Banken. Sicher wird auch dann noch ein Leben ohne Internet möglich sein. Aber dieses Leben wird kompliziert und teuer. Kompliziert, weil viele Dienstleistungen einfach nicht mehr auf normalem Wege erreichbar sind. Und teuer, weil die „normalen Wege" selten sind und einen erhöhten Einsatz menschlicher Arbeit benötigen. Im Jahr 2025 muss man es sich im wahrsten Sinne des Wortes leisten können, kein Digitalexperte zu sein.

Wir dürfen an dieser Stelle das Wort „Experte" nicht falsch verstehen. Denn nicht mehr das eigene Wissen macht den Unterschied zwischen chancenreichen und chancenarmen Menschen. Unsere Suchagenten finden im Zweifel besser als jeder Wissende die richtigen Antworten auf unsere Fragen. Den zentralen Unterschied zwischen chancenreichen und chancenarmen Menschen macht im Jahr 2025 die Fähigkeit, sich in Netzwerken zu bewegen und zu positionieren. Erst dadurch wird man sichtbar, erhält eine Identität und wird Teil der Gesellschaft. Das Pflegen der eigenen Netzidentität wird zu einer unserer zentralen Kulturtechniken. Menschen, die aus verschiedenen Gründen von den Kulturtechniken dieses Identitätsmanagements abgeschnitten sind, sehen sich im Jahr 2025 vor einem unüberwindlichen Graben. So gerne sie auch möchten, sie finden keinen Ankerpunkt für Kommunikation. Sie haben keine Möglichkeit, sich in ihren Netzwerken zu positionieren. Sie sind für ihre Mitmenschen nahezu unsichtbar. Sie fallen in den Visibility Gap.

Was machen Sie zwischen 60–90?

2025 wird sich die gesetzliche Rente mit 67 auf die Endstufe zubewegen, die 2029 erreicht wird. Doch das offizielle Rentenalter sagt noch nichts über die individuelle Dauer des Arbeitslebens. Dieses wird vermutlich bis 2025 für viele Beschäftigte auf der Basis freiwilliger Vereinbarungen bis 70 oder 75 Jahre reichen. Nicht wenige werden auf der Suche nach einem sinnerfüllten Leben jenseits der 70 feststellen, dass Arbeit ein wesentlicher Teil ihres Lebens bleiben soll.

Innerhalb dieser Generation zeichnet sich eine massive Spaltung ab. Auf der einen Seite stehen diejenigen, die gern bis 67 und darüber hinaus arbeiten. Man findet sie vor allem in den Bereichen Betreuen, Beraten und Lehren. Auch im Handel, bei Bürotätigkeiten, Forschung und Entwicklung sowie im Management finden sich viele Länger-Arbeiter. Wesentlich schwieriger ist die Situation für Beschäftigte mit körperlich anstrengenden oder psychisch überfordernden Jobs auf dem Bau, in der Produktion oder den sogenannten allgemeinen Diensten.[39] Gerade für sie gilt auch im Jahr 2025, dass der Drang, vorzeitig in Rente zu gehen, nicht verschwunden ist.

Doch dieser Drang findet kaum noch Unterstützer. Im Jahr 2025 kann sich kaum einer daran erinnern, dass es noch keine dreißig Jahre her ist, als Ältere unterstützt durch üppige Sozialprogramme massenhaft mit 55 bis 60 Jahren in Rente geschickt wurden. Meist ausgestattet mit einer guten Rente konnten sie ihr Leben genießen. Wer im Jahr 2025 einen ähnlichen Weg gehen will, ist weitgehend auf sich selbst angewiesen. Aus diesem Grund hält sich die Anzahl der Frühverrentungen in Grenzen. Stattdessen werden neue Jobs und bessere Beschäftigungsmöglichkeiten für Ältere entstehen. Der omnipräsente Mangel an Fachkräften wird viele Unternehmen im Jahr 2025 dazu bringen, ihre Strategie zu überdenken und Älteren eine Chance zu geben.

Dies wird sogar wissenschaftlich gestützt. Denn unser Bild vom Alter verändert sich. Früher galt es als sicher, dass ältere Mitarbeiter eine geringere Bereitschaft zur Weiterbildung, geringeres Selbstvertrauen und vor allem fehlende Innovationsfähigkeit hätten.[40] Doch dies ist lange widerlegt. Studien bestätigen, dass kein signifikanter Unterschied zwischen den Arbeitsergebnissen Älterer und Jüngerer besteht.[41] Wenn mit steigendem Lebensalter Unterschiede in der beruflichen Einsetzbarkeit auftreten, dann ergeben sich diese nicht aus dem natürlichen Prozess des Alterns, sondern aus dem Verlauf des Berufslebens. Chronische Krankheiten, fehlende Weiterbildung, einseitige Belastungen und vor allem langjährige Tätigkeiten am gleichen Arbeitsplatz, der nicht zum Mitdenken und Lernen anregt, sind die wahren Ursachen.

Das neue Verhältnis zwischen Jung und Alt

Die deutschen Unternehmen stehen auch im Jahr 2025 vor der Herausforderung, ein hohes Maß an Innovationsfähigkeit dauerhaft aufrechtzuerhalten. Die Innovationszyklen werden noch kürzer werden, neue Wettbewerber aus Schwellenländern mit einer sehr jungen Bevölkerung und einem hohen Anteil an Hochschulabsolventen drängen auf den Weltmarkt und versuchen den deutschen Firmen Marktanteile abzujagen. Dies wird ohne Zweifel auch so kommen. Denn im Innovationswettbewerb sind es vor allem die jüngeren Mitarbeiter, die die höchste Innovationskompetenz besitzen. Dies liegt an der fluiden und kristallinen Intelligenz. Fluide Intelligenz umfasst kognitive Fähigkeiten wie schnelle Auffassungsgabe, flexibles Handeln und vor allem das Hervorbringen origineller Problemlösungen. Diese fluide Intelligenz nimmt mit dem Alter ab. Ihr steht die kristalline Intelligenz gegenüber. Zu ihr gehören sprachliche Gewandtheit, ein breites Wissen und der Blick für wesentliche Zusammenhänge. Sie ist der Grund für Vorteile von Älteren in den sozialen Verknüpfungen von Wissen, im Umgang mit komplexen Sachverhalten und in einer ausgeprägten Entscheidungs- und Handlungsökonomie. Die kristalline Intelligenz steigt mit zunehmendem Alter an oder bleibt zumindest stabil. Ihre Zunahme vermag in vielen Arbeitsbereichen den Rückgang der fluiden Intelligenz zu kompensieren, was die geringen Unterschiede der Produktivität zwischen älteren und jüngeren Beschäftigten zumindest teilweise erklärt. Das gilt aber nur sehr eingeschränkt bei der Verwirklichung von Innovationsprozessen. Fehlen hier die Jungen, kann es für die Unternehmen kritisch werden. Die Unternehmen sind daher im Jahr 2025 darauf angewiesen, die knapper werdenden innovativen jungen Mitarbeiterinnen und Mitarbeiter so wirksam wie möglich einzusetzen.

In der Folge werden junge Fachkräfte mit ausgeprägten fluiden kognitiven Fähigkeiten 2025 am Arbeitsmarkt gesucht und sehr teuer sein. Die Wirtschaft wird durch neue Formen von Jugendorientierung geprägt, die in erster Linie aus Innovationszwängen entsteht. Die Unternehmen engagieren sich in hohem Maße dafür, diese Gruppe bestens zu motivieren und optimal einzusetzen. Unternehmensstrukturen werden so umgebaut, dass die verbleibenden Innovatoren maximale Wirkung erzielen können. Ihre Aufgabenfelder konzentrieren sich auf innovative Prozesse.[42]

Ältere werden auch weiterhin gebraucht. Sie dürfen aber die innovativen Prozesse nicht behindern, sondern müssen sie maximal befördern. Unternehmen, die einen solchen strukturellen Umbau durchlaufen, ändern die Beziehungen zwischen den Beschäftigtengruppen. Führungsaufgaben werden neu definiert und das ohnehin überlebte Senioritätsprinzip verliert endgültig jegliche Berechtigung. Doch damit nicht genug. Mit dem Erkennen der Beziehungen zwischen fluider und kristalliner Intelligenz nehmen auch die Bemühungen zu, den Prozess des Nachlassens der fluiden Fähigkeiten durch spezifische Weiterbildung und flexible Formen der Beschäftigung mit wechselnden Anforderungen so weit wie möglich hinauszuzögern. Dies nützt allen, denn sie tragen gleichzeitig dazu bei, die Beschäftigungsfähigkeit bis weit über die offizielle Verrentungsgrenze aufrechtzuerhalten. Wenn Ältere unter diesen Bedingungen bestehen wollen, müssen sie ihre Beschäftigungsfähigkeit während des gesamten Arbeitslebens systematisch erhalten und ausbauen. Letztlich bleibt jeder sein eigener „Lebensunternehmer“.

11:37 Uhr: Auf dem Flughafen

In der Welt der Jobnomaden

Der Ruck geht durch Mark und Bein. Kerstins Hände umklammern automatisch die Armstützen. Mit weit aufgerissenen Augen schaut sie durch den Flieger. Doch um sie herum scheint keiner überrascht! Draußen vor dem Fenster rasen Hangars und Flughafengebäude vorbei. Gelandet! Business as usual! Nichts passiert! Kerstin fängt ihr rasendes Herz wieder ein. Kurz schickt sie eine Verwünschung Richtung Cockpit. Obwohl es den Piloten der Lufthansa schon lange gestattet ist, den Autopiloten zum Landen zu benutzen, sind einige immer noch der Meinung, sie könnten das besser als die Maschine. Was dabei herauskommt, sind unsanfte Stauchungen und panische Augen von abrupt erwachenden Passagieren. So wie Kerstin.

Natürlich hätte sie während des Fluges auch ihre E-Mails und Telefonate erledigen können. So wie die anderen in der Businesssektion des Fliegers. Aber Kerstin hat die regelmäßigen Flüge zwischen Berlin und Entebbe (Uganda) schon vor Monaten zu ihrer Ruhezone erklärt. Es gibt kaum eine Situation in ihrem Alltag, in der sie so gut entspannen kann wie in der Ruhezone des Fliegers. Nur dass die Lufthansa immer noch nicht direkt nach Uganda fliegt, sondern sie zwingt in Nairobi zwischenzulanden, verkürzt den Schlafgenuss ein wenig.

Mit geübtem Fingerspiel schaltet Kerstin ihr Handy ein. Peter hätte sich jetzt seine Handybrille auf die Nase gesetzt, denkt sie. Doch sie lässt ihre Handybrille lieber in der Tasche. So eine Brille stört ja doch die Optik! Und wenn es nicht sein muss ... Das Handydisplay leuchtet feuerrot, kaum dass sie den Anschaltknopf gedrückt hat. „Was ist los?“, flüstert sie in ihr Handy hinein. „Du hattest vor 39 Minuten einen Termin mit Inge. Dein Flieger ist mit 45 Minuten Verspätung gelandet“, antwortet ihr die ruhige, tiefe Männerstimme. Kerstin liebt Robs Stimme. Diese Stimme war vielleicht der wichtigste Grund, warum sie sich doch solch einen elektronischen Assistenten angeschafft hatte. Doch jetzt ist die Ruhe deplatziert. „Sch...!“, entfährt es ihr stimmlos. Mutter! Fast hätte sie die Verabredung mit ihrer Mutter vergessen, doch jetzt erst schaut sie auf die Uhr. „Anruf Inge“, ruft sie hektisch in ihr Handy hinein. Ein wenig laut, ihr Nachbar schaut sie strafend an. Doch Kerstins Gedanken sind jetzt nur noch bei ihrer Mutter: „Hoffentlich sitzt Inge nicht mehr im Café, sondern hat sich Mut gefasst, allein zum Makler hineinzugehen!“ Inge geht nicht ans Telefon. „Zum Glück!“ Kerstin lässt sich in den Sitz zurückfallen.

„Bitte bleiben Sie noch auf Ihrem Platz sitzen. Wir warten noch darauf, dass die Treppe herangefahren wird.“ Der Purser versucht betont gelassen zu klingen. Der Flieger antwortet ihm mit einem vielstimmigen Stöhnen. Das passt ja perfekt, schießt es Kerstin durch den Kopf. Über Nordafrika fliegen die Flieger kreuz und quer und verzögern den Start um mehr als eine halbe Stunde, der Pilot verweigert dem Autopiloten die sanfte Landung und das automatisierte Workforce-Management des Flughafens sagt zwar jedem Mitarbeiter sekundengenau, wann er wo zu sein hat, aber scheinbar hört keiner darauf ... „Manchmal geht es in unserer Welt noch zu wie vor 20 Jahren!" Kerstin lächelt über diesen Gedanken.

Sie selbst war vor 20 Jahren noch ganz anders. Damals noch im Studium ist sie mit Peter rastlos umhergezogen. Interessante Projekte gab es überall. Sie sind zuerst nach Amsterdam gegangen, dann nach Shanghai, später nach London, für kurze Zeit nach San Francisco und dann nach Berlin zurückgekommen ... je nachdem, welche Stadt gerade für das nächste halbe Jahr als hip galt. Doch als Max zur Welt kam, war Kerstin des unsteten Lebens überdrüssig. Sie haben sich eine Wohnung gemietet, Kerstin hat die Elternzeit angetreten und Peter ist zur Arbeit gegangen. Oder besser gesagt: geflogen. Fast jeden Tag hat er im Flieger gesessen. Sie hat es erduldet. Erst mit Gelassenheit, dann mit Wut im Bauch. Irgendwann hat Peter ihren Frust gespürt. Dies war definitiv einer der besten Momente in ihrer Beziehung! Noch heute erinnert sie sich an das Glücksgefühl, als er sie fragte. Plötzlich fühlte sie sich verstanden. Peter hat sich einen Job in der Stadt gesucht, als Innovationschef eines mittelständischen Unternehmens. Da hat er sich schnell gelangweilt, aber bevor sein Missmut zum Problem für ihre Familie hätte werden können, kam damals das Angebot von Nextgen. Peter wurde Innovations-Vorstand, Kerstin war Etatdirektorin bei der Werbeagentur von Nextgen. Dafür sind sie noch einmal umgezogen, obwohl sie das eigentlich schon ausgeschlossen haben.

Das war die Zeit, als Peter richtig aufblühte. Er war der wichtigste Mann beim Aufbau von Nextgen als Zukunftsunternehmen. Er stellte die Firma konsequent auf digitale Geschäftsmodelle um. „... und Kerstin ist die ‚Rob-Verweigerin' in unserer Familie!", hat Peter sie damals immer wieder lachend seinen Freunden vorgestellt. Eigentlich hat Kerstin damals gedacht, dass sie in ihrer Beziehung immer diejenige bleiben würde, die im Job hinter ihrem Mann zurücksteht. Doch als dann vor vier Jahren Marga zur Welt gekommen ist und kurze Zeit später die Headhunter sich bei Kerstin die Klinke in die Hand gaben, da hat sich ihre Einstellung gedreht. Sie fühlte sich geschmeichelt. Vielleicht war das der wichtigste Grund, warum sie nach der Familiengründungsphase wieder zum Jobnomaden wurde.

„Und zwar schlimmer als Peter!" Kerstin kann sich bei diesem Gedanken das Grinsen nicht verkneifen. Vom Nachbarsitz begegnet ihr ein verständnisloser Blick. Doch Kerstin hängt ihren Gedanken nach. Was sind das für intensive drei Jahre gewesen. Bei drei Unternehmen hat sie gearbeitet. Immer wieder wurde sie mit mehr Geld umschmeichelt und abgeworben. Am Ende fühlte sie sich als Getriebene ihrer eigenen Gier. Ihr wurde klar, dass sie fast jeden Job haben konnte. Doch so verlockend es beim ersten Gedanken schien ... als Kerstin sich über ihre von Gier getriebene Motivation klar wurde, war es keine schöne Erkenntnis. Dies war jener Moment, als sie darüber nachzudenken begann, was sie wirklich will von ihrem Job.

Und dann hat sie doch noch einmal gewechselt. Diesmal war es nicht das Geld, das sie lockte! Es gab genau drei Gründe, die sie Peter aufgezählt hat, als er sie eines Abends zur Rede stellte. Ob sie völlig übergeschnappt sei, nach nur fünf Monaten schon wieder ein neues Angebot anzunehmen, wollte er an diesem Abend von ihr wissen. Als sie ihm geantwortet hat, ist er still geblieben. Das sagte ihr, dass es die richtige Entscheidung war. Sie hat ihm gesagt, dass sie ab sofort über neue Jobofferte nicht mehr nach dem Geld urteilen wolle. Sondern nach drei Kriterien, die ihr in dieser Reihenfolge die wichtigsten seien: 1. Ist der Job eine persönliche Herausforderung für mich? 2. Macht der Job die Welt ein wenig besser? 3. Verspricht der Job die Zusammenarbeit mit interessanten Menschen?

Peter hat sie lange angeschaut. Fast hat sie den Eindruck gehabt, er denke nicht mehr über ihre Worte nach, sondern prüfe seinen eigenen Job nach diesen drei Kriterien. Dann irgendwann sagte er nur: „Und was ist dein neuer Job?" Kerstin wurde Director Africa-Development bei Sunrise Brands. Was eine Werbeagentur in Afrika denn so tut, war ihre erste Frage an den Headhunter gewesen. Doch schnell stellte sich heraus, dass ihre Vorstellung vom Begriff Werbeagentur inzwischen etwas oldschool war. Sunrise Brands arbeitet für Putzmeister, einen deutschen Mittelständler, Weltmarktführer in der Herstellung von Betonpumpen. Putzmeister wiederum ist schon vor vielen Jahren vom chinesischen Baumaschinenkonzern Sany gekauft worden. Und dieser benutzt die wohlklingende Marke jetzt für den Aufbau seines Afrikageschäfts. Die Bauindustrie in Afrika erlebt ja einen grandiosen Boom. Und Kerstin sollte als Marketingspezialistin den Markt in Uganda aufbauen. Herausforderung! Gutes tun! Interessante Menschen! Kerstin hat „Ja" gesagt. Und Peter fand es gut.

Zukunft: Vollbeschäftigung

Wer arbeitet hier noch?

Die Zukunft unserer Arbeitswelten muss für jeden, der in den vergangenen Jahrzehnten groß geworden ist, paradiesisch klingen. Denn wir alle kommen aus der Gedankenwelt der Massenarbeitslosigkeit. Es war eine Welt der Angst unter arbeitenden Menschen. Denn Massenarbeitslosigkeit bedeutete, dass wir morgen zum Arbeitsamt gehen, wenn wir heute gekündigt werden. Das war schlimm! In den kommenden Jahren bis 2025 erleben wir genau das Gegenteil:

Die Experten sprechen von Vollbeschäftigung[43] und wir können es kaum glauben. Denn Vollbeschäftigung bedeutet, dass wir heute selbst kündigen können und morgen fünf bis zehn neue Jobangebote haben. Ein Paradies! Nur nicht für die Unternehmen!

Für unsere auf Wachstum und Innovation getrimmte Wirtschaft gibt es kaum eine schlimmere Prognose als „Vollbeschäftigung". Denn es ist nicht die Konjunktur, die zu dieser Prognose führt, sondern die demografische Entwicklung und damit das Verschwinden von bis zu 6,5 Millionen heute noch arbeitenden Menschen aus dem Arbeitsmarkt. Dies führt zu einer Machtverschiebung zwischen Unternehmen und Mitarbeitern. Auch hier gelten schließlich die Gesetze des Marktes von Angebot und Nachfrage.

Als Folge prognostizieren die Trendforscher, dass die heute noch dominierenden Langzeit-Anstellungsverhältnisse in der Wirtschaft nach dem Jahr 2020 auf ca. 30 bis 40 Prozent sinken. Zugleich verdoppelt sich der Anteil der Selbstständigen auf ca. 20 Prozent. Doch für die größte Veränderung in den Arbeitswelten sorgen jene Menschen, die 2025 in befristeten Verträgen arbeiten werden. Es sollen bis zu 40 Prozent der arbeitenden Bevölkerung sein.[44] Diese Menschen sind Projektarbeiter. Sie kennen keine 38-Stunden-Woche, keine geregelte Kaffee- und Mittagspause, keine Hausschuhe im Büro, keine Prämie oder Lohnsteigerung aufgrund langjähriger Betriebszugehörigkeit. Sie wechseln ihre Arbeitgeber oft und schnell und gehören zu jener „Creative Class", nach der seit Richard Floridas „The Rise of the creative class"[45] Politiker, Wirtschaftsförderer und Trendforscher suchen. Doch nicht ihre Kreativität charakterisiert jene neu entstehende Masse der Projektarbeiter, sondern ihre Arbeitsweise und ihr Verständnis der Arbeit als gestaltbares Element der Selbstverwirklichung in ihrer Patchworkbiografie. Nicht nur

Partner, Kinder und Wohnorte werden zu Mosaiksteinen des individuellen Biografie-Patchworks, sondern vor allem Jobs, Tätigkeiten und Projekte.

Die entstehenden Patchworkbiografien sind diesen Projektarbeitern keineswegs aufgezwungen. Zwar handelt es sich um genau jene Zustände, die die heutige Arbeitsmarktpolitik als prekär bezeichnet, doch prekär daran ist allenfalls, dass weder Politik noch Gewerkschaften das Bedürfnis einer großen Masse von Menschen nach dieser Projektarbeit sehen. Praktiker und innovationsaffine Führungskräfte wird dies nicht überraschen. Es ist dennoch die exakte Antithese zur aktuellen politischen Diskussion. Der heutigen Arbeitsmarktpolitik liegt nach wie vor das lebenslange Arbeiten in einem Unternehmen als idealtypisches Muster zugrunde – ein Modell von gestern, das in den kommenden zehn Jahren Schritt für Schritt von der Praxis überholt werden wird.

Damit unterscheiden sich Projektarbeiter wesentlich von ihren Eltern und den Vertretern der klassischen Industrie- und Angestelltenkultur. Während es denen um den Aufstieg durch Hierarchiestufen und Lohngruppen ging, sind zentrale Treiber der neuen Projektarbeiter die persönliche Herausforderung und deren Verwertbarkeit auf dem Markt. Die Top-3-Entscheidungskriterien der künftigen Projektarbeiter für oder gegen ihr Unternehmen lauten:

Ist das Projekt eine persönliche Herausforderung?

Hat das Projekt einen größeren Sinn für die Welt?

Arbeite ich im Projekt mit exzellenten Menschen zusammen?

Vor diesem Hintergrund steht im Jahr 2025 insbesondere die „entmaterialisierte Büroarbeit“ unter weltweitem Konkurrenzdruck, also jede Arbeit, die problemlos von jedem Computer an jedem Ort der Welt machbar ist.[46] Englisch als weltweite Geschäftssprache, die universelle Verfügbarkeit hochentwickelter Kommunikationstechnologien sowie die hohe Anzahl von Hochschulabsolventen in Indien, China und Brasilien werden die Bedingungen für die Wissensarbeit deutlich verändern. Jobnomaden dieser Spielart wechseln nicht nur in bestimmten Abständen den Arbeitgeber, sondern auch die Weltregion, in der sie arbeiten.

Transnational tätige Unternehmen legen daher größten Wert auf eine Unternehmenskultur und Kommunikationsregeln, welche das Zusammenwirken unterschiedlicher kultureller Identitäten bestärken. Diese Regeln sind darauf ausgerichtet, die Vorzüge der unterschiedlichen Denkweisen und Erfahrungshorizonte zu nutzen, um für das Unternehmen ein Maximum an Erfahrungen und Kreativität herauszuholen. Denn im weltweiten Wettbewerb des Jahres 2025 werden vor allem jene Unternehmen erfolgreich sein, die in der Lage sind, die Entwicklung innovativer Produkte in Nischenmärkten der Hochtechnologie mit hoher Zielgenauigkeit und hohem Tempo voranzutreiben und dabei Technologien und Dienstleistungen zu kundenspezifischen Angeboten zusammenzuführen.

Zwei Arten von Unternehmen

Auf dem Weg dahin zeichnen sich zwei unterschiedliche Organisationsmodelle von Unternehmen ab: Die eine Gruppe von Unternehmen wird fluide Organisationsformen bilden. Die Unternehmen haben keine festen Grenzen mit eindeutig zugehörigen Mitarbeiterinnen und Mitarbeitern mehr, sondern bauen ihre Arbeitsorganisation auf das Zusammenwirken von Projektarbeitern auf. Dazu gehört eine Vielzahl von hoch- und mittelspezialisierten Wissensarbeitern, die ihre Dienstleistungen und Kompetenzen auf Webplattformen anbieten, dort bewertet werden und ihre Dienstleistungen zu Maximalpreisen versteigern. Diese

Art von Transparenz gibt den Unternehmen eine gewisse Sicherheit beim Einkauf der Dienstleistungen und verhindert eine zu große Abhängigkeit von einzelnen in Schlüsselfunktionen aktiven externen Mitarbeiterinnen und Mitarbeitern. Wobei die Unternehmen natürlich dennoch bestrebt sind zentrale Schlüsselfunktionen bei einem kleinen Kreis festangestellter Mitarbeiterinnen und Mitarbeiter zu konzentrieren. Diese Gruppe hat entscheidende Bedeutung für das Funktionieren der Unternehmen.

In dieser Form der fluiden Unternehmen stehen Unternehmen und Projektarbeiter in gegenseitiger Abhängigkeit. Die Projektarbeiter werden es sich genau überlegen, ob sie ihren Vertrag brechen, vorzeitig aus einem Projekt aussteigen oder eine Minderleistung abliefern. Denn es drohen Vertragsstrafen oder Ablösegebühren wie bei Profifußballern und auch die Bewertungsportale würden ein solches Verhalten sofort verbreiten. Aber nicht nur die Projektarbeiter, sondern auch die Unternehmen stehen in der Pflicht. Auch sie werden von den Projektarbeitern in den Internetportalen hinsichtlich Bezahlung, Fairness und Arbeitsatmosphäre bewertet und müssen sich tagtäglich als interessante und zuverlässige Arbeitgeber bewähren. Es ist eine neue Arbeitskultur, die sich auf diese Weise herausbildet. Sie ist geprägt durch ein hohes Maß an Transparenz und Zuverlässigkeit und die permanente Herausforderung, auf beiden Seiten den Bruch von Spielregeln zu vermeiden. Die mit Projektarbeitern arbeitenden fluiden Unternehmen sind hochgradig flexibel, können schnell auf Veränderungen des Marktes reagieren und bei entsprechender Positionierung weltweit die kreativsten Köpfe zusammenführen.

Den fluiden Unternehmen steht im Jahr 2025 ein Gegenpol gegenüber. Fraunhofer Forscher haben für sie den Begriff der „Caring Companies" geprägt.[47] Unternehmen dieses Typs begegnen der Dynamik der Märkte, indem sie versuchen Mitarbeiterinnen und Mitarbeiter stark an sich zu binden. Ihre Unternehmenskultur ist darauf ausgerichtet, den Mitarbeitern besondere Formen der individuellen Entwicklung zu bieten, die ein dauerhaftes Verbleiben im Unternehmen reizvoll erscheinen lassen. „Corporate Life" ist das Stichwort, nach dem sich die Unternehmen aufstellen. Zentrale Elemente sind die Verbindung von klaren Leistungsvorgaben und Zielvorgaben mit langfristig angelegten Entwicklungs- und Förderplänen für die Mitarbeiter. Die Förderpläne gehen dabei weit über klassische Personalentwicklungsmaßnahmen hinaus. Sie schließen attraktive Angebote für Wohnen, Familienplanung, Freizeitgestaltung, Gesundheit und Vorsorge ein und nehmen nicht nur die Mitarbeiter, sondern auch ihr familiäres Umfeld in die Gestaltung langfristiger Pläne auf. Die Grenzen zwischen Arbeit und Freizeit verschwimmen dann immer mehr. Zugleich übernehmen die Unternehmen damit eine größere Verantwortung für das soziale Wohlergehen ihrer Mitarbeiter. Das soziale Kapital und die Beziehungen innerhalb eines Unternehmens werden für den Geschäftserfolg immer wichtiger. Es ist sogar denkbar, dass große Unternehmen den Charakter kleiner Staatsgebilde annehmen und mit eigener Infrastruktur von Häusern, Schulen, Einrichtungen für Gesundheit und Freizeit eine prominente Rolle in der Gesellschaft einnehmen.[48]

Auch Caring Companies müssen flexibel auf die Schwankungen des Marktes und die Entwicklung neuer Technologien reagieren. Sie erreichen das durch eine Form der internen Flexibilität, welche das Unternehmen bei Bedarf atmen lässt. Lebensarbeitszeitkonten, Sabbatical, flexible Arbeitszeitmodelle und die fließende Verbindung von Arbeiten und Weiterbildung bilden eine Einheit. Für die Mitarbeiterinnen und Mitarbeiter bieten diese Unternehmen ein relativ hohes Maß an Sicherheit und Möglichkeiten der Zukunftsplanung. Doch auch Caring Companies werden sich von Zeit zu Zeit von einzelnen Mitarbeitern trennen. Spätestens dann können für diese bisher nicht gekannte Probleme auftreten. Der lange Verbleib in einem Unternehmen und die individuelle Förderung machen sie wesentlich anfälliger für die Gefahren eines globalisierten Arbeitsmarktes als die Projektarbeiter.

Und so bestimmt der nicht auflösbare Gegensatz zwischen der Suche nach Sicherheit auf der einen und Flexibilität auf der anderen Seite den Lebensweg vieler Wissensarbeiter des Jahres 2025. Nicht selten werden kreative Wissensarbeiter auch die Arbeitsform wechseln und sich von Projektarbeitern zu festangestellten Mitarbeitern oder umgekehrt entwickeln. Das gilt vor allem dann, wenn sie von einer Lebensphase in die nächste übergehen. Beginnend als Projektarbeiter kann in der Familienphase der Eintritt in eine Caring Company folgen, um nach dem Auszug der Kinder zur Projektarbeit zurückzukehren.

Frauen vor!

Dies gilt selbstverständlich auch und vor allem für Frauen. Sie werden in den kommenden Jahren weiterhin im Fokus der Wirtschaft und Politik stehen. Denn das Arbeitskräftepotenzial der heute nicht oder nur in Teilzeit arbeitenden Frauen ist riesig. Bis 2025 werden vermutlich erhebliche Teile dieses Potenzials gehoben sein. Die Ursachen dafür liegen aber nicht nur in der steigenden Erwerbsneigung von Frauen und den besseren Angeboten für die Kinderbetreuung. Frauen profitieren vor allem von ihrer guten Bildung und den Verschiebungen der Arbeitswelt hin zum Dienstleistungsbereich. Bedeutenden Einfluss hat auch der gesellschaftliche Wertewandel, nach dem es für die absolute Mehrzahl der Frauen zur Lebensplanung gehört, einen Beruf zu erlernen und auszuüben. Nicht zu vergessen sind die ökonomischen Gründe: Steigende Scheidungsraten und eine Vielzahl von Frauen als Alleinerziehende mit höherem Armutsrisiko üben auch im Jahr 2025 ganz eigene Zwänge aus.

Dennoch wird der Vormarsch der Frauen im Jahr 2025 an allen Orten zu spüren sein. Denn Frauen sind die Gewinnerinnen des Übergangs in die Wissensgesellschaft. Sie haben die besseren Schulabschlüsse, den höheren Anteil an den Studierenden und nehmen auch in den Unternehmen mit zunehmendem Tempo Leitungspositionen ein. Dabei kommt den Frauen oftmals zugute, dass sie besser als Männer mit den Anforderungen der neuen Jobs umgehen können. In den Unternehmen des Jahres 2025 wird der Erfolg in erster Linie davon abhängen, ob die Mitarbeiter schöpferisch mit neuem, unbewährtem Wissen umgehen können. Gefragt ist eine interne Atmosphäre des Vertrauens, denn es ist kaum möglich, die kreativen Wertschöpfungsprozesse zu kontrollieren. Die Mitarbeiterinnen und Mitarbeiter müssen also in der Lage sein, sich selbst zu managen, zu motivieren, gesundheitsförderliches Verhalten an den Tag zu legen und die Kommunikation zum gegenseitigen Nutzen zu gestalten. Typisch männliche Verhaltensformen wie Konkurrenzorientierung, Karrierefixierung, Unterschätzung sozialer Bindungen und Untergrabung der eigenen Gesundheit spielen hier den Frauen in die Karten.

Dieses natürliche Vordringen der Frauen in die Entscheidungspositionen der Wirtschaft führt dazu, dass spezielle Gesetze und Quoten zur Förderung von Frauen im Jahr 2025 keine wesentliche Rolle mehr spielen werden. Sie könnten ersetzt werden durch Gesetze zur Förderung von Müttern. Denn es sind die Mütter, die weniger verdienen und höheren Armutsrisiken ausgesetzt sind als Männer. Amerikanische Forscher nennen es „motherhood penalty“, Mutterschaftsstrafe, und meinen damit Einkommensverluste, die mit jedem Kind verbunden sind. Mütter werden in erster Linie benachteiligt, wenn es um Aufstiegschancen im Unternehmen geht.[49] Im Jahr 2025 wird sich die Gleichstellungspolitik wohl dieser etwas differenzierteren Frauenförderung verschrieben haben. Ob sie damit schnellen Erfolg hat, dürfte realistisch betrachtet vor allem davon abhängen, ob dann aus demografischen Gründen verstärkt die Mütter als Fach- und Führungskräfte benötigt werden oder ob das Demografieproblem durch andere Maßnahmen inzwischen gelöst ist.

13:10 Uhr: Im Park

Der Chief Changing Officer (CCO)

„Nun lauft mir doch nicht immer vor den Füßen herum!“ Peter fuchtelt mit den Armen und deutet auf den Trampelpfad vor sich. Erschrocken trippelt die junge Frau beiseite. Die anderen schmunzeln. Monika ist die Neue. Die Praktikantin. Sie kennt Peters Marotten noch nicht. Zum ersten Mal darf sie mit auf diesen Spaziergang, den Peter als seine Inspirationsquelle betrachtet. Für seine Mitarbeiter ist der tägliche Gang mit ihrem Chef durch den Park manchmal willkommene Abwechslung, manchmal inspirierende Kreativsession und manchmal lästige Pflicht. Aber dies meist dann, wenn Peter seine wichtigsten Mitarbeiter selbst bei Nieselregen durch den Park treibt.

Schon manch neuer Mitarbeiter hat staunend nach dem Sinn dieses Rituals gefragt, als er das erste Mal mit schlammigen Schuhen aus dem Park zurückkam. Seit wann er die Spaziergänge mache, hat ihn neulich auch ein Journalist gefragt. Peter wusste es nicht mehr. Es sei schon immer so gewesen, sagte er. Jene Kollegen, die ihn schon lange kennen, glauben sich an den Tag zu erinnern, als Peter sein Mittagsritual eingeführt hat. Er hat damit begonnen, nachdem er gelesen hatte, dass Apple-Gründer Steve Jobs seine wichtigen Gespräche auch beim Spaziergang erledigte.

Dabei müsste ihn nun wirklich nichts hinaustreiben. Erst kürzlich ist bei Nextgen der hochmoderne Bürokomplex fertig geworden. Peter selbst hat ihn mit seinem Mitarbeiterstab entworfen. Er besteht auf den ersten Blick vor allem aus großen Co-Workingspaces, die wie edle Lounges aussehen. Hier sitzen Teams mit Laptops und Kaffee vor sich. Sie arbeiten gemeinsam, plaudern und diskutieren ihre Projekte. Wer tiefer ins Gebäude eindringt, findet natürlich auch Ruhezonen. Diese sind kleine Büros, in die sich jeder Mitarbeiter zurückziehen kann, wenn er in Ruhe telefonieren, schreiben oder denken muss. Und noch tiefer im Inneren des Hauses gibt es die „Holodecks". Leicht spöttisch haben die Mitarbeiter ihre neuen hochmodernen Kommunikationsräume nach Raumschiff Enterprise benannt.

Natürlich wird hier nicht gebeamt. Noch nicht. Aber wenn sich die Mitarbeiter der Zentrale hier mit ihren Kollegen der Office-Zentren in den Wohngebieten zusammenschalten, dann ist das Erlebnis dank 3D-Projektion und großflächigen Displays über die ganze Wand täuschend echt.

Die Wohngebiets-Bürozentren sind besonders in den großen Megacities zum neuesten Trend geworden. Kaum einer der hochqualifizierten Projektarbeiter kommt noch in die Bürozentren in den Innenstädten. Und das sind eine Menge. Im Durchschnitt 30% aller Tätigkeiten in allen Branchen sind inzwischen Projektarbeiten. Bei Peter im Unternehmen sind es sogar 75%. Jeder seiner Mitarbeiter arbeitet in drei bis vier Projekten gleichzeitig. Das sorgt für mehr Verantwortung der Projektarbeiter, für Teams, die sich immer wieder verändern, und vor allem dafür, dass seine Mitarbeiter bewusster mit ihrer eigenen Zeit umgehen. Ihre Work-Life-Integration sei viel besser, wenn keine Zeit mehr mit der unnötigen Pendelei verschenkt wird, hört Peter immer wieder.

Dagegen erscheint er sich selbst fast schon manchmal altmodisch. Peter sagt von sich, dass er sich erst kreativ fühlt, wenn er die Wände des Bürohauses hinter sich gelassen hat. „Den Gedanken freien Lauf lassen kann man nur, wenn der Blick nicht begrenzt ist“, hat er einmal seinem verdutzten Vorstandsvorsitzenden geantwortet, als der ihn gebeten hat, doch bei der Nutzung des selbstentworfenen Hauses mit gutem Beispiel voranzugehen.

Peter kann sich diese Marotte leisten. Er ist der wichtigste Mann im Unternehmen und alle wissen das. Vor einigen Jahren war das noch nicht so klar. Damals feierten ihn seine „Fans“ als Revolutionär, aber von anderen wurde er als Spinner verlacht. Und er tat alles dafür, dieses Image zu pflegen: Auf Kongressen hatte er angefangen über seine „Magnet-Strategie für freie Radikale“ Vorträge zu halten. Damit meinte er, ein Unternehmen müsse seine besten Mitarbeiter gezielt abstoßen und wieder anziehen, bevor diese das selbst tun. Erstaunlicherweise stellte sich nur wenige Jahre später heraus, dass genau diese Strategie für die Gruppe der höchstqualifizierten Mitarbeiter die einzig richtige war. Plötzlich begannen alle Unternehmen ihre „high-skilled“ Mitarbeiter von selbst zu kündigen und über ein Empfehlungssystem in das eigene Netzwerk zu vermitteln, nur um sie nach drei Jahren zurückzubekommen.

Doch während sich die anderen für diese neue Strategie feiern ließen, erkannte Peter, dass sie nur ein winziger Teil der Lösung war. Denn sie gab keine Antwort auf den Umgang mit den mittel- und niedrigqualifizierten Mitarbeitern. Diese wurden zum Hauptproblem der Unternehmen. Denn es gab viel zu wenige „skilled people“ und viel zu viele „lowskilled people“, wie sie in der Personalabteilung genannt wurden. Was also tun? Zuerst ist dies noch ein internes Problem der

Personalabteilung gewesen. Doch es dauerte nicht lange, bis der Mangel an Fachkräften für das ganze Unternehmen existenzbedrohend wurde. Plötzlich konnten einige Aufträge nicht mehr fristgerecht ausgeführt werden, andere wurden nicht einmal mehr angenommen. Dies war der Zeitpunkt, als der Aufsichtsrat das Problem und die Ratlosigkeit seines Vorstands erkannte.

Es war Peter, der damals als Innovationsvorstand eine neue HR-Strategie vorgeschlagen hat. Sein erster Vorschlag war, die Kompetenzen aller Mitarbeiter des Unternehmens genau zu messen. Für jede Position und jedes Team sollte die Personalabteilung Kompetenzprofile erstellen und jeder Mitarbeiter wurde daran gemessen. Dies alles war im Grunde nicht neu. Dienstleister mit Kompetenzanalyse-Software hat es schon vorher gegeben und von Zeit zu Zeit wurde diese sogar eingesetzt. Doch Peter wollte mehr. Er fasste die Kompetenzprofile aller Mitarbeiter in einer Kompetenzbilanz des Unternehmens zusammen. Diese wurde zum Bestandteil der Unternehmensbilanz und sowohl dem Aufsichtsrat als auch den Aktionären vorgelegt. Es dauerte kein Jahr, da kamen von dort ambitionierte Forderungen zurück: Die Kompetenzen des Unternehmens sollten um 5% gesteigert werden, die Lücke zwischen IST und SOLL um 15% verkleinert werden und für die besonders „inkompetenten" Abteilungen sollten Spezialmaßnahmen ergriffen werden. Es dauerte nicht lange, bis sogar Bonuszahlungen der Abteilungsleiter nach der erreichten Kompetenzsteigerung ihrer Abteilung berechnet wurden.

Doch Peter reichte dieser Achtungserfolg nicht. Denn er brachte keinen einzigen neuen, qualifizierten Mitarbeiter ins Unternehmen. Sein Aha-Erlebnis kam während eines Spaziergangs mit seinem wichtigsten Mitarbeiter. Dieser hatte ihn damals im Park über Innovationsstrategien ausgefragt. Und Peter war ins Schwärmen gekommen über das

Potenzial der wirklich starken Innovationen, der Mission-Changes in Unternehmen, der Regelbrüche und Rulebreaker-Strategien. „Und wie würde solch ein Regelbruch in unserer HR-Strategie aussehen?“, hatte der Kollege gefragt. Peter hatte keine Antwort darauf gehabt. Erst Tage später, als er wieder durch den Park lief, kam ihm ein Gedanke: Bislang war eine der Grundregeln des Personalmanagements, dass es konkrete Stellenbeschreibungen gibt und ein möglichst passender Kandidat dafür gesucht wurde. Was würde geschehen, wenn man diese Regel umdrehen würde?

Schon eine Woche später legte Peter im Vorstandskreis ein aufsehenerregendes Konzept vor. „Nicht der Kandidat soll sich künftig an den Job anpassen, sondern der Job an den Kandidaten!“, verkündete er seinen verblüfften Kollegen. Er erntete verständnislose Blicke. „Wenn wir unsere freien Stellen mit verfügbaren Mitarbeitern füllen wollen, dann haben wir keine Wahl mehr. Wir können nicht mehr wählerisch sein. Wir müssen alle Mitarbeiter nehmen, die wir bekommen können. Also müssen wir die Jobanforderungen an die Kompetenzen der verfügbaren Mitarbeiter anpassen!“ Alle Augen richteten sich auf die Personalchefin. Zum Glück hatte Peter vorab mit ihr geredet. Was noch keiner der anderen wusste: Sie war ohnehin auf dem Absprung!

Auf diese Weise hat Peter den wichtigsten Job im Unternehmen bekommen. Sein Innovationsstab wurde mit der Personalabteilung fusioniert. Seine Hauptaufgabe waren nicht mehr neue Produkte oder Geschäftsmodelle. Stattdessen sollte er ab sofort dafür sorgen, dass jedes Jobprofil im Unternehmen stetig an die Kompetenzen des gerade verfügbaren Mitarbeiters angepasst wurde. Seine Leute sollten dafür sorgen, dass die Stellenbeschreibungen sich permanent veränderten, neue Anforderungen adaptierten und sich an vorhandene Kompetenzen anpassten. Nach und nach ist dadurch ein wirklich fluides Unternehmen entstanden. Und Peter war das Hirn des Ganzen. Irgendwann fragte ihn sein Vorstandsvorsitzender beim Hinausgehen: „Peter, wie nennen wir deinen Job eigentlich?" Peter hatte darüber noch nie nachgedacht. Sein Chef zwinkerte ihm zu: „Dann sagen wir einfach CCO, Chief Changing Officer!" Er war der Unternehmensveränderer.

Und als sich seine Anfangseuphorie gelegt hat, bekam Peter auch einen klareren Blick dafür, wo die wirklichen Schwierigkeiten seiner neuen Strategie lagen. Nicht die Analyse und das schnelle Verändern von Jobprofilen waren die eigentlichen Probleme – das Hauptproblem kam erst danach. Denn die wirkliche Herausforderung war, seinen Kollegen das Vergessen beizubringen. Sie mussten immer wieder die Regeln ihrer bisherigen Tätigkeiten vergessen, die Grenzen ihrer bisherigen Jobprofile übertreten, die eingespielten Muster brechen. Dies zu erreichen, ist wirklich hart. Bis heute führt Peter diesen Kampf.

Zukunft: Human Resources

Wie sich die Jobs den Menschen anpassen

Die Marktlogik von Angebot und Nachfrage spricht eine eindeutige Sprache. Auch auf dem Arbeitsmarkt! Die Macht im Verhältnis zwischen Unternehmen und ihren Mitarbeitern wechselt in wenigen Jahren auf die Seite der Arbeitnehmer. Nahezu komplett! Doch lassen Sie uns ein wenig differenzierter an die Prognosen herangehen. Denn natürlich wird die Situation von Region zu Region und Branche zu Branche leicht unterschiedlich sein. Wer auf die Suche nach den verallgemeinerbaren Prognosen für die

Arbeitswelt des Jahres 2025 geht, der muss zumindest zwischen drei Hauptgruppen von Arbeitskräften unterscheiden: den Hochqualifizierten, den mittleren Fachkräften und den Niedrigqualifizierten.

Die Hochqualifizierten

Für die Hochqualifizierten gibt es ein Wort: Mangel! Sie sind schon heute zu wenige und werden auch zu wenige bleiben! Aus diesem Grund spüren sie als Erste die neue Grundlogik des Arbeitsmarktes unter Vollbeschäftigung: Sie haben die Macht! Wenn sie heute kündigen, dann können sie morgen bei zehn anderen Unternehmen anfangen! Mit Sicherheit! Jegliches Verharren auf festen Positionen, jegliche Angst vor drohender Arbeitslosigkeit wird diese Gruppe Schritt für Schritt verlieren. Stattdessen liegt es in der Hand des Einzelnen, sich für sein Arbeitsleben die interessanten Stücke aus dem Angebot herauszusuchen.

Es ist dieses Selbstbewusstsein, das die Gruppe der Hochqualifizierten zu Jobnomaden macht. Denn ihr Arbeitsleben wird dadurch charakterisiert, dass sie durchaus festangestellt sind. Aber nur für ein Projekt. Nach zwei bis drei Jahren wechseln sie das Projekt auf der Suche nach einer neuen Herausforderung. Und natürlich wechseln sie dabei problemlos auch den Arbeitgeber. Mit rasanter Geschwindigkeit entwickelt sich eine neue Art von Beschäftigten: Projektarbeiter, die mit Zeitverträgen von Projekt zu Projekt, von Unternehmen zu Unternehmen springen. Es sind die typischen Jobnomaden, die mit ihren Patchworkbiografien bis zu einem Drittel aller Beschäftigten ausmachen werden. Ihnen geht es bei der Wahl ihrer Arbeitgeber nicht mehr ausschließlich um Geld und Work-Life-Balance. Vielmehr suchen die Projektarbeiter in jedem ihrer Projekte nach Sinn, Herausforderung und spannenden Kollegen.

Die Frage, wie Unternehmen es verstehen, mit dieser Gruppe der Hochqualifizierten umzugehen, wird mehr und mehr über das Wohlergehen des Unternehmens bestimmen. Große, globale Beratungsunternehmen etwa, die auf Gedeih und Verderb von ihrer Attraktivität auf diese Hochqualifizierten angewiesen sind, werden die Konsequenz ziehen und ca. 50% ihrer Tätigkeiten im Intranet und Internet verauktionieren. Sie schaffen künstliche Marktstrukturen innerhalb des eigenen Unternehmens und die Mitarbeiter weltweit können ihre Projekte ersteigern. Selbstverständlich kommen diese Mitarbeiter dafür nicht in die Headquarters in den Innenstädten der Megacities. Der ehemalige Vorstandsvorsitzende des Beratungsunternehmens PriceWaterhouseCoopers, Hans Wagener, prognostizierte dazu im 2b AHEAD ThinkTank sehr pointiert: „Das Büro der Zukunft kommt zum Menschen. Bürocenter mit kompletter Infrastruktur werden in den Wohngebieten entstehen, in die sich jedermann für einen bestimmten Zeitraum einmieten kann.“[50] Dabei hat Wagener natürlich nicht die vergleichsweise kleinen Städte in Deutschlands Regionen im Blick. Er spricht vor allem von den Metropolen dieser Welt, die in den kommenden Jahren rasant wachsen werden. Von den 30 noch 1950 populärsten Metropolen der Erde haben sich elf bereits heute von der Liste verabschiedet. Zu den Nachrückern gehören Städte wie Lahore und Chennai in Indien oder das chinesische Shenzhen. Bis 2025 werden wohl heutige Metropolen wie London und Lima ebenfalls aus der Liste verschwinden.[51]

Andere Unternehmen, die nicht in dieser Masse von hochqualifizierten Mitarbeitern abhängig sind, aber die Projektarbeiter als leitende Innovationstreiber benötigen, werden zunächst agieren wie „Magneten für freie Radikale“.

Sie werden die hochqualifizierten Projektarbeiter gezielt anziehen und wieder abstoßen. Denn sie werden verstehen, dass es strategisch besser ist, nicht so lange zu warten, bis ein hochqualifizierter Mitarbeiter sich selbst ein neues Projekt gesucht hat. Bevor er von sich aus verschwindet, ist es klüger, ihn vorher zu kündigen und in das eigene Netzwerk zu empfehlen. Dann ist die Wahrscheinlichkeit ungleich höher, dass er in drei oder fünf Jahren wieder zurückkommt. So ungewöhnlich das klingen mag: Das „After Employment Marketing“ wird seine besten Mitarbeiter magnetartig gezielt abstoßen. Es wird dafür sorgen, dass Jobnomaden eine neue Aufgabe außerhalb erhalten, dass sie gehen, wenn es gerade „am schönsten“ ist. Denn damit ist die Chance der Rückkehr am wahrscheinlichsten ist. Die HR-Abteilungen der Zukunft werden ein neues Sensorium dafür entwickeln, wann ihre besten Projektarbeiter abgestoßen werden sollten.[52]

Die Facharbeiter

Auch Arbeitnehmer mit mittlerer bis guter Qualifikation wird es im Jahr 2025 in Deutschland viel zu wenige geben. Nach den aktuellen Hochrechnungen könnte die demografische Lücke bei den Facharbeitern sogar noch dramatischer zuschlagen als bei den Hochschulabsolventen. Die Folge sind massenhaft unbesetzte Stellen und ein Konkurrenzkampf zwischen den Unternehmen. Doch dieser löst das Problem nicht. Welche Strategie werden die Unternehmen finden? Sie können das Problem drehen und wenden wie Sie wollen …, es gibt nur eine realistische Antwort: Arbeitnehmer, die niedriger qualifiziert sind, werden Jobs machen müssen, von denen wir heute noch denken, dass man dafür höherqualifiziert sein muss. Wie geht das? Man kann das Problem aus zwei Richtungen betrachten: Entweder die Jobs werden weniger komplex oder die Niedrigqualifizierten werden besser. Beides werden wir erleben!

Schauen wir uns zuerst die Menschen an: Es ist kein neuer Trend in der Menschheitsgeschichte, dass der Mensch danach strebt, seinen Körper zu optimieren. Immer gesünder, schöner und leistungsfähiger soll unsere materielle Hülle sein. Entsprechend wird in den kommenden Jahren die Nachfrage nach Produkten und Technologien überproportional zunehmen, die uns erlauben die Leistungsfähigkeit unseres Körpers und Hirns zu steigern. Während die Hochqualifizierten es bis zum Jahr 2025 mehr und mehr schaffen werden, aus dem Wettstreit des menschlichen Hirns mit dem Computer auszusteigen, werden viele Beschäftigte mit mittleren Qualifikationen genau in diesem ungleichen Wettkampf bleiben müssen. Der Unterschied zwischen beiden Gruppen ist: Die wesentliche Kompetenz der Hochqualifizierten sind strategische Kompetenzen, die auf Intuition, Leidenschaft oder Motivationskraft beruhen. Sie werden für ihre Arbeitsabläufe und Entscheidungen die Computer als Assistenzsysteme nutzen. Sie sind aber nicht auf sie angewiesen. Anders die Facharbeiter: Deren Tagesabläufe, Arbeitstempo und Entscheidungen werden stark durch Technologie gestützt und vorgegeben. Sie haben keine Chance, aus dem Rhythmus der Technologie auszubrechen. Hier entstehen große, neue Märkte für verschiedene Branchen. „Medical Food“ gilt in der Nahrungsmittelindustrie als einer der großen Wachstumsmärkte. Und Biomedizin, Informationstechnologie und Neuroprothetik bieten auch ihre Methoden der Körperoptimierung.

Darüber muss man nicht unbedingt jubeln. Und natürlich ist auch nicht von der Hand zu weisen, dass damit auch für Menschen ein sozialer Druck entsteht, die solche Selbstmanipulationen ablehnen. Dennoch ist der „Entrüstungssturm“ gegen dieses kommende Alltagsdoping recht überschaubar! „80% unter uns wollen es, 20% lehnen es ab", so das konstante Ergebnis in einer ganzen Reihe belastbarer Studien, die es inzwischen dazu gibt.[53] Damit wird sich auch unsere Definition von Gesundheit und Lebensqualität verändern. Durch die steigende Leistungsfähigkeit wird das Niveau, auf dem wir mitspielen müssen, angehoben. Unsere Gesellschaft wird schneller und leistungsfähiger werden.

Das Kontinuum zwischen den Anforderungen der Unternehmen an das Leistungsvermögen ihrer Facharbeiter, deren Erwartungen an die eigene Leistung und einem selbstbestimmten Umgang mit den Möglichkeiten der Technologie bleibt also eine der größten Herausforderungen der Arbeitswelt. Dies ist nichts Neues. Die gleiche Situation gab es in den Bergwerken unserer Großväter und an den Produktionsbändern unserer Väter. Nicht mehr und nicht weniger. Nur die Art der Krankheiten verändert sich. Und unsere statistische Lebenserwartung steigt! Wir sterben später. Das bedeutet in der Gesamtbetrachtung: Obwohl die Anzahl neuer Krankheiten wie Burn-out & Co. teilweise recht stark ansteigt, nimmt die Anzahl und Schwere der „alten" Erkrankungen noch stärker ab. In der Gesamtsumme sind wir also auf positivem Weg, auch wenn uns die Medien manchmal etwas anderes vormachen.

Die Niedrigqualifizierten

Die einzige Gruppe von Arbeitnehmern, die auch im Jahr 2025 in „ausreichender Anzahl" zur Verfügung stehen wird, sind Niedrigqualifizierte. Während die Jobs für Niedrigqualifizierte weiter aus Zentraleuropa weg und durch die Welt nach Asien und Afrika wandern, sinkt die Zahl der Niedrigqualifizierten nicht in gleichem Maße. Sie ist der Grund, warum Vollbeschäftigung nicht eine

Arbeitslosenquote von 0% bedeutet, sondern dennoch Menschen durch Arbeitsamt und soziale Sicherungssysteme aufgefangen werden müssen.

Die Konsequenzen, die die Unternehmen in den Arbeitswelten des Jahres 2025 ziehen werden, lassen sich in diesem Bereich unter dem Titel „Assisted Working" zusammenfassen. Im Klartext: Maschinen sagen den Beschäftigten, was sie wann zu tun haben. Und sie geben nicht nur Anweisungen, sondern kontrollieren zugleich die Qualität und Geschwindigkeit der Arbeitsschritte. Dies klingt apokalyptisch. Doch es ist bereits Realität. An den Produktionsbändern der Automobilindustrie wird die Arbeit schon heute so organisiert. An größeren Flughäfen steuert eine sogenannte Workforcemanagement-Software automatisiert, wo und wann welcher Mitarbeiter seinen kleinen Arbeitsanteil im komplexen System zu leisten hat. Und wer es in den Flieger geschafft hat, der wird froh sein, dass sein Pilot in schwierigen Situationen nicht auf sich selbst gestellt ist, sondern den Autopiloten anschalten kann. Assisted working ist überall!

Es wird zunehmen. Je höher die Anforderungen, je geringer der Qualifikationsgrad, desto mehr wird Technologie die Differenz ausgleichen. Selbstverständlich werden dabei auch neue Technologien zum Einsatz kommen. Die smarte Prognostik wird die Workforcesysteme weiter verbessern und in einigen Jahren die Mitarbeiter nicht nur nach ihren Jobs und Funktionen einteilen, sondern die wirklich gemessenen individuellen Kompetenzen jedes Mitarbeiters einbeziehen. Brainwaveheadsets werden in einigen Jahren nicht nur zur Steuerung von Computern eingesetzt. Sie werden auch bei kritischen Tätigkeiten unsere Hirnströme messen können und erkennen, wenn unser Hirnstrommuster von dem üblicherweise nötigen Muster abweicht. Auf diese Weise lassen sich Fehlentscheidungen von Piloten, Truckfahrern,

Operateuren etc. nicht nur erkennen, sondern in Echtzeit verhindern.

Dies mag nicht die Wunschwelt für alle unter uns sein. Für die Unternehmen wird es so gut wie die einzige Chance sein, Niedrigqualifizierte in Arbeit zu bringen und damit ihre offenen Jobs zu besetzen.

Fluide Jobprofile in fluiden Unternehmen

Haben wir wirklich schon eine Vorstellung davon, welcher radikale Wandel unserer Arbeitswelten uns hier bevorsteht? Vermutlich nicht! Denn die Machtverschiebung von Unternehmen hin zu den höherqualifizierten Mitarbeitern sowie der permanente Mangel an geeignetem Personal werden zu einer Konsequenz führen, deren Ausmaß wir noch nicht erfassen können. Es klingt zunächst ganz einfach: Wenn für die zu besetzenden Jobprofile keine passenden Arbeitskräfte gefunden werden können, dann ist die einzige realistische Strategie: Wir werden die vorhandenen Arbeitskräfte einstellen und entsprechend ihren Fähigkeiten unsere Jobprofile anpassen.

Doch so banal das klingt, so anspruchsvoll scheint es zu sein. Denn natürlich gerät auf diese Weise mit jedem neu eingestellten Mitarbeiter und jedem, der das Unternehmen verlässt, die Balance der Job- und Mitarbeiterprofile ins Schwimmen. Sie muss permanent neu angepasst werden. Wenn wir heute in klugen Sonntagsreden von fluiden Unternehmen der Zukunft reden, dann sprechen wir davon, nahezu täglich das Portfolio an Tätigkeiten auf die verfügbaren Mitarbeiter zuzuschneiden. Eine Wahnsinnsaufgabe!

Dies ist exakt jene Strategie, die Peter im beschriebenen Beispiel in seinem Unternehmen eingeführt hat. Damit hat er die strategisch wichtigste Funktion für den Erfolg von Unternehmen in der Zukunft beschrieben. Wir reden dann nicht mehr von reagierenden und begleitenden Personalabteilungen, wie wir sie heute kennen. Wir reden davon, dass sich das HR-Management zu einer proaktiven Aufgabe entwickelt, die sich an der Businessstrategie ausrichtet. Einige Strategen werden versuchen diese neue Rolle von Human Resources aus dem Unternehmen auszugliedern.[54] Andere, wie Peter, werden die Rolle von Change- und Innovationsmanagement mit HR verschmelzen.

Doch unabhängig davon, für welche Struktur sich die Unternehmen entscheiden, die wichtigste Herausforderung liegt nicht im Management, sondern im Mindset der Mitarbeiter. Denn der permanent neue Zuschnitt von Jobprofilen stellt insbesondere die dauerhaft im Unternehmen arbeitenden Mitarbeiter ständig vor neue Herausforderungen. Immer wieder müssen sie bisherige Aufgaben und Regeln vergessen und „an neue Wahrheiten glauben“. Sie müssen lernen zu vergessen!

Dies ist alles andere als banal. In einer Welt der omnipräsenten Erinnerung, inmitten prozessgetriebener Innovation und allzeit transparenten Wissensmanagements ist das Vergessen überkommener Regeln und das Verdrängen alter Gewohnheiten die Grundvoraussetzung für starke Innovationen. Unternehmen müssen lernen zu vergessen! Das ist heute schon die schwierigste Aufgabe, besonders für Großunternehmen, die sich in einem Changeprozess befinden. Und doch ist das Vergessen die vermutlich meist unterschätzte Voraussetzung zur Innovation. Wer nicht schnell genug vergisst, schenkt den überkommenen Regeln alter Systeme mehr Bedeutung, als sie haben. In Branchen, die mit der Dynamik neuer Technologien und Geschäftsmodelle konfrontiert werden, kann dies für Unternehmen sogar tödlich sein. Todesursache: Der Vergessensprozess war zu langsam!

Doch wie können wir das Vergessen lernen? Wir kennen darauf kein Patenrezept. Aber diese Frage hat sich in den Treffen der Innovationschefs vieler Branchen im 2bAHEAD ThinkTank inzwischen als die „Frage aller Fragen“ herausgestellt. Wir führen die Debatte mit Wirtschaftschefs, Wissenschaftlern und Fußballtrainern.[55] Es gibt interessante Ideen und Erfahrungen dazu. Es gibt gelungene und missratene Projekte. Vielleicht stellt sich bis 2025 ein Patentrezept heraus. Wir arbeiten daran!

Links

Rede von Hans Wagener

▶ www.2bahead.com/nc/tv/rede/video/arbeiten-2020-wie-fluide-arbeitswelten-der-zukunft-aussehen

Rede von Prof. Dr. Niels Bandelow

▶ www.2bahead.com/tv/rede/video/warum-menschen-nach-brain-chips-verlangen-werden

Rede von Thomas Tuchel

▶ www.2bahead.com/nc/tv/rede/video/der-fussball-rulebreaker-wie-leistungssportler-das-vergessen-lernen

13:55 Uhr: In der Schule

Verantwortung als Schulfach?

Das rote Sofa ist noch leer. Jenny stoppt ihren Lauf abrupt in der Tür. So schnell wie möglich ist sie die Treppe im Schulhaus heruntergerannt, zwischen schwatzenden Mitschülern auf dem Treppenabsatz hindurchgeschlüpft und hat noch auf den letzten Stufen Frau Giesek überspurtet, eine ihrer Lehrerinnen im Fach Verantwortung. So schnell ist sie selten von ganz oben bis in den ersten Stock gekommen. Sie wollte Charlotte auf keinen Fall verpassen. Doch jetzt steht sie allein in der Schülerlounge. Von Charlotte keine Spur. Jenny zieht ihr Handy aus der Tasche: Noch sind es fünf Minuten bis zum vereinbarten Treff mit Charlotte. Hoffentlich kommt sie.

Es hat eine halbe Ewigkeit gedauert, bis Jenny sich vor drei Tagen endlich durchgerungen hat Charlotte anzusprechen. Immer wieder hat sie sich vor diesem Gespräch gefürchtet: Wie würde Charlotte reagieren? Wäre sie vielleicht sogar böse auf Jenny? Das kann man sich kaum vorstellen, denn Charlotte ist eigentlich nie böse. Sie freut sich aber auch nie. Charlotte ist einfach immer da. Leider oft nur körperlich. Ihre Leistungen in der Schule sind alles andere als gut.

Wenn das so weitergeht, dann wird Charlotte das Abitur in drei Jahren nie schaffen. Keine Chance!

Das hat Jenny viele Wochen lang beobachtet. Immer wieder. Denn ganz deutlich hat sie noch die mahnenden Worte des Schuldirektors im Ohr. „Jeder von Ihnen, der das Abitur nicht schafft, wird seine Zukunftschancen um mindestens die Hälfte verspielen!", hat der Direktor bei der Schuljahreseröffnung gesagt. „Ab heute werden wir an dieser Schule keine Abschlusszeugnisse mehr verteilen. Sie bekommen von mir ein Zwischenzeugnis, genauso wie nach Ihrem Studium. Denn das Lernen ist weder nach der Schule noch nach der Uni zu Ende. Ihr Abschlusszeugnis bekommen Sie erst an Ihrem Grab." Jenny hat damals Angst bekommen. Nicht dass sie selbst in Gefahr wäre, das Abitur nicht zu bestehen. Aber sicherheitshalber hat sie dann doch ihren Vater gefragt, was der Direktor wohl damit gemeint habe. Ihr Vater hat nur gelacht: „In dieser Schule haben in den letzten drei Jahren alle Abgänger das Abitur geschafft. Und so wird das auch weitergehen. Jeder in Deutschland kann und muss doch studieren!", hat er gesagt. Natürlich. Dieses Motto der neuen Bildungsministerin hat Jenny schon Hunderte Male gehört. Aber bei Charlotte war sie sich da nicht so sicher. Deshalb hat sie sie vor drei Tagen gefragt, ob sie sich heute mal am roten Sofa treffen könnten. Denn Jenny hat einen Plan!

Sie will Charlotte mit zu Herrn Schupan nehmen. Herr Schupan ist toll. Das ist ihr Coach. Seit zwei Jahren geht Jenny schon zu ihm. Damals ist eine große Veränderung in der Schule passiert. Der Direktor hat gesagt, er würde ein neues Bildungskonzept einführen. Einige Lehrer sind verschwunden, neue sind gekommen. Aber das wirklich Neue war, dass es plötzlich keine Unterrichtsstunden mehr gab. Statt alle 45 Minuten eine neue Stunde in einem anderen Fach zu beginnen, mussten die Schüler jeden Tag selbst wählen, auf welches Fach sie gerade Lust hatten. Dann gingen sie einfach in diesen Raum. Dort waren meist zwei Lehrer und andere Schüler aus verschiedenen Klassenstufen. Die lernten zusammen oder arbeiteten an einem Projekt. Und wenn eine Klausur geschrieben werden musste, dann durfte jeder Schüler den Tag selbst bestimmen, an dem er sich vorbereitet fühlte und bereit war für die Arbeit. Jenny war meistens dann bereit, wenn Herr Schupan sagte, dass sie bereit sei.

Sie muss grinsen, als ihr klar wird, wie wichtig die Meinung von Herrn Schupan für ihr Leben geworden ist. Ohne seine Bestätigung trifft sie kaum noch eine wichtige Entscheidung. Egal ob es um die Schule geht oder um Privates. Das Gute an Herrn Schupan ist, dass er wirklich viel Erfahrung hat. Und doch ist er kein Lehrer und kein Vater. Eigentlich ist er nur ein Abteilungsleiter bei Nextgen, also in Papas Firma. Doch seit sie ihn als ihren Coach ausgewählt hat, ist er mehr und mehr zu ihrem Vertrauten geworden. Er hilft ihr bei Projektarbeiten und gibt Tipps, wenn es im Fach „Verantwortung" darum geht, wie Jenny ihr Team am besten führen soll oder wie sie ihr Team motivieren kann genauso viel Zeit mit der Aufgabe zu verbringen wie sie selbst.

„Verantwortung" ist Jennys Lieblingsfach. Auch das gibt es erst seit zwei Jahren. Damals wurden die meisten anderen Fächer abgeschafft. Plötzlich gab es kein „Geografie" mehr, kein „Biologie" und „Geschichte". Die Fakten aus diesen Fächern musste man nicht mehr auswendig lernen, sondern plötzlich durften die Schüler immer und überall ihre Handys benutzen, um diese Fakten abzurufen. Dafür waren aber neue Fächer eingeführt worden: „Herausforderung" hieß eines, „Reflexion" ein anderes. Und „Verantwortung" fand Jenny am besten. Charlotte anscheinend auch, denn sie waren oft im gleichen Raum. Allerdings sagte Charlotte nur selten etwas.

Deshalb hat Jenny sie am Anfang auch glatt übersehen. Mit Dana aus ihrem Haus hat sie sich zuerst zusammengetan. Die beiden haben ein Projekt gegründet, wie alle Schüler es machen sollten. Einen Elektro-Computer-Notdienst für ältere Leute haben sich die beiden Mädchen ausgedacht. Und nicht nur gedacht, sondern aufgebaut! Jetzt gehen sie meistens abends zu ihren älteren Kunden und reparieren deren Computer. Wobei die meistens ja gar nicht kaputt sind, sondern einfach nur ein paar falsche Einstellungen gemacht sind. Zuerst war das nur ein ganz kleines Projekt, aber inzwischen ist eine richtige Schülerfirma daraus entstanden. Nicht zuletzt, weil Herr Schupan die richtigen Tipps gegeben hat. Auch andere Schüler haben ab und zu bei Jenny und Dana mitgearbeitet. Charlotte war eine davon. Damals hat Jenny mitbekommen, dass Charlotte gar keinen eigenen Coach hat. Ob sie keinen wollte? Oder ob ihre Eltern das verboten haben? Jenny schlägt auf dem roten Sofa nervös die Beine übereinander. Gleich wird sie es wissen. Aber noch biegt Charlotte nicht um die Ecke.

Schon so manches Mal hat sie darüber nachgedacht, wie das Leben ohne Coach wohl so wäre. Jenny kann sich das gar nicht mehr vorstellen. Mindestens eine Stunde pro Woche redet sie mit Herr Schupan, manchmal auch deutlich öfter. Und heute hat sie etwas Besonderes vor: Sie wird Charlotte mit zu Herrn Schupan nehmen. Wenn Charlottes Eltern die Sache mit ihrem Abitur schon nicht in die Hand nehmen, vielleicht hat Herr Schupan eine Idee, wie das geht. Oder vielleicht kennt er einen guten Coach für Charlotte?

Und was, wenn nicht? Jenny beginnt schon wieder zu grinsen. Für alle Fälle hat sie noch ihren Notfallplan in der Tasche. Wenn der Coach keine Idee hat, dann wird sie Charlotte die kleine Packung mit den Braindrinks in den Rucksack stecken. Sie weiß, dass Charlottes Eltern das verboten haben. Aber wenn es sonst keine Lösung gibt!? Was soll schon passieren? Die meisten anderen nehmen das doch auch!

„Warum grinst du so?" Als Jenny hochschaut, blickt sie in Charlottes strahlendes Gesicht. „Sorry, ich bin ein bisschen spät. Ich war noch beim Friseur." Jenny starrt ihr mit offenem Mund ins Gesicht. Sie hat eine komplett neue Frisur. Echt schick. Ob sie ahnt, wohin es gleich geht?

Zukunft: Schule

Auf dem Weg in die Exzellenzgesellschaft

Viele Hoffnungen bei der Weiterentwicklung des deutschen Schulsystems beruhen auf der Vorstellung, eine zentrale Institution wie die Bundesregierung oder ein neu zu schaffender Deutscher Bildungsrat wäre in der Lage, durch zentrale Vorgaben endlich das unselige Schulchaos zu beenden und den einen richtigen, von allen anerkannten Weg einzuschlagen. Die Entwicklung der letzten 60 Jahre hat gezeigt, dass eine solche Hoffnung unrealistisch ist: Weder über den richtigen Weg noch hinsichtlich der Zentralisierung der Schulpolitik gibt es Einigkeit. Es dominiert weiterhin eine kleinteilige Schullandschaft mit vielen mehr oder weniger bunten Blüten. Man kann das bejammern, aber der Zustand trägt auch Chancen in sich: Engagierten Lehrerinnen und Lehrern, Schulträgern und Eltern bietet er Freiräume zur Umgestaltung der Schulorganisation.

Es sind diese Freiräume, die in den Jahren bis 2025 wesentlich intensiver genutzt werden. Dabei ist es nicht entscheidend, ob es sich um private oder staatliche Schulen handelt. Viel wichtiger ist das pädagogische Konzept. Was heute noch auf wenige erfolgreiche und daher von den Eltern intensiv nachgefragte Modellfälle begrenzt ist, könnte sich bis 2025 zu einer breiten Bewegung entwickeln. Da diese Schulen ein hohes Maß an öffentlicher Anerkennung einschließlich einer intensiven Unterstützung der Wirtschaft und von Bürgerbewegungen genießen, setzen sie die Schulen in ihrer Nachbarschaft immer mehr unter Druck, selbst über eine Weiterentwicklung des pädagogischen Konzeptes nachzudenken. So und nicht etwa durch eine von oben verordnete Schulreform gegen den Widerstand etablierter Schulen, Eltern, Lehrerverbände und Politiker verläuft die Bildungsrevolution im nächsten Jahrzehnt. Die Schullandschaft wird bunter und vielfältiger. Traditionelle Schulen stehen neben Modellschulen mit neuen pädagogischen Konzepten. Aber an einer Stelle wird die Politik doch aktiv werden. So wie die moderne Schule das Lernen durch Schaffung von Rahmenbedingungen und Motivierung der Schüler ermöglicht, wird auch die Politik des Jahres 2025 mehr Geld für die Schulen zur Verfügung stellen und andererseits den Wettbewerb der pädagogischen Konzepte fördern.

Anstelle großer Visionen und üblicher Wunschträume sind Zukunftsforscher gut beraten bei der Suche nach der Schule 2025 zwei Leitlinien zu beachten. Die Schule soll tatsächlich einen Paradigmenwechsel des Lernens im oben beschriebenen Sinne ermöglichen. Vor allem aber: Die Schule muss auch machbar sein und funktionieren. Und zwar nicht als Eliteschule mit handverlesenen Schülern und Lehrern, die durch exorbitante Schulgelder finanziert wird. Sondern mit den Schülern, Lehrern und Eltern, die es heute bereits gibt. Mit allen Vorurteilen, Bedenken und Lerngewohnheiten, die Eltern, Lehrer, aber auch ältere Schüler aus ihrer eigenen Schullaufbahn mitbringen.

Es gibt sie also nicht: DIE Schule des Jahres 2025! Und doch gibt es klare Trends. Der vielleicht wichtigste darunter wird mit dem Wortungetüm „Ermöglichungspädagogik“ bezeichnet. Was ist das? Wir wollen es am konkreten Beispiel beschreiben. Denn es gibt bereits solch eine Schule, die wesentliche Elemente der von Trendforschern prognostizierten Schule der Zukunft erprobt. Es ist die Evangelische Gemeinschaftsschule Berlin-Zentrum.[56]

Sie ist eine ganz normale Schule, in der allerdings nicht die Lehrer die Hauptrolle spielen, sondern die Schüler. Gute Lehrer entscheiden auch in dieser Schule über den Lernerfolg. Aber die Schüler übernehmen selbst Verantwortung. Zunächst für die Beantwortung der Frage, was sie wann und wie lernen wollen. Doch dabei bleibt es nicht. Die Schüler übernehmen Verantwortung für die Gesellschaft und mischen sich mit „Lernprojekten“ in die Beantwortung der Fragen unserer Zeit ein. Die Lebenswirklichkeit ist der prägende Lehrstoff und die Schüler übernehmen Verantwortung in realen Erfahrungsräumen. Dabei entwickeln sich Einstellungen und Haltungen in der bewusst gelebten Auseinandersetzung mit dem Leben innerhalb und außerhalb der Schule.

Natürlich hat diese Schule Schulfächer. Doch der Begriff „Schulfach“ führt hier in die Irre. Denn gemeint ist etwas anderes als an klassischen Schulen. Ein Schulfach hat zum Beispiel den Titel „Verantwortung“. Jedes Jahr haben die Schüler der 7. und 8. Klassen zwei Wochen Zeit für zivilgesellschaftliches Engagement. Sie wählen sich selbstständig Aufgaben aus, die sie allein oder in kleinen Gruppen bearbeiten. Die Schülerinnen und Schüler arbeiten in der Kita, im Seniorencafé oder unterstützen die Gemeinde als Umweltdetektive. Sie erleben dabei, dass sie etwas bewegen können, und erwerben Kompetenzen wie Verantwortung, Kreativität, Planungs- und Organisationskompetenz, Kooperations- und Kommunikationsfähigkeit, Selbstbewusstsein, Mut und Durchhaltevermögen.

Ein anderes Schulfach heißt „Herausforderung“. Es wird in den Schuljahren 8, 9 und 10 jeweils für drei Wochen außerhalb der Stadt umgesetzt, in der 11. Klasse sogar im Ausland. Ziel ist es, an die eigenen Grenzen zu stoßen und darüber hinauszuwachsen. Die von den Schülern selbst gewählten Projekte sind so angelegt, dass sie nur bei Anspannung aller Kräfte erfolgreich gestaltet werden können und ein erhebliches Maß an Unsicherheit in sich tragen. Die Schüler bekommen 150 Euro zur Verfügung gestellt. Das reicht nicht für einen Zeltplatz oder eine Pension. Daher müssen sie sich darum kümmern, wie sie in dieser Zeit ihr Leben gestalten und eine anspruchsvolle Aufgabe lösen. Etwa wie Henriette, die ohne Französischkenntnisse nach Südfrankreich gefahren ist und dort auf einem Bauernhof für Unterkunft und Verpflegung gearbeitet hat. Andere fahren an die Ostsee und noch weiter mit dem Rad, bei Bedarf unterstützt von Begleitpersonen, die sich dezent im Hintergrund halten. Alles muss von den Schülern selbst organisiert werden und vieles aus der Situation heraus. Üblicherweise kommen die Jugendlichen verändert zurück. Selbstbewusster, mit mehr Verständnis für die Lebenswirklichkeit und mit einem deutlichen Zuwachs der Fähigkeit, auch in schwierigen Situationen selbstständig zu entscheiden und zu handeln. Anders als im normalen Unterricht, aber auf bemerkenswerte Weise effizient, findet in den drei Wochen auch Fachlernen statt. Ganz nebenbei finden naturwissenschaftliche, sozialwissenschaftliche oder historische Themen Eingang in die Gruppendiskussion. Nicht als abstraktes Wissen, sondern als Bestandteil einer konkreten Lösungsstrategie für eine aktuelle Aufgabe oder als Grundlage für das bessere Verstehen einer konkreten Situation.

Eine nicht minder ungewöhnliche Eigenart dieser Schule der Zukunft sind die Lernbüros. Jeden Morgen wählt jeder Schüler der Klassen 7 bis 9, ob er heute eine

Doppelstunde Mathe, Deutsch oder Naturwissenschaft und Gesellschaft lernen will. Entsprechend geht er in eines von vier Lernbüros. Dort erwarten ihn ein Lehrer und Bausteine mit dem Lehrstoff. Das sind Karteikarten, auf denen das Thema aufbereitet ist. Die Bausteine, die von den Lehrern selbst entwickelt wurden, enthalten Erklärungen, Aufgaben, Zusatzmaterialien und Angebote zur Selbstkontrolle. Das Lernen erfolgt individuell, ohne Versagensängste. Jeder Schüler ist handelndes Subjekt seines Lernprozesses und er entscheidet täglich über Fach, Tempo, Rhythmus, Ziel, Zugangsniveau, Schwierigkeitsgrad und ob er allein oder gemeinsam arbeiten will. Sicher ist, dass jeder Schüler eine Leistungskontrolle ablegen muss. Doch den Zeitpunkt, wann das geschieht, legt jeder Schüler selbst fest. Auch das trainiert die Selbstverantwortung. Das kann für manche zur echten Herausforderung werden. Aber die Schülerinnen und Schüler entscheiden ja nicht allein. Sie werden unterstützt durch Lehrer, für die die Beratung ein normaler Teil ihrer Arbeit ist. Für die Lehrer ergibt sich damit eine neue Funktion. Sie sind nicht mehr Wissensvermittler oder Kontrolleure des Lernens, sondern Lernbegleiter, die bei Bedarf zur Verfügung stehen, ohne sich aufzudrängen.

Schulen wie die hier beschriebene werden in den kommenden Jahren bis 2025 neue Prioritäten bei der Gestaltung von Lernprozessen setzen, die sich in erster Linie aus einem veränderten pädagogischen Grundverständnis ableiten. Anstelle von purem Faktenwissen sind die wesentlichen Ziele vielmehr: Individualisierung des Lernens, Ermöglichungsdidaktik anstelle von Belehrungsdidaktik, Lehrer als Lernbegleiter, Verankerung der Schule in der Praxis und die Entwicklung von Handlungskompetenz.

Lernen 3.0

Auf die Gestaltung von Lernprozessen kommen mit großer Vehemenz weitere Veränderungen zu, die alle Bereiche des Bildungswesens von der frühkindlichen Entwicklung bis zur Erwachsenenbildung verändern. Sie ergeben sich aus dem Fortschritt und den Entwicklungen der digitalen Informationstechnologien. Wir reden hier nicht über das leidige E-Learning, das schon vor mehr als 20 Jahren als Hoffnungsträger für die Weiterentwicklung von Lernprozessen galt. Wir reden auch nicht darüber, dass Filme und andere Medien in den Frontalunterricht eingebaut werden.

Wir reden über eine ganz banale Situation: Im Jahr 2025 wird jeder Gegenstand, bei dem dies nützlich erscheint, zu einem Internetgerät geworden sein. Computer, Handys und Bücher sind es heute schon, demnächst kommen Armbanduhren und Brillen, später Tische, Tapeten, Taschen, T-Shirts und vieles andere mehr. Die Schüler und Lehrer des Jahres 2025 werden in einer Umgebung leben, in der die Antwort auf jede Frage immer nur zwei bis drei Klicks entfernt ist. Die Kapazität des Internets übersteigt das Wissen aller Bibliotheken auf dieser Erde bei Weitem und es dauert nur wenige Klicks, um das Wissen über jegliches Themenfeld zu finden. Und mehr noch: Auf all diesen Geräten wird es intelligente Software geben, die automatisch die in jeder Situation wichtigen Fragen erkennt und automatisch die Antwort gibt. Dieser digitale Assistent übernimmt auch auf der Basis unklar formulierter Suchanweisungen die Erkundung der Wissenswelt im Netz und ist in der Lage, mit anderen digitalen Assistenten zu kommunizieren. Da er über ein persönliches Nutzerprofil seines Besitzers verfügt, kann er dessen Vorwissen und Vorlieben bei der Zusammenstellung von Wissen berücksichtigen. Wer sollte in solch einer Umgebung noch Faktenwissen lernen? Und warum?

In der Arbeitswelt ist das Lernen längst zum Teil von

Problemlösungsprozessen geworden. Es erfolgt just in time. Problemlösungsprozesse sind von vornherein darauf angelegt, dass permanent neues Wissen generiert werden muss. Definition der Aufgabe, Feststellung der an der Aufgabenlösung hindernden Wissensdefizite, sofortige Beschaffung des Wissens und sein Einsatz zur Problemlösung bilden eine Einheit. Ist der eine Zyklus beendet, beginnt der nächste. Nicht anders wird es Schülern im Jahr 2025 gehen. Da bleibt wenig Platz für den klassischen Lehrer und sein Faktenwissen. Dafür stellt sich umso mehr die Frage, was eigentlich Grundwissen in dieser Zukunftswelt bedeutet. Was gehört da eigentlich noch dazu, wenn Wissen zu allen Einzelheiten praktisch überall verfügbar ist?

Es gibt natürlich zwei Wege, mit dieser Situation umzugehen. Die Schule könnte die Nutzung von elektronischen Geräten verbieten, so wie sie heute die Nutzung von Handys im Unterricht verbietet. Damit würde sie sich noch weiter von der realen Welt ihrer Kunden verabschieden als heute. Prüfungen in heutiger Form wären kaum noch vorstellbar. In ihnen würde gewinnen, wer die am besten verborgene Technik einsetzt. Wahrscheinlicher ist für die Mehrzahl der Schulen ein anderer Weg: Sie werden offensiv mit Technologie umgehen. Sie werden Prüfungen gleich als Phasen der selbstständigen Problemlösung gestalten, selbstverständlich unter Nutzung des Internets. Zugleich wird nahezu jeder Schüler in einer normalen Schule das Programmieren lernen. „Learn to code" ist international schon heute eine der Hauptforderungen an die Schule der Zukunft.[57] Denn nur wer die Grundzüge des Programmierens kennt, kann die Wirkungsweise von Computern und digitalen Netzwerken tatsächlich verstehen und sie souverän benutzen.

Das Programmieren wird auf diese Weise zu einer neuen Kulturtechnik, wie Lesen und Schreiben, die in der Schule erlernt wird.

Doch damit sind noch lange nicht alle Zukunftsfragen zur Schule beantwortet. Denn wenn das Lernen situativ während der Lösung eines Problems erfolgt, dann liegt das Wissen später in relativ ungeordneter Form vor und der Lernende muss sich bei späterer Verwendung darauf verlassen, dass er intuitiv auf dieses Wissen zugreifen kann. Zumindest dann, wenn wir weiterhin glauben, dass es einer gewissen Basis an Grundwissen bedarf, ist eine ausschließliche Beschränkung auf solche Lernprozesse kaum vorstellbar. Es bedarf der Ergänzung durch systematisch aufbereitetes, strukturiertes und vor allem geprüftes Wissen. Früher gab es das in Lehrbüchern. Dass diese in den kommenden Jahren zu E-Books werden, dürfte niemanden überraschen.

Doch die Entwicklung geht weiter. Im Jahr 2025 wird es zu den von Menschen erstellten Lehrbüchern ernsthafte Alternativen geben. Ihre Vorformen sieht man bereits in der Medienwelt als „Roboterjournalismus“. Die US-Firma Narrative Science hat diese Technologie auf ein neues Niveau gehoben. „Narrative Science“ ist kein Journalist, sondern eine Software, die aus strukturierten Daten eigene Artikel produzieren kann. Eingesetzt wird sie bei der Berichterstattung über Kriminalitäts-, Wirtschafts- oder Sportstatistiken oder über den amerikanischen Wahlkampf. Auf diese Weise produzierte Texte finden sich in der Los Angeles Times ebenso wie im renommierten amerikanischen Magazin Forbes. Experten vermuten, dass auf diese Weise durch Computer generierte Texte in der Lage sind, den Pulitzer-Preis zu gewinnen.[58]

Es liegt nahe, solche Systeme auch für die Produktion von Lerntexten einzusetzen. Vor allem solche, die auf große Datenberge, wie sie etwa in der Klimakunde, in der Geologie, im Sport, bei der Beobachtung des Verbraucherverhaltens oder im Marketing anfallen, zurückgreifen. Die Texte sind hochaktuell, brauchen aber für ihre Erstellung eine gut gefüllte Datenbank. Auf diese Weise werden bis zum Jahr 2025 Computer die Erstellung individueller Lerntexte übernehmen. Doch selbst dort wird die Entwicklung nicht stehenbleiben. Es liegt nahe, dass künftig Computerprogramme für die Konfiguration von Lernszenarien eingesetzt werden. Auf der Basis einer Analyse des individuellen Lernbedarfs werden sie individuelle Lernprogramme erstellen, die ganz auf die Einzelperson bezogen sind.

Link

Präsentation von „Narrative Science"
▶ www.youtube.com/watch?v=VJUcChX9Y7w

15:32 Uhr: Beim Mentor

Wie werde ich glücklich?

„Willst du eine Cola?“ Max schaut seinen Vater verdutzt an. Diese Frage hat er nicht erwartet. Zu Hause würde sein Vater nie fragen, ob er eine Cola will. Im Gegenteil. Da verbietet er sie immer wieder. Vermutlich ist er hier im Berufsmodus. Und der tickt wohl anders. Schnell nickt Max. Bevor sein Vater es sich anders überlegt. „Dann nimm dir einfach eine!“ Peter zeigt zum Tresen an der gegenüberliegenden Wand. Max staunt schon wieder. „Einfach so?“ „Ja. Klar. Einfach so.“ „Ist das eure neue Corporate Garage?“ Peter grinst seinen Sohn an. „Das gehört dazu!“

Er hat eine Ahnung, wie aufregend der Besuch hier in der Firma für seinen Sohn sein muss. Jedenfalls ist Peter früher immer selbst aufgeregt gewesen, wenn er seine Eltern auf der Arbeit besucht hat. Heute hat er Max hierher bestellt, um mit ihm über die Zukunft zu reden. Max’ Zukunft. Denn aus irgendeinem Grund scheint sich sein Sohn nicht auf einen Berufswunsch festlegen zu wollen. Und noch schlimmer: Er weiß noch nicht einmal, was er studieren will. Dabei soll es in fünf Monaten losgehen.

Vor fünf Jahren noch hat Max seinen Eltern mit Science-Fiction-Träumen in den Ohren gelegen. Er wollte „Stardesigner“ werden. Als eine neue Art von Manager wollte er Musiker und Künstler berühmt machen. Aber das ist nur eine kurze Phase gewesen. Nach einigen Folgen der jüngsten Castingshows und ein paar von Peter gezielt eingeschalteten Dokumentation über die Launen der Diven hatte Max einen neuen Wunsch: Ein StartUp wollte er gründen. Branche: egal. Geschäftsmodell: egal. Hauptsache: Gründer!

Das fand Peter damals gut. Er sah seinen Sohn schon an der Stanford University studieren und in der Bay Area rund um San Francisco eine Firma nach der anderen gründen. Aber dann schickte Max ihm einen Link zu diesem Artikel im Harvard Business Review und fragte, was damit wohl gemeint sei. Der Aufstieg der „Corporate Garages“ war dort beschrieben. Im Grunde genommen handelte der gesamte Artikel vom Niedergang des Silicon Valley. Die These war: Weil die großen Unternehmen inzwischen verstanden hatten, wie man starke Innovationen auch innerhalb des Konzerns starten konnte, gab es keine Notwendigkeit mehr für StartUps in den Garagen des Valley. Stattdessen waren die Konzerne jederzeit in der Lage, kluge Ideen und kluge Köpfe vom Markt wegzukaufen, noch bevor die überhaupt etwas gründen konnten. Max schaute reichlich frustriert, als Peter ihm beim Sonntagsfrühstück vor zwei Wochen den Trend bestätigte. „Und wie funktioniert so eine Corporate Garage?“, hat er gefragt. „Komm mich in der Firma besuchen. Ich zeige es dir“, hat Peter geantwortet. Und nun ist Max hier.

Peter geht es natürlich nicht darum, seinem Sohn zu zeigen, dass bei seiner Firma „Nextgen“ jeder Mitarbeiter und Besucher jederzeit und kostenlos an den Kühlschrank gehen darf. Zwar ist dies ein wesentlicher Bestandteil des Corporate-Garage-Spirits. Denn im Prinzip geht es dabei um nichts anderes, als den Mitarbeitern das Gefühl zu geben, dass sie in einer großen Familie sind. Und ein wichtiger Teil des Familiengefühls ist, dass man sich fühlt, als wäre man bei den Eltern zu Besuch. Dort bedeutet Vertrautheit auch, dass jeder selbstverständlich den Kühlschrank öffnet und in jedes Zimmer geht. Deshalb sind auch bei Nextgen alle Türen unverschlossen und Essen und Trinken kostenlos für alle. Die Botschaft: „Wir sind deine Familie!" Doch heute hat Peter mit seinem Sohn einen ganz anderen Plan.

„Da seid ihr beiden ja", dröhnt es durch die Empfangshalle. Max schaut erschrocken auf den brummigen Kerl, der mit breitem Grinsen auf sie zusteuert. Im Augenwinkel sieht er noch, wie sein Vater sich das Grinsen zu verkneifen versucht. „Hallo Markus", ruft Peter dem Bären von einem Mann entgegen. „Mach nicht so laut. Du erschreckst ja schon wieder alle!" Statt einer Antwort streckt der Bär Max seine Hand entgegen. „Hallo, ich bin Markus", sagt er. „Max", antwortet Max kleinlaut. „Markus ist mein Mentor", erklärt Peter seinem Sohn. „Das ist der, von dem ich schon oft erzählt habe."

Max nickt. Er kennt die Geschichte. Jeder Teamleiter bei Nextgen hat einen Mentor, egal wie alt und egal wie erfahren er ist. „Jeder Fußballprofi hat sogar mehrere Coaches, egal wie alt er ist!", hat sein Vater im zugerufen, als er Max' fragenden Blick sah. „Auch Nextgen spielt in unserer Branche in der Bundesliga. Also brauchen auch unsere Profis ihre Coaches." Seit Max vor einigen Tagen diese Begründung von seinem Vater gehört hat, überlegt er, ob er das richtig finden soll. Er ist sich noch nicht sicher. Auf jeden Fall aber sind diese Mentoren wohl Teil der Corporate-Garage-Strategie.

Peter zeigt auf eine der gemütlichen, bunten Lounge-Ecken im hinteren Teil des Foyers. „Setzen wir uns", sagt er und geht los. „Sag mal, Markus, Max kann sich nicht so richtig entscheiden, was er studieren soll. Hast du einen Tipp für ihn?" Sie sind noch gar nicht in ihrer Lounge angekommen, da ist Peter schon mit der Tür ins Haus gefallen. Sein Sohn verdreht die Augen. Doch Markus scheint ein entspannter Typ zu sein. „Am besten das Leben!“, ist sein erster Satz. Peter schaut irritiert. Doch Markus lässt sich nicht stören: „Mein Professor hat uns damals empfohlen, wir sollten lieber in die Kneipe gehen statt in den Hörsaal. Da würden wir mehr vom Leben lernen.“ Max vergisst vor Staunen seinen Mund zu schließen, während sein Vater versucht die Richtung des Beratungsgesprächs zum Guten zu wenden: „Ja, aber du hast damals auch Politikwissenschaft studiert. Und nichts Richtiges!“ Peter grinst seinen Mentor an. Markus grinst zurück.

„Nein, du musst natürlich etwas Richtiges studieren“, lenkt Markus ein. Er schaut Max direkt in die Augen. „Wie ist dein Englisch?“ „Ganz gut“, gibt Max zurück. „So gut, dass du damit auf Englisch studieren könntest?“ Max schüttelt den Kopf. „Okay, dann musst du nach Amerika. Dort lernst du das.“ Peter strahlt. Max nicht. „Wenn du dich für Innovation interessierst, dann hast du eigentlich zwei Möglichkeiten. Entweder du suchst dir ein Spezialgebiet in der Materialkunde oder Biochemie oder Genetik ... was dich interessiert! Dann wirst du zum absoluten Spezialisten, machst noch ein bisschen Innovationsmanagement nebenbei und gründest ein Unternehmen. Oder du studierst Internationales Management zusammen mit Philosophie. Aber dann bitte nicht diese langweiligen BWL-Themen, sondern Management als Kulturwissenschaft. Dann kannst du irgendwann Unternehmen wirklich verstehen und führen. Auf jeden Fall würde ich aber empfehlen, dass du dir ein Unternehmen suchst und dein Studium in Verbindung mit der Praxis in diesem Unternehmen machst.“ Max nickt. Daran hat er tatsächlich auch schon gedacht. Aber welches Unternehmen?

Peter scheint noch nicht zufrieden mit der Entscheidungsfindung seines Sohnes. „Aber das sind ja eher die Studiengänge, die wir schon ewig kennen. Haben die wirklich Zukunft?" Und schnell fügt er hinzu: „Wäre es nicht besser, etwas mit Öko und Nachhaltigkeit zu nehmen?" Markus erwidert seinen fragenden Blick mit dem gleichen Gesichtsausdruck. „Das kann man natürlich machen. Aber ich persönlich denke, dass der Trend des nachhaltigen Wirtschaftens langsam durch ist. Inzwischen steckt doch überall ein bisschen Nachhaltigkeit mit drin. Ich glaube nicht, dass wir in Zukunft noch Nachhaltigkeitsspezialisten brauchen. Da gibt es andere Trends …"

„Machen diese Zukunftstrends uns eigentlich glücklich?" Die Frage platzt auf den Tisch wie ein Knall. Stille. Ab jetzt ist kein Platz mehr für das oberflächliche Geplänkel der alten Herren. So viel ist klar. Es waren nicht sie. Sondern es war Max, der die 100.000-Dollar-Frage gestellt hat.

Gibt es eine ehrliche Antwort darauf? Ist die Antwort, dass die meisten Innovationen nicht in unser Leben kommen, weil sie sich irgendwer gewünscht hat oder weil sie die Menschen glücklicher machen? Ist die Antwort, dass Trends dort entstehen, wo Unternehmen sich überlegen, welche Bedürfnisse ihrer Kunden sie in der Zukunft erfüllen und was sie den Kunden verkaufen können? Ist die Antwort, dass Trends das Leben oft besser machen? Sie steigern die Qualität des Lebens, aber nicht das Glück! Und sind Trends, die uns nicht glücklich machen wollen, nicht völlig überflüssig?

Markus findet als Erster seine Sprache wieder: „Ich glaube, Glück ist keine Frage von Trends, sondern eine Frage des Empfindens und der Zufriedenheit", beginnt er. „Glück kommt nie von außen. Es kommt immer von innen. Deshalb gibt es auch nichts auf dieser Welt, das uns glücklich machen kann. Weder ein Trend noch ein Studium noch ein Mensch. Nur unser eigenes Denken bringt uns das Glück." In Max'

Gesicht spiegelt sich irgendetwas zwischen Enttäuschung und Interesse. Doch sein Vater ist es, der den Gedanken aufgreift: „Das stimmt", sagt er in die Runde „in den Glücksstudien sind immer die armen Länder ganz oben. Ich war ja mal in Kuba. Max, du warst damals drei Jahre alt. Jenny war noch nicht geboren. Damals brauchte ich mal eine Auszeit und bin drei Wochen lang alleine und nur mit einem Rucksack durch Kuba getrampt. Das war damals noch ein echt armes Land. Nicht zu vergleichen mit heute. Aber damals habe ich ziemlich viel über das Glück gelernt. Denn die Menschen, die ich getroffen habe, besaßen alle das Gleiche. Jeder hatte genau zwei T-Shirts und zwei Hosen. Nicht mehr. Die mit den Löchern war für den Alltag. Die ohne Löcher für den Tanz am Sonntag." Peter macht eine bedeutungsschwere Pause. Er genießt, wie sein Sohn an seinen Lippen hängt.

„Das Verrückte war", erzählt er weiter, „die Menschen lachten, flirteten und waren glücklich! Ich habe nie in meinem Leben deutlicher gespürt, dass Glück nichts mit Besitz zu tun hat. Ich bin damals auf der Laderampe von Lkws über die staubigen Pisten quer durch Kuba gefahren und habe verstanden, dass Glück nicht das Ergebnis von Besitz ist. Glück entsteht durch Vergleich. Es scheint so zu sein, dass wir Menschen glücklich sind, wenn wir uns mit unseren Nachbarn vergleichen und diese auch nicht mehr haben, als wir selbst. Selbst wenn das nur ein T-Shirt mit Löchern und eins ohne ist." Markus nickt: „... und deshalb sind es nie die Trends, die zum Glück führen. Das Glück beginnt dann, wenn wir das alltägliche Vergleichen in unserem eigenen Kopf so steuern können, dass wir am Ende nicht als Verlierer dastehen. Die wichtigste Frage ist also: Mit wem vergleichst du dich?" Alle Blicke zielen jetzt auf Max. Doch der scheint mit seinen Gedanken an einem ganz anderen Ort zu sein. Woran denkt er?

Zukunft: Berufswahl

Auf der Suche nach der Corporate Garage

Die Frage nach der Innovation in Unternehmen ist eine trügerische Frage. Denn schon beim Wort „Innovation" reden wir eigentlich aneinander vorbei. Es gibt auch in der Innovation, wie in so vielen Dingen des Lebens, unterschiedliche Stärken. Es gibt schwache Innovationen, wie Neudesigns, Facelifts oder Verbesserungen eines bestimmten Produktes. Diese schwachen Arten von inkrementeller Innovation lassen sich durch durchdachte Innovationsprozesse in Unternehmen ganz ordentlich managen. Hier werden Kunden und Partner einbezogen, wie bei „Open-Innovation" oder bei „Lead-User"-Ansätzen – dies führt meist zu besseren Ergebnissen als die klassische Marktforschung.

Daneben gibt es auch die etwas stärkeren Arten von Innovation. Dies sind oft technologische Neuentwicklungen von Gerätegenerationen mit zusätzlichem oder verbessertem Nutzen. In diesem Bereich finden sich zumeist jene ingenieurgetriebenen Innovationen, mit denen die deutsche Wirtschaft international in den vergangenen Jahren international punkten konnte und zwischenzeitlich Exportweltmeisterin wurde. Doch die wirklich starken Innovationen sind andere!

Die vergangenen Jahre haben gezeigt, dass die echten Markteroberungen durch eine andere Art von Innovation in die Welt kommen. Sie haben selten mit perfektionierter Technologie oder Kundenwunschanalysen zu tun. Sie entstehen vielmehr aus einer Neudefinition der Grundregeln einer Branche. Auf diese Weise kommen neuartige Geschäftsmodelle zustande, die die etablierten Akteure einer Branche von außen angreifen. Es sind nicht Prozesse oder Forscher, die diese Innovationen in die Welt bringen. Es sind Menschen, die die existierenden Regeln der Märkte nicht akzeptieren, diese Regeln brechen und neu schreiben. Es sind die Steve Jobs (Apple), Bill Gates (Microsoft), Mark Zuckerbergs (Facebook), Larry Pages und Sergej Brins (Google). Wir nennen sie Rulebreaker.[59]

Die vergangenen 30 Jahre waren geprägt vom Aufstieg dieser disruptiven Art des Unternehmertums. Das Silicon Valley mit seiner engen Verflechtung der besten Studenten, StartUp-orientierten Professoren und innovationshungrigen Geldgebern und seinen Mythen von Unternehmensgründungen in Garagen ist das beste Beispiel dafür. Es steht für die eine starke Spielart der Innovation, die auf einer Schwäche der großen Konzerne beruht. Denn die Entrepreneurs-Szene konnte nur entstehen, weil Großkonzerne aufgrund ihrer behäbigen Strukturen zu langsam waren, um neue Geschäftsmodelle zu probieren. Dies gab den Gründern die Zeit, die sie brauchten, um unterstützt mit dem großen Geld von Venture Kapitalisten, ihre neuartigen Geschäftsmodelle so weit aufzubauen, bis sie den Etablierten gefährlich werden konnten. Wenn es so weit war, dann ließ sich entscheiden, ob Gründer und Finanziers mit einem großen „Exit" an einen etablierten Konzern verkaufen und zu Multimillionären werden oder ob sie Lust daran fanden, ihre Idee weiterzubetreiben und den etablierten Konzernen mehr und mehr deren Marktanteile streitig zu machen.

Diese Denkweise ist auch jene, die Max im Jahr 2020 noch verfolgte. Der große Traum von einer StartUp-Gründung beherrscht bis dahin die Köpfe der jungen Wilden in der Wirtschaft. Doch schon in den Jahren bis 2020 deutet sich eine Veränderung an. Es gibt drei Gründe[60], warum sich die Logik der durch Venture Capital finanzierten Entrepreneure verändern wird.

Der erste Grund sind die sinkenden Kosten und die immer einfachere Kopierbarkeit von Innovationen. Dies führt dazu, dass ein junges StartUp-Unternehmen, sobald es bekannt wird, mit einer Reihe von sogenannten Copycats zu kämpfen hat. Der einzige Weg, in diesem Kampf zu bestehen, ist Schnelligkeit. Dies wiederum verhindert langfristiges Denken und Entwicklungen. Stattdessen werden schon heute viele der StartUp-Gründer durch kurzfristige Zwänge von Milestone zu Milestone getrieben. Damit haben sie dasselbe Problem wie etablierte Konzerne. Also: keinen Vorteil mehr.

Der zweite Grund ist, dass etablierte Konzerne lernen. Langsam, aber sie tun es. In den kommenden Jahren werden sie mehr und mehr verstehen, wie sie eine Denkweise von Entrepreneuren in ihre eigene Organisation integrieren können. Sie werden im Bereich der disruptiven Innovationen ihre starren Prozesse zugunsten unabhängiger Rulebreaker-Teams ohne Hierarchie und Reportingpflichten auflösen.

Und der dritte Grund liegt in der Art der Innovationen selbst. Dies waren in den frühen Zeiten der Silicon-Valley-Ära völlig neuartige Produkte und neue Services, die weit weg von den Denkweise und Stärken der etablierten Konzerne waren. Doch mit fortschreitender Zeit werden diese Innovationen immer weniger produktzentriert, sondern definieren die Geschäftsmodelle neu. Damit wiederum sind sie aber nah an den Stärken der etablierten Konzerne.

Kurzum: Es gibt eine gewisse Wahrscheinlichkeit, dass die Rulebreaker der Zukunft die Verwirklichung ihrer Visionen nicht mehr in der Gründung eines StartUps und der Suche nach Venture Capital finden. Stattdessen steigt die Wahrscheinlichkeit, dass sie noch vor Gründung eines eigenen Unternehmens von den etablierten Konzernen weggekauft werden. Es wird ihnen nützlich sein, die Ressourcenmacht der Konzerne für ihre Vision zu nutzen. Natürlich wird es nicht einfach sein, die Strukturen der etablierten Unternehmen so aufzubrechen, dass sie für radikale Innovationen geeignet sind und Rulebreaker in ihren Reihen dulden. Doch dafür werden in den Konzernen sogenannte Corporate Garages aufgebaut, die wie ein StartUp ticken.

Einen seltenen und interessanten Einblick in die Denkweise bei Umbau der Innovationskultur in Konzernen gab es im Sommer 2012, als die ehemalige Google-Topmanagerin Marissa Mayer als Vorstandsvorsitzende zum eher rückständigen Konkurrenten Yahoo wechselte. Als erste Maßnahme führte sie gratis Essen und Trinken in der Kantine ein. Später ließ sie Räume und Arbeitsplätze kollaborativer gestalten. Und ein halbes Jahr später sorgte sie gar dafür, dass die Heimarbeit der Yahoo-Mitarbeiter eingeschränkt wurde. Die Strategie in nahezu allen besonders innovationsfreundlichen Unternehmen scheint immer gleich: Sie behandeln ihre Mitarbeiter wie eine große Familie. Für Familienmitglieder ist es ebenso selbstverständlich, in den Kühlschrank zu greifen, wie jede Tür öffnen zu können. Auf der anderen Seite wird von Mitarbeitern erwartet sich in die Familie zu integrieren.

Auf diese Weise brechen die Konzerne in den kommenden Jahren mehr und mehr in ein Gebiet ein, das bislang den Entrepreneuren und Venture Capitalists gehörte. Die Venture-Capital-Gesellschaften sollten schon heute neue Strategien erschließen, wie sie in Zukunft investieren können. Für die besten der Entrepreneure wird das nicht negativ sein. Sie werden die Wahl haben: Sie können einerseits ihrem Patchwork-Arbeitsleben frönen und als hochgefragte Projektarbeiter von Unternehmen zu Unternehmen ziehen. Überall werden sie mit Freude in die „Familie“ aufgenommen werden. Die Entscheidung für oder gegen eine bestimmte Arbeitsstelle wird nicht mehr nach den herkömmlichen Klischees der Bezahlung oder Work-Life-Balance getroffen. Deshalb sei hier nochmals der neue Kriterienkatalog für die Projektarbeiter des Jahres 2025 zur Entscheidung über künftige Jobs zusammengefasst:

1. Ist das Projekt für mich eine Herausforderung?Is it intellectually stimulating?
2. Macht die Aufgabe Sinn? Is it a problem worth solving?
3. Arbeite ich mit interessanten Menschen zusammen? Are there nice people?

16:41 Uhr: Im Café

Wer, wenn nicht ich?

„Du, Papa?!“ Peter stutzt. Diesen bittenden Tonfall hat er von seinem Sohn schon lange nicht mehr gehört. „Können wir vielleicht noch einen Kaffee trinken gehen?“ Jetzt muss Peter stehen bleiben. Diese Frage hat er überhaupt noch nie von seinem Sohn gehört. Überhaupt: Seit wann trinkt Max gern Kaffee?

Nach dem Gespräch mit Markus hat Peter noch schnell seine Sachen geholt. Max hat im Foyer auf ihn gewartet. Das war schon auffällig. Normalerweise verabschiedet sich sein Sohn nach gemeinsamen Treffen schnell und geht seiner eigenen Wege. Aber heute wollte er scheinbar mit seinem Vater mitfahren. Hat Peter bis gerade eben noch gedacht. Doch offenbar will Max nicht mitfahren, sondern hat Redebedarf. „Na klar, jederzeit!“, hört sich Peter sagen. „Gehen wir in den ‚Telegraph‘?“ „Mhm!“ Irgendwie scheint der Junge nachdenklich zu sein. Und als er dem forschenden Blick seines Vaters nicht mehr ausweichen kann, ergänzt er: „Ich muss dich in Ruhe etwas fragen, Papa!“

Fast hätte Peter laut gejauchzt vor Glück. Das hat es noch nie gegeben. Sie sind schon zusammen bei Konzerten gewesen und haben im Urlaub auch schon mal zusammen ein paar Biere getrunken. Aber so direkt um Hilfe zu fragen, das passt eigentlich gar nicht zu seinem Sohn. Ob etwas Schlimmes passiert ist? Wird er gar schon jetzt Großvater? Auf jeden Fall muss es etwas Besonderes sein.

Der „Telegraph“ ist Peters Lieblingscafé. Die Firma ist direkt um die Ecke, der Blick aus dem Fenster geht weit und unverstellt über den Stadtpark. Außerdem ist hier der Stammtreff der Afterwork-Grüppchen von Nextgen. Also genau der richtige Ort für ein Vater-Sohn-Gespräch. Insgeheim hofft Peter, als er die Eingangstür zum Café aufzieht, dass jetzt ein paar Freunde und Kollegen da sein mögen. Er mag es, mit seinem Großen gesehen zu werden. Warum eigentlich? Ob der mit diesem Habitus vielleicht nur sein schlechtes Gewissen beruhigt? Grund dafür hätte er: Er hat in den vergangenen 18 Jahren ja nicht immer viel Zeit für Max gehabt. Der schnelle Blick durch den Raum sagt ihm, dass heute keiner seiner Kollegen hier ist. „Vielleicht noch nicht!“, denkt Peter schnell und tritt an den Tresen. „Einen Latte Macchiato, bitte. Und für dich?“ „Ich nehme einen einfachen Kaffee. Schwarz!“ Den schwarzen Kaffee hat Peter früher auch immer bestellt. Er lächelt, als er sein Handy an die Kasse hält.

„Papa, ich muss dir was sagen“, beginnt Max, als sie an dem kleinen runden Tisch mit den bequemen Ohrensesseln sitzen. Peter nickt ihm aufmunternd zu. Offensichtlich fällt es Max schwer, seinen Vater so direkt zu fragen. „Ich habe mich entschlossen im Oktober als Bürgermeister zu kandidieren!“ „Du hast waaaaaaas?“ Für Bruchteile von Sekunden entgleitet Peter die Kontrolle über sein Gesicht. „Wieso das denn?“ Peter bereut seine Frage, noch bevor er sie fertig ausgesprochen hat. Er sieht die Enttäuschung in Max’ Gesicht. Vermutlich hatte der auf mehr Begeisterung seines Vaters gehofft.

„Ich finde den alten Traditionalisten muss sich hier mal jemand entgegenstellen“, erklärt Max. Peter schluckt. Natürlich hat sein Sohn recht. In der Stadt gibt es schon seit Jahren nur noch alte Politiker. Keiner der Kandidaten ist unter 50, selbst bei den Grünen und den Piraten. Entsprechend altbacken und konservativ sind auch die Versprechen. „Wir können hier doch nicht alles den Alten überlassen!“, hört er seinen Sohn noch sagen und gibt scheinbar entrüstet zurück. „Aber du weißt schon, dass ich auch 57 bin?!“ „Ja, ja, aber du bist ja nicht so verknöchert.“ „Na, vielen Dank!“ Dieses Geplänkel diente nur dazu, Zeit zu gewinnen.

„Bist du in einer Partei?“ Max schüttelt den Kopf. „Mhm, und was meinst du, kannst du dann mit deiner Kandidatur bewegen? Gewinnen wirst du ja wahrscheinlich nicht“, eröffnet Peter den ernsthaften Teil des Gesprächs. „Na ja, ich glaube, dass man auf lokaler Ebene wirklich noch Gestaltungsspielraum hat!“ Was für ein Wort. „Gestaltungsspielraum!?“, Peter zieht das Wort absichtlich in die Länge und schickt einen scharfen Blick zu seinem Sohn hinüber. „Jetzt fang aber nicht heute schon an, wie ein Politiker zu reden!“ Entschuldigend zuckt Max mit den Schultern. „Was ich meine, ist, dass der Oberbürgermeister hier mit kleinen Dingen wirklich eine Menge bewegen könnte. Wenn es nur überall in der Stadt ein kostenloses WLAN gäbe, wenn die Busse kostenlos nutzbar wären, das Parken kostenlos wäre und auch Kindergärten und Schulen kostenlos wären, dann wäre das sofort eine ganz andere Stadt. Es wäre eine Stadt der Jungen, eine Stadt der Kinder!“ Max ist immer schneller geworden, fast hat er sich schon in Rage geredet. Peter schaut staunend auf seinen Sohn. Das Überzeugungspotenzial hat er, ganz ohne Frage.

„Aber dir ist schon klar, dass die Leute dich als Erstes fragen werden, wie du das alles bezahlen willst …?“ Max unterbricht Peters Frage sofort. „Natürlich“, erklärt er genervt, „ich habe mir den Haushalt schon angeschaut. Da ist jede Menge Kürzungspotenzial drin. Besonders bei den gigantischen Zuschüssen für die Altenpflege und die Oper." Peter wiegt den Kopf: „Ausgerechnet die Lieblingsprojekte der Alten willst du streichen? Na, dann zieh dich warm an. Die werden mit Händen und Füßen um ihre gute alte Heimat kämpfen."

„Aber Papa!", jetzt klingt Max fast ein wenig überheblich. „Was ist denn Heimat? Heimat ist doch nicht mehr ein Ort! Die Zeiten, in denen die Menschen ihr Leben am gleichen Ort beendet haben, an dem sie als Kinder groß geworden und als Erwachsene sesshaft geworden sind, die sind doch schon lange vorbei. So hast du doch schon nicht mehr gelebt. Und die heutige Jugend schon gar nicht!" Peter schmunzelt. Natürlich hat sein Sohn recht. „Erzähl weiter!", ermuntert er ihn.

„Unsere Stadt soll eine neue Art von Heimat werden. Wir müssen nicht den trägen Immer-Hiergebliebenen eine Heimat bieten, sondern den Interessanten, den Aktiven, den Jobnomaden. Den guten Leuten in deiner Firma, die überall auf der Welt arbeiten könnten!" Peter fühlt in sich so etwas wie Begeisterung hochsteigen. Sein Sohn war wirklich gut! „Und wie willst du das machen?"

„Als Erstes müssen wir mehr Englisch sprechen. Das muss so normal werden wie Deutsch. Und zwar überall: in der Schule, in Läden und auf der Straße. Dann müssen wir akzeptieren, dass die interessanten Leute in die Welt ziehen wollen. Die Heimat darf kein Ort mehr sein, der die Menschen festhält. Wir müssen sie abstoßen und wieder anziehen." Dieser Satz kommt Peter sehr bekannt vor. Dies ist genau seine HR-Strategie für seine höchstqualifizierten Mitarbeiter. Max scheint Peters Stirnrunzeln bemerkt zu haben. Er hebt die Stimme und legt noch einmal nach: „Wer Heimat heute noch als Traditionsgeschwätz zwischen

Trachtenhosen und Jodelarien versteht, der degradiert sich selbst zum Museum."

Jetzt kann Peter nicht mehr an sich halten. Lachend prustet er über den Tisch. Max schaut ihn erschrocken an. „Habe ich was Falsches gesagt?" „Nein, nein!", Peter versucht seinen Sohn zu beruhigen. „Alles okay. Du klangst nur schon so wie ein Bürgermeisterkandidat auf der Marktplatzbühne." Tatsächlich hätte Peter seinem Sohn diese sprühende Begeisterung gar nicht zugetraut. „Wie wenig ich ihn doch noch kenne", geht es Peter durch den Kopf. Als Bürgermeisterkandidat wird Max zwar keine Chance haben, aber es wird eine großartige Erfahrung für ihn sein. Das Talent hat er jedenfalls. Ohne jeden Zweifel! Und wer weiß, vielleicht zwingt er die Alten ja wirklich wenigstens etwas in seine Richtung zu denken. Peter schaut seinem Sohn direkt in die Augen: „Ich finde, du solltest das machen. Meine Stimme hast du schon!" Jetzt ist es Max, der strahlt.

Zukunft: Heimat

Die Aufgaben des Customer-Care-Bürgermeisters

Es war ein magischer Moment: Eine Gruppe von Innovations chefs aus verschiedenen Branchen saß im Wolfsburger Schloss beim Zukunftskongress des 2b AHEAD ThinkTanks zusammen. Ganz am Ende …, als eigentlich schon alles über die Zukunft des Jahres gesagt war, als 250 Innovationsköpfe ihre Visionen diskutiert hatten, als alle Show Cases von Zukunftsprodukten gezeigt waren und alle Awardgewinner ihre Preise in Empfang genommen hatten …, ganz am Ende wurde an einen der wohl profiliertesten Köpfe der Runde eine Frage gestellt: Was er glaube, welche Bedeutung für ihn in Zukunft der Begriff „Heimat“ hätte. Premal Desai, der Leiter der Konzernentwicklung bei der ThyssenKrupp AG schaute zuerst etwas ungläubig in die Runde. Offenbar überlegte er, ob seine Meinung hier wohl „politically correct“ wäre. Dann entschied er sich für die Wahrheit. Zum Glück!

„Für Leute wie mich gibt es keine Heimat“, sagte er. Vielleicht war diese Antwort sogar erwartbar von einem Mann, der indischer Abstammung ist, in Tansania geboren wurde, in Kenia und Deutschland aufwuchs und heute für seine Arbeit beinahe wöchentlich den Kontinent wechselt. Doch das Erstaunliche in diesem Moment für die Zuhörer war: Es klang nicht bedauernd. Keineswegs! Und Premal Desai fügte stolz hinzu, dass das auch für seine Frau und seine vier Kinder gelte. Heimat spiele für ihn keine Rolle mehr in dieser globalisierten Welt.

Premal Desai lebt heute schon in einer Art, wie wir Trendforscher sie für das Jahr 2025 prognostizieren. 30 bis 40% der Bevölkerung werden als sogenannte Projektarbeiter leben. Sie ziehen wie Jobnomaden von einem Projekt zum nächsten, von einem Unternehmen zum nächsten, von einer Herausforderung zur nächsten. Sie haben bis zu 20 verschiedene Unternehmen in ihrem Lebenslauf, und zwar nicht, weil sie angeblich prekäre Arbeitsverhältnisse erleiden müssen. Im Gegenteil: Sie leben diesen Stil, weil sie es so wollen! „Wenn die Innovationszentren unserer deutschen Unternehmen irgendwann in den nächsten Jahren nach Rio de Janeiro oder nach Bengalore ziehen, dann ziehen wir eben auch dahin“, sagt Premal Desai.

Man darf ihn nicht falsch verstehen. Es ist keinesfalls so, dass die Jobnomaden das Gefühl des Nach-Hause-Kommens nicht kennen und schätzen. Das tun sie sehr wohl. Aber sie zeigen uns, dass unser Verständnis von „Heimat“ Schritt für Schritt ein anderes wird. Früher dachten wir, Heimat sei dort, wo wir als Kinder aufgewachsen sind und wo unsere Eltern heute noch wohnen. Doch die Zeit, in der Eltern zwischen 30 und 40 sesshaft werden und den Rest ihres Lebens an diesem Ort verbringen, die neigt sich dem Ende zu. Die Gleichzeitigkeit zwischen dem Ort des Aufwachsens und dem Wohnort der Eltern wird 2025 kaum noch verbreitet sein.

Deshalb werden wir den Begriff von „Heimat" umdefinieren müssen. Heimat zu sein heißt für eine Region im Jahr 2025, dass man auch jenen hochqualifizierten Menschen ein Zuhause bieten kann, die wie Premal Desai überall in der Welt leben. Damit sie sich bei uns heimisch fühlen, muss es zunächst selbstverständlich sein, dass wir so normal wie Deutsch auch Englisch sprechen. Und zwar überall, in der Schule, in Läden und auf der Straße.

Es gibt viele lebenswerte Plätze auf der Welt. Wer aber Menschen wie Premal Desai ein Zuhause bieten will, in das er immer wieder gern zurückkommt, der wird genau diese Region auf seiner persönlichen Landkarte des Lebens darstellen müssen.

Die Heimat wird kein Ort mehr sein, der die Menschen festhält. So verstandene Tradition ist hemmend für die Innovationskraft von Regionen und von Unternehmen. Wir Trendforscher kennen dafür Hunderte Beispiele: Warum wurde der Düsenantrieb nicht vom Propellerhersteller erfunden? Warum der Kugelschreiber nicht vom Füllfederhalter-Hersteller? Und das iBook nicht von Buchverlagen? Und wieso hat jeweils nicht nur eine neue Technologie die alte abgelöst, sondern zugleich auch die traditionsreichen Herstellerunternehmen von Propellern und Füllfederhaltern in die Bedeutungslosigkeit geschickt? Die Buchverlage werden folgen!

Die Antwort ist: Es gibt in den Entwicklungsprozessen klar bestimmbare Stellen, an denen Traditionen höchst hinderlich sind. Das sind jene Situationen, in denen wir mit neuen Technologien und Trends konfrontiert werden. Es ist rational vollkommen erklärlich, dass in einer solchen Situation das Management eines Traditionsunternehmens oder einer Region den neuen Trend schlicht ignoriert. Denn man würde ja seine „Marktführerschaft" aufs Spiel setzen, wenn man für den neuen Trend die alte Tradition vernachlässigen würde. Wie gesagt: logisch! ... Und dennoch führt diese Verteidigung der Tradition zum Niedergang![61] Grund für dieses Dilemma sind Führungskräfte, die in der Bewertung neuer Trends einen höchst menschlichen Fehler machen. Sie vergleichen nicht nur das Potenzial der neuen Trends und alten Traditionen, sondern geben der alten Tradition „Zusatzpunkte". Denn sie rechnen ihre persönliche Investition an Lebenszeit und Kraft mit ein, die es brauchte, jener alten Tradition zur Blüte zu verhelfen.

Dies ist der Grund, warum wir Trendforscher es immer wieder sehen, dass gestandene hochdekorierte Manager in ihrer Bewertung künftiger Geschäftsmodelle falscher liegen als komplette Seiteneinsteiger, die von der Branche nahezu kaum eine Ahnung haben. Dies sind die Momente, in denen einem Trendforscher fast der Atem stockt. Denn diese klar sehenden Seiteneinsteiger legen mit ihren neuen Visionen zuweilen die Lebensleistung mehrerer Generationen in Schutt und Asche. Doch schuld sind nicht sie. Schuld ist eine falsch verstandene Traditionskultur, die nicht versteht, dass eine Tradition nur dann blüht, wenn sie permanent auf die neue Zeit übersetzt und mit neuer Vision neu erfunden wird. Oder anders gesagt: Jede Tradition hat vermutlich mit einer Vision begonnen, aber selten eine Vision mit einer Tradition.

Heimat des Jahres 2025 hat kaum etwas mit Tradition zu tun! Sie hat mit Menschen zu tun. Und mit Wertschätzung für diese Menschen. Und sie hat mit innovativen Gedanken zu tun. Diese Gedanken kreisen um die Frage, wie eine

Region seine Liebsten gezielt abstoßen kann, damit sie die Chance hat, diese Menschen etwas später wieder anziehen zu können. Denn nur jene Regionen, die wirklich eine Vielzahl interessanter Persönlichkeiten beheimaten, werden auch weitere anziehen können. Wege dahin sind wirklich visionäre Stadtentwicklungsansätze, beste Schulen für Jugendliche, kostenlose Angebote für Kinder, ein kostenloser öffentlicher Personennahverkehr, Kultur und weitgehend deregulierte Möglichkeiten zur Entfaltung von Kreativität und Business.

Um es ganz klar zu sagen: Für den Erfolg von Unternehmen wird die Performance ihres Standortes und ihrer Region in Fragen von Attraktivität und Lebenswert eines der entscheidendsten Kriterien sein. Die Bedeutung von Stadt- und Kommunalpolitik des Jahres 2025 reicht weit über den in der Vergangenheit oft beschränkten Verfügungsrahmen mehr oder minder engagierter Stadtratsdebatten hinaus.

Die moderne Heimat des Jahres 2025 wird vielmehr ein Ort sein, der wie ein „Magnet für freie Radikale" funktioniert: Doch was muss eine Region tun, um eine solche Heimat zu bieten? Nichts anderes als Universitäten, die heute Alumni-Programme betreiben, Unternehmen, die After Sales Marketing betreiben, und Händler, die mit smarter Prognostik die unausgesprochenen Bedürfnisse ihrer Kunden analysieren. Wer seine Region für die Generation von Premal Desai attraktiv machen will, der braucht ein gigantisches Kontaktnetzwerk, Empathie und ein großes Datenanalysesystem. Nichts anderes tun große Unternehmen mit ihren CRM- und Business-Intelligence-Systemen. Deshalb ist die entscheidende Frage nach der neuen Heimat des Jahres 2025 die Frage, in welchem Bürgermeisterressort dieses Einwohner-CRM-System wohl angesiedelt sein wird? Wer Heimat ernst meint, der sollte mit der Wahl eines „Customer-Care-Bürgermeisters" beginnen!

Link

ThyssenKrupp Chefinnovator Premal Desai zur Neudefinition von Heimat

▶ www.2bahead.com/nc/tv/rede/video/premal-desai-leiter-konzernentwicklung-bei-thyssenkrupp-zur-zukunft-der-westlichen-welt/

16:55 Uhr: Bei der Kinderfrau

Romantische Gefühle

Ganz hinten, wo die meisten der Kinder auf der Wiese sitzen und die Köpfe zusammenstecken, sieht sie den Schopf mit den rötlich schimmernden Haaren auftauchen. „Marga!" Der Erzieher neben ihr ruft eine Spur zu laut durch den Garten. Alle Kinder drehen den Kopf. Herr Beranek hebt die Hände. Nichts passiert! Bei Marga auch nichts. Fast so, als wäre sie die Einzige, die ihn nicht gehört hat, ignoriert sie sein Rufen und spielt weiter. Frau Schuhmann setzt sich in Bewegung. Es ist wie jede Woche. Wenn Marga aus der Kita abgeholt werden soll, dann ist das Spielen gerade am schönsten.

Frau Schuhmann kennt das schon. Jeden Donnerstag holt sie Marga aus der Kita ab. Manchmal auch montags oder dienstags. Aber der Donnerstag ist in der Familie Seedorf der Tag, an dem die Eltern den Abend für ihre eigenen Dinge haben. Für Marga ist das der Frau-Schuhmann-Tag.

„Was habt ihr denn heute gemacht?", beginnt die Kinderfrau das Gespräch, als sie die Kita verlassen. „Ach, wie immer", antwortet die Kleine scheinbar gelangweilt. Doch nur Sekunden später reißt sie sich ihren kleinen Rucksack vom Rücken und beginnt beim Laufen darin zu wühlen. Die Kinderfrau bleibt stehen. „Marga!“, ruft sie ermahnend. „Was suchst du denn? Wir wollen doch schnell nach Hause gehen!“ Doch Marga hat schon ihren Rucksack auf dem Gehweg ausgebreitet und ihr neues E-Book herausgezogen. „Schau mal! Wir haben heute das ‚D‘ gelernt.“ Die Kinderfrau schaut missbilligend auf das Display, wo gerade ein Kindervideo mit allen möglichen Begriffen zum Buchstaben D startet: Dom, Dame, Daniel, Drossel, Düsseldorf ... „Ach, ihr hattet wohl heute wieder euren Computerkurs?“

Jetzt schaut Marga missbilligend! Als wollte sie sagen: „Computerkurse sind was für Alte! In welcher Welt lebst du denn?“‘ Doch sie sagt nur: „Ich brauche doch keinen Computerkurs!“ Mit flinken Fingern fährt sie über das Display ihres E-Books und ist blitzschnell vom D-Video zu ihrer Lieblingsserie gewechselt. „Nicht hier auf der Straße!“ Schuhmanns Stimme wird streng. „Du kannst heute Abend eine Folge anschauen, aber jetzt gehen wir erst einmal zum Auto!“ Verständnislos schüttelt sie den Kopf, während Marga wahllos die herausgefallenen Dinge wieder in den Rucksack hineinstopft.

Früher hat es diese Computer nicht gegeben. Vor ein paar Jahren, als Frau Schuhmann selbst noch als Grundschullehrerin arbeitete, haben die Kinder das Lesen und Schreiben noch mit echtem Papier gelernt. Bücher mit bedruckten Seiten und schönen Bildern. Die konnte man noch umblättern, die Seiten raschelten so schön beim Umblättern und wenn sie neu waren, dufteten sie sogar manchmal noch nach frischem Papier. Und heute? Vor knapp zehn Jahren hat diese Unsitte angefangen. Sie erinnert sich noch genau daran. Damals kamen Männer von einer großen Computerfirma in ihre Schule. Gut sahen sie aus, einer hat sogar extra eine Krawatte angelegt. Das war offenbar der Chef. Seine Mitarbeiter hatten nur Hemden und den obersten Knopf geöffnet. Sie sind schnurstracks in das Lehrerzimmer gegangen und haben die Tür hinter sich geschlossen. Da haben sich alle Lehrer, die auf dem Flur Pausenaufsicht hatten, vielsagende Blicke hin und her geschickt.

Eine Pause später sind sie dann vom Direktor alle ins Lehrerzimmer gerufen worden. Als sie durch die Tür kam, traute sie ihren Augen nicht: Es sah aus wie auf einer Computermesse. Auf jedem Tisch waren die kleinen E-Books verteilt, in verschiedenen Größen und verschiedenen Farben. Auch der Direktor war nicht wiederzuerkennen. Er sprach unnormal gestelzt, fast so als wollte er den Männern besonders gefallen. „Ab diesem Schuljahr", sagte er, „werden unsere Grundschüler das Lesen nicht mehr mit gedruckten Büchern lernen, sondern mit diesen E-Books!" Er klang stolz dabei. Frau Schuhmann verstand die Welt nicht mehr. Haben sie nicht in der letzten Lehrerkonferenz erst wieder beschlossen, dass im Unterricht jedes Handy und jeder Computer verboten sei?! Hat der Direktor nicht erst ein Loblied auf die unvergleichliche Haptik des gedruckten Buches gehalten? Hat er nicht vor Kurzem noch erklärt, dass es Bücher immer geben werde, weil Kinder immer mit Büchern das Lesen lernen werden? Und jetzt das?

Seit diesem Tag ist alles sehr schnell gegangen. Die Schüler mussten für die E-Books nicht einmal etwas bezahlen. Auch die Schule nicht. Sie waren ein Geschenk der Firma. Vielleicht war der Direktor deshalb so verwandelt?! Und tatsächlich lernten die Kinder mit den E-Books genau so das Lesen wie mit gedruckten Büchern. Beim Schreiben war es komplizierter. Denn die Kinder mussten mehr und mehr gezwungen werden per Hand zu schreiben. Wenn man nicht hinschaute, dann schalteten sie einfach die Spracherkennung ein und diktierten ihre Texte in die Computer. Irgendwann konnte das keiner mehr kontrollieren. Das war der Zeitpunkt, an dem

Frau Schuhmann froh war, dass sie nach diesem Schuljahr in Rente gehen würde. Das war nicht mehr ihre Welt!

Und dann kamen die Wochen, in denen fast jede Woche solche Männer in der Schule erschienen. Sie gingen immer direkt ins Direktorenzimmer. Als sie reingingen, haben alle ein extra gewinnendes Lächeln aufgesetzt, als sie wieder herauskamen, waren sie ein bisschen gedrückt. Einmal hat Frau Schuhmann eine Kollegin gefragt, ob sie wisse, was diese Männer da machen. Ihre Kollegin wusste es auch nicht genau. Aber sie erzählte, dass der Mann einer Kollegin erzählt hätte, dass das die Vertreter von großen Computerfirmen wären. Sie wollten, dass die Schüler nicht die Computer der einen Firma benutzen, sondern die der anderen Firma. Und alle wollten der Schule ihre Computer schenken, wenn der Direktor verspreche, dass die auch eingesetzt werden und die von der anderen Firma abgeschafft werden. Frau Schuhmann hat damals den Kopf geschüttelt. „Das verstehe, wer will!“, hat sie gesagt. Aber ihre Kollegin meinte, das sei für die Computerfirmen ganz logisch. Denn wenn die Kinder mit dem einen E-Book das Lesen lernten, dann würden ihre Eltern später andere Geräte kaufen, die mit dem gleichen Betriebssystem funktionieren: Handys, Fernseher, Uhren, Computer und sogar Autos. Angeblich würde sich das für die Firmen lohnen. Frau Schuhmann hat diesen letzten Sätzen schweigend zugehört. Das musste sie nicht mehr verstehen.

Als sie dann vor ein paar Monaten Marga kennengelernt und jede Woche viele Nachmittage mit ihr verbracht hat, begann sie zu verstehen. Marga behandelt ihr E-Book mit derselben liebevollen Hingabe, mit der sie selbst vor 60 Jahren in ihren gedruckten Büchern geblättert hat. Daran erinnert sie sich noch genau: Das erhabene Gefühl beim Blättern der Seiten, der Stolz, mit diesem Buch ein weiteres großes Stück der Welt erkunden zu können, das romantische

Gefühl, wenn die Geschichten im Buch von fernen Ländern und interessanten Menschen handelten. Inzwischen war Frau Schuhmann sich sicher: Marga hat dieses romantische Gefühl auch! Aber nicht beim Rascheln von Papier. Sondern beim Streichen über ihr Display. Diese Erkenntnis hat Frau Schuhmann besänftigt. Nicht glücklich gemacht! Aber zufrieden, dass das schöne Gefühl aus ihrer eigenen Kindheit weiterlebt. Wenn auch mit diesen neumodischen Computern.

Inzwischen stehen die beiden vor dem Auto. Frau Schuhmann kramt in ihrer Handtasche nach dem Schlüssel. Marga zieht die Augenbrauen hoch. „Bei meinem Papa kann man die Tür mit dem Fingerabdruck öffnen. Das geht viel schneller!" Frau Schuhmann reagiert nicht: „Hier, halt mal", sagt sie. Sie fischt ihr Handy aus der Tasche und hält es Marga hin. Die Kleine fasst zu. Während die Kinderfrau weiterkramt, bringt Marga mit flinken Fingern das Display zum Leuchten. „Was ist das denn?!", mosert sie mit gespielter Entrüstung. „Was denn?", fragt Frau Schuhmann. „Dein Handy ist kaputt!", konstatiert die Kleine. „Quatsch! Zeig mal her." Frau Schuhmann schaut auf ihr Handy. Alles sieht aus wie immer. „Doch! So muss das Handy aussehen, wenn es ganz ist!" Marga hält ihrer Kinderfrau ihr kleines Handy unter die Nase.

Es dauert ein paar Sekunden, bis Frau Schuhmann den Unterschied erkennt. Vor dem Display der Kleinen tanzen lustige Figuren aus ihrer Lieblingsserie. Sie sind nicht im Display, sondern davor. Dreidimensional. Sie sehen verblüffend echt aus. Ihr altes Handy dagegen hat noch ein zweidimensionales Display. Die Anzeige darauf sieht ganz anders aus. Kein Wunder, dass die Kleine denkt, es wäre kaputt.

„Wollen wir noch ein Eis essen?", fragt Frau Schuhmann versöhnlich. Marga schaut überrascht zu ihr hoch. Diese Frage hat sie wohl nicht erwartet. Aber es dauert keine Sekunde, da strahlt sie über das ganze Gesicht. „Darf ich bezahlen?“, fragt sie. Die Kinderfrau lacht. Sie weiß, dass Margas Eltern wie die meisten Leute schon seit vielen Jahren beim Einkaufen mit dem Handy bezahlen. Seit ihrem letzten Geburtstag hat Marga sogar ein eigenes Handy. Seitdem bekommt sie ihr Taschengeld auf das Handy und kann sich Kleinigkeiten per Handy kaufen. Aber Marga weiß auch, dass Frau Schuhmann noch ganz altmodisches Bargeld in der Tasche hat. Jedes Mal, wenn sie Eis essen gehen, darf Marga mit den Münzen bezahlen. Irgendwie scheint sie das alte Geld zu faszinieren ...

Zukunft: Technologie

Die neue Ära der Unsicherheit

Welches Wort würde die Entwicklung unserer Gesellschaft und der Wirtschaft in den vergangenen zehn Jahren wohl besser beschreiben als das Wort „Krise“? Von der Finanzkrise schlitterten wir in die Vertrauenskrise, von der Immobilienkrise in die Schuldenkrise. Wann denn diese Krise endlich vorbei sei, werden Trendforscher und Wirtschaftsexperten nahezu nach jedem Vortrag gefragt. Die ehrliche Antwort darauf überrascht die meisten Zuhörer: gar nicht!

Eine Krise ist nichts anderes als ein Zustand der Umwelt, den wir nicht vorhergesehen haben und nun negativer wahrnehmen als unsere ursprüngliche Erwartung. Deshalb ist die von vielen beschworene steigende „Unsicherheit“ in unserer Welt keineswegs eine Unsicherheit für Leib und Leben. Diese ist in Mitteleuropa so gering wie nie zuvor.

Dennoch fühlen wir uns unsicher. Doch die von uns intuitiv wahrgenommene Unsicherheit kommt aus einer noch nie gekannten Unprognostizierbarkeit der Welt. Wer weiß denn schon noch, wo er in drei Jahren leben wird, welchen Job er machen und mit wem er zusammenwohnen wird? Wir wissen nicht mehr, was morgen sein wird! Diese mangelnde Prognosefähigkeit wird bis 2025 alle Bereiche der Lebenswelten der Menschen erfassen, von der wachsenden Komplexität der Technologien und des Alltags, über die Schwächen sozialer Sicherungssysteme bis hin zur Frage der Zukunftsfähigkeit unserer Wirtschaft im Zeitalter einer von China neu geprägten Weltwirtschaft. Wann können wir endlich zur liebgewonnenen Sicherheit von früher zurückkehren?

Die Antwort mag erschreckend sein: Nie! Denn die Vorstellung, dass diese Krise vorübergeht und wir wieder eine Welt der Sicherheit bekommen, wird sich in den kommenden Jahren als Illusion erweisen. Wohlgemerkt: Die Krisen werden vorübergehen. Sie werden unterbrochen durch Jahre des Wachstums. Doch das Gefühl von Unsicherheit wird uns nicht mehr verlassen, denn die Prognosesicherheit kommt nicht zurück. Wenn wir das verstanden haben, dann werden wir unsere neuen, unsicheren Lebenswelten akzeptieren lernen. Das Ergebnis: So wie in den vergangenen Jahrzehnten die „Lebenslogik des unendlichen Wachstums" durch den zentralen Wert der „Sicherheit" bestimmt war, so wird künftig die „Unsicherheit" zur Basis für unser Leben und die Geschäftsmodelle der Zukunft.

Dies ist übrigens nicht wirklich überraschend. Wer etwas weiter als 70 Jahre in der Geschichte zurückschaut, der wird feststellen, dass nicht die Sicherheit das vorherrschende Gefühl in der Historie der Menschheit war, sondern Unsicherheit, Unberechenbarkeit und Unvorhersagbarkeit. So ist unsere Welt, auch wenn sich die westliche Welt manchmal der Illusion hingegeben hat, die Natur, die Konflikte und die Probleme seien beherrschbar.[62]

Bis 2025 wird unsere Vorstellung von Sicherheit radikal zurechtgerückt. Denn sie basiert bislang auf der Annahme, dass große, traditionsreiche Unternehmen die Garanten für Sicherheit sind. Getreu dem Motto: Wer schon 150 Jahre existiert, wird es schon auch noch bis zu meinem Tode schaffen! Doch dieses Vertrauen in die Prognosefähigkeit der Großkonzerne ist wohl spätestens seit den Krisen des vergangenen Jahrzehnts vorbei. Das vielleicht wichtigste Resultat der Krise ist die Gewissheit, dass kein einziges Unternehmen der Welt eine Sicherheit vor dem Unvorhersehbaren bietet. Übrigens auch kein Staat! Ist unsere Sicherheit damit am Ende? Nein! Sie wird nur umdefiniert.

Das Gefühl von Sicherheit entsteht im Jahr 2025 nicht mehr durch blindes Vertrauen in etablierte Marken. Wir als Kunden werden uns mit eindimensionalen Antworten und banalen Versprechen nicht mehr zufriedengeben. Denn wir wissen: Wer uns Sicherheit verspricht, der lügt! Wir wissen, dass ein Unternehmen das Unvorhersehbare genauso wenig prognostizieren kann wie wir selbst. Unsere neue Sicherheitslogik lautet dann: Wenn wir schon wissen, dass etwas Unvorhergesehenes passieren kann, dann wollen wir vorbereitet sein, um schnell zu reagieren. Die einzige Sicherheit, die Unternehmen uns Kunden bieten können, ist also ein Szenariodenken. Oder wie der Cheftrendforscher des Volkswagen-Konzerns, Wolfgang Müller-Pietralla, schon vor einigen Jahren in einer Diskussion sagte: „Wir müssen unsere Ingenieure dazu bekommen, dass sie in verschiedenen möglichen Zukünften denken."[63] Denn nur wer dies tut, hat eine zweite und dritte Alternative, wenn wirklich etwas Unvorhergesehenes eintritt. Dann wird er schnell und kompetent reagieren, während alle anderen über die neue Krise jammern.

Einer der wesentlichen Gründe für diese steigende Unprognostizierbarkeit der Welt ist die sich immer schneller drehende Innovationsspirale der Informationstechnologie. Und mehr noch: Mit der Ausdehnung der Digitalisierung auf früher IT-resistente Branchen nähern sich auch deren Innovationszyklen denen der IT-Branche an.

War es in der industriellen Wachstumswelt von Henry Ford & Co. noch eine Vielzahl fester Bindungen an Menschen, Unternehmen und Vereine, die unseren persönlichen Lebensrhythmus berechenbar gemacht haben, so wird diese bisherige Normalbiografie in den künftigen digitalen Zeiten der Digitalisierung gestört. Die bisherigen Bindungen lösen sich auf. Und Ersatz scheint nicht in Sicht. Langsam verstehen wir auch, dass unser Streben nach der viel beschworenen Wissensgesellschaft an ein Ende kommt. Wir stehen vor der Erkenntnis, dass unser von Goethe sehr faustisch beschriebenes Streben nach immer mehr Wissen, „was die Welt im Innersten zusammen hält", völlig nutzlos ist. Wir haben uns an vielen Stellen eine Komplexität des Wissens erschaffen, die unsere menschliche Kapazität übersteigt. Sie ist nur noch mit Technologie zu beherrschen.

Wenn sich die Menschheit weiterentwickeln will, dann werden Menschen der Technologie mehr vertrauen müssen als anderen Menschen! Wir tun es heute schon! Im Auto genießt das Navigationssystem mehr Vertrauen als der Beifahrer, im Flugzeug trifft der Autopilot bessere Entscheidungen als der Pilot ... bis zum Jahr 2025 werden wir Beispiele aus allen Lebenslagen aufzählen können. Der britische Zukunftsforscher und schottische Großmeister im Schach, David Levy, geht sogar noch einen Schritt weiter. Natürlich würde die Technologie nicht nur intelligenter als Menschen, sondern zugleich auch menschlich. Maschinen werden menschliche Gefühle verstehen können und entsprechend reagieren. Und nicht nur das! Zugleich werden sie lernen Gefühle auszudrücken. Dies führe dazu, dass Menschen Gefühle für Maschinen entwickeln. Es entstehe eine neue Rasse, mit der wir Menschen koexistieren werden.[64]

Kein Wunder, dass wir bei diesen Prognosen in Probleme geraten. „WIR" ist in diesem Fall die „Generation Schirrmacher", die Generation 50+, die aktuell die Themen in Medien, Wirtschaft und Politik bestimmt.[65] Es ist jene Generation, die ihr bisheriges Leben als planbar und voraussehbar wahrgenommen hat und nun erkennt, dass diese Prognosefähigkeit verloren geht. Es ist jene Generation, die es nicht schafft, die neue Geopolitik und die neuen Technologien so zu verstehen, dass sie ihre Werte und Traditionen für jüngere Generationen verständlich übersetzen könnte. Diese gedankliche Unfähigkeit kennen wir bereits! Erinnern wir uns an Lessing, die Aufklärung und deren Aha-Effekt beim Erkennen, dass die Welt doch nicht so ist wie bisher gedacht. Doch genau wie damals ... auch heute wird unsere Ängstlichkeit den Fortschritt der Welt nicht aufhalten!

Natürlich ist niemand direkt gezwungen jeden Technologietrend mitzugehen. Insbesondere für Menschen, die nicht mehr im Berufsleben stehen, gibt es die reale Möglichkeit, Entwicklungen auszulassen und auf dem liebgewonnenen Level stehen zu bleiben. Allerdings muss man sich dies leisten können. Sowohl finanziell als auch hinsichtlich des gesellschaftlichen Status. Denn unweigerlich koppeln sich die Technologieverweigerer Schritt für Schritt von den Kommunikationssträngen der Gesellschaft ab. Dies ist im privaten Bereich wohl ein lebbares Modell. Im Arbeitsleben allerdings werden wir uns damit arrangieren müssen, dass es viele der liebgewordenen Dinge im Jahr 2025 einfach nicht mehr gibt. Analoges Fernsehen und das damit verbundene Zapping wird ebenso verschwinden wie CDs, Blu-rays, Festnetztelefone, Faxgeräte, SMS, mechanische

Auto- und Haustürschlüssel, Buch-Nachschlagewerke, Briefmarken, Fahrkartenautomaten, Visitenkarten, Glühbirnen, Barcodes, PINs, Bargeld, Kreditkarten und vieles andere mehr.[66] Aber auch heute noch begehrte Berufe und Geschäftsmodelle gehören dann der Vergangenheit an. Ganz oben auf der Liste stehen Berufe wie Reisekaufmann, Videoverleiher, Fachverkäufer, Zählerableser, Makler, Versicherungsvertreter, Zahntechniker, aber auch Phänomene wie die lebenslange Festanstellung in einer Firma, der gesetzliche Ladenschluss, das einheitliche Renteneintrittsalter und der tägliche Feierabend.[67]

Die gesellschaftlichen Probleme dieses schneller werdenden Wandels sind nicht von der Hand zu weisen. Noch nie in der Menschheitsgeschichte gab es wohl eine Epoche, in der die miteinander kooperierenden Gruppen derart verschiedene Erfahrungswelten und Lebensentwürfe haben wie in den kommenden Jahren. Überall in der Gesellschaft werden diese Differenzen aufeinandertreffen: in der Schule zwischen Lehrern und Schülern, zu Hause zwischen Eltern und Kindern ... und natürlich in den Unternehmen zwischen Führungskräften und Mitarbeitern. Diese Ungleichheiten in konstruktive Bahnen zu lenken wird die Hauptaufgabe in den Arbeitswelten der Zukunft.

18:15 Uhr: Im Pflegeheim

Chiang Mai, Außenstelle Deutschland

„Entschuldige bitte!" Kerstin hebt die Arme und geht auf ihre Mutter zu. Inge lächelt sanft. „Kein Problem." Wortlos betrachtet sie ihre große Tochter. Gut sieht sie aus. Aufgeblüht. Weltgewandt. Und seit sie diesen Job in Afrika hat, neigt ihre Tochter zu großen Gesten. Auch das ist neu. Früher war sie viel zurückhaltender. „Man sieht, dass es dir gut geht!" Kerstin nickt. „Schön. Das freut mich." „Mein Flieger hatte fast eine Stunde Verspätung", beginnt Kerstin mit ihrer Entschuldigung. „Das tut mir leid. Warst du trotzdem beim Makler?" „Das erzähle ich dir nachher." Die Mutter winkt ab. „Jetzt müssen wir erstmal hier rein. Wir sind schon wieder eine Viertelstunde zu spät." Und schon schiebt sie ihre Tochter durch die Tür. „Seniorenresidenz Chiang Mai" steht auf dem Schild.

„Ich bin Sam", sagt die attraktive junge Frau mit dem asiatischen Gesicht zur Begrüßung. Ananda Sangwan steht auf der Visitenkarte, die sie über den Tisch schiebt. „Sam ist einfacher", lacht sie Inge ins Gesicht, als sie deren fragenden Blick sieht. „Das ist mein Spitzname. So nennt man mich schon, seit ich ein Kind war!" „Allzu lang kann das nicht her sein!", geht es Inge durch den Kopf. „Aber vielleicht täuscht das auch. Die Asiaten sehen ja immer so jung aus." Sam lacht über das ganze Gesicht: „Ich bin die Direktorin von Chiang Mai. Wie kann ich Ihnen helfen?"

Es dauert ein paar Minuten, ehe Inge den komplizierten Sachverhalt erklärt hat: ... dass ihr Mann seit seiner Pensionierung ein neues Leben angefangen hat, ... dass er damals mit 57 zum Sportfanatiker mutiert ist, ... dass er in den letzten 20 Jahren pausenlos mit dem Rennrad, als Marathonläufer, mit dem Motorrad, dem Gleitschirm oder seiner Bergsteigerausrüstung unterwegs war, ... dass er vor zwei Jahren plötzlich Schmerzen bekam und aufhören musste, ... dass er bis heute kein Mittel gegen die Schmerzen gefunden hat, ... dass sie sich Sorgen macht, was sie tun soll, wenn er überhaupt nicht mehr auf die Beine kommt.

Sam nickt verständnisvoll. „Warum haben Sie ihn nicht mitgebracht? Dann hätte er sich bei uns gleich umsehen können", fragt sie mit jenem unschuldigen Lächeln, das Inge bisher nur bei Asiatinnen gesehen hat. „Um Gottes Willen!", entfährt es Kerstin. „Wenn er erfahren würde, dass wir hier sind ... er würde toben!" „Ich verstehe." Sam nickt wissend. „Nehmen Sie doch erst einmal einen Tee. Wir haben echten Oolong-Tee. Der kommt aus Nordthailand, aus der Nähe von Chiang Mai. Das ist meine Heimatstadt." Sie gießt aus einer kunstvoll verzierten Kanne ein und schiebt eine Tasse über den Tisch. Inge greift zu.

„Dann erzähle ich Ihnen ein wenig über unser Pflegeheim", beginnt Sam. „Wir sind hier eine Außenstelle einer großen Pflegekette aus Thailand. Unser Hauptsitz ist in Chiang Mai. Das ist eine wunderschöne Stadt im Norden von Thailand. Dort gibt es eine große Klinik, die vor zehn Jahren begonnen hat sich speziell auf die Pflege von älteren Patienten aus Europa einzurichten. Diese Klinik ist eine der besten in der Welt. Wir sind in den letzten Jahren etliche Male für unsere Qualität ausgezeichnet worden. Und in den Rankings über die weltweiten Pflegeketten sind wir jedes Jahr ganz weit vorn. Das Besondere an uns ist, dass wir nicht nur sehr preiswert sind, sondern auch modernste Technologie mit Menschlichkeit verbinden können.“ Inge rutscht ein wenig nach vorn. Was sie hört, gefällt ihr.

„Die Klinik in Chiang Mai“, erklärt Sam weiter, „hat sich auf die üblichen Operationen bei älteren Menschen spezialisiert. Alles, was älteren Menschen Schmerzen bereitet, kann bei uns ausgetauscht werden. Das ist inzwischen normal. Wir ersetzen Gelenke und Knochen, aber auch Adern oder andere Organe.“ Inges Blick ist skeptisch geworden. „Und das geht einfach so?“ „Ja, natürlich. Das geht schon lange. Aber früher konnten sich das nur die besonders reichen Patienten leisten. Heute können wir das auch für ganz normale Menschen anbieten. Meistens reicht die normale Rente dafür aus.“ Inge kann kaum glauben, was sie hört. Im Fernsehen klingt das immer ganz anders. Von Verarmung der Alten ist da die Rede und man sieht diese Horrorbilder von winzigen, dreckigen Wohnungen, in denen die Alten hausen, die zu wenig Geld haben. Schon so manches Mal hat Inge dabei wirklich Angst vor ihrer eigenen Zukunft bekommen. „Und diese Austauschorgane ... wo bekommen Sie die her?“ Irgendwo muss doch der Haken an der Geschichte sein! „Die werden bei uns im Labor gedruckt.“ Inge glaubt sich verhört zu haben. „Gedruckt?“ „Ja, wir waren vor fünf Jahren die Ersten, die die neuen Bio-Printer eingesetzt haben. Das sind 3D-Drucker, die nicht mit Tinte drucken, sondern mit menschlichem Gewebe. Damit kann man ganz einfach ein neues Herz herstellen oder eine neue Ader, wenn die alte verkalkt ist.“

Inge staunt. Das gibt Kerstin die Gelegenheit, das Gespräch zu übernehmen. „Mich interessiert, warum das bei Ihnen so kostengünstig ist. Das bedeutet doch, dass Sie mit weniger Personal arbeiten als die anderen Pflegeheime, oder?“ Sam hat ihr unschuldiges Lächeln noch immer nicht verloren. „Nein. Das tun wir nicht. Die günstigsten Preise können wir anbieten, wenn unsere Kunden mit uns nach Thailand kommen. Dort bieten wir wunderschöne Seniorenresidenzen an. Man wohnt dort direkt am Meer oder in den Bergen. Das Wetter ist gut, die Natur ist wunderschön ... es ist wie ein Urlaub, nur dass er nicht zu Ende geht.“ Inges skeptischer Blick trifft Sam. Schnell erklärt sie weiter: „Aber auch hier in Deutschland sind wir sehr günstig. Wir können die guten Preise anbieten, weil wir mit sehr viel moderner Technik arbeiten. Unsere Gäste lieben unsere elektronischen Assistenten. Jeder Kunde hat seinen eigenen Pflegeroboter ganz für sich. Dieser sorgt dafür, dass die Kunden viel länger mobil bleiben und im Kontakt mit ihren Freunden und Familien sind. Die meisten Bewohner hier im Haus haben zum Beispiel ein Implantat im Arm. Es ist ein kleiner Würfel, ungefähr einen Zentimeter groß. Ein Medikamenten-Dosierungssystem! Zu bestimmten Zeiten produziert es die richtigen Wirkstoffe und gibt sie in den Kreislauf ab. Und natürlich ist es über eine Datenschnittstelle mit dem Pflegeroboter verbunden.

Für uns heißt das, dass wir unser Pflegepersonal für die wirklich wichtige Betreuung einsetzen können und nicht für teure Assistenzarbeiten vergeuden müssen.“ Inge kann sich das Schmunzeln nicht verkneifen. Sie kann sich Wolfgang und seinen Pflegeroboter schon lebhaft vorstellen. Das wäre etwas für ihn! Sam scheint ihre Gedanken zu ahnen: „Sie können uns wirklich vertrauen. Wir haben Außenstellen wie diese hier in ganz Europa. Bei uns leben Tausende von älteren Menschen. Sie fühlen sich alle richtig wohl.“

Zukunft: Pflege

Die neue Gerechtigkeitsdebatte

Mit der zunehmenden Lebenserwartung rückt in der Welt des Jahres 2025 eine Hauptfrage in den Fokus aller älteren Menschen: Was tun wir zwischen 60 und 90? Es ist nicht einfach nur die Frage nach finanzieller Armut oder Reichtum, die heute unsere öffentliche Debatte prägt. Im Jahr 2025 gewinnt mit hoher Wahrscheinlichkeit bei der Diskussion um soziale Gerechtigkeit ein Aspekt an Bedeutung, der heute wenig relevant ist. Es ist die Chance, in Würde das letzte Drittel des Lebens zu verbringen. Zwei wesentliche Themen prägen diese Würde: Zum einen der Aspekt der Anerkennung, solange wir selbstbestimmt leben können, und zum anderen die Pflege, wenn wir nicht mehr mobil sind.

Mit dem Ausscheiden aus dem Beruf verlieren die meisten Menschen von einem Tag auf den anderen das Gefühl, „gebraucht zu werden", „wichtig zu sein" und „sich selbst beweisen zu können". Ihr größtes Problem ist die fehlende Anerkennung, aus der Menschen jedes Alters ihr Selbstverständnis, ihre Motivation und ihren Lebensmut ziehen – kurz ihre Identität! Identität geht nicht in Pension! Die wachsende Anzahl der Menschen jenseits des gesetzlichen Rentenalters wird nicht aufhören nach dieser Anerkennung zu streben. Wir werden arbeiten wollen, so lange es geht!

Andererseits wird es am Lebensende Jahre geben, in denen wir nicht mehr in vollem Umfang selbstbestimmt leben, sondern einen Bedarf an Unterstützung und Pflege haben. Dies ist jene Phase, vor der die Menschen schon heute massiv Angst haben. Das Wort von der „Altersarmut" macht die Runde. In Umfragen ist ein Drittel aller Befragten der Meinung, dass sie später von Altersarmut bedroht sein werden.[68] Diesem vagen Gefühl einer zukünftigen Bedrohung widersprechen Experten vehement. Denn sie wissen, dass sich unsere Pflegephase trotz des rasanten Anstiegs der Lebenserwartung nicht in gleichem Maße ausdehnt. Kurz gesagt: Wir bleiben länger fit! Aber irgendwann kommen die Gebrechen dann doch. Und mit ihnen unsere Angst. Denn selbst wenn keine Horrorszenarien eintreten, wird es 2025 mehr Pflegebedürftige geben als heute.

Das alles wäre noch kein Grund für eine neue Gerechtigkeitsdebatte, wenn sich mit der steigenden Anzahl der Pflegebedürftigen nicht auch der Bedarf an Pflegekräften deutlich erhöhen würde. Deutschlandweit wird der Bedarf schon im Jahr 2020 etwa 30–40 Prozent über dem heutigen Personalbestand liegen.[69] Und selbst das wäre auch noch kein Problem, wenn nicht durch den demografischen Wandel die Zahl der verfügbaren Pflegekräfte im gleichen Zeitraum deutlich sinken würde. Es stehen nicht nur weniger Schulabgänger zur Verfügung. Diese haben auch die Wahl zwischen den verschiedensten attraktiven Berufen. Unter denen haben Pflegeberufe für viele Jugendliche eine ambivalente Wirkung. Auf manche Jugendliche mit starkem sozialen Engagement wirken sie anziehend und können vom Beruf zur Berufung werden. Aber die Tätigkeiten in der Pflege sind alles andere als einfach. Der Möglichkeit, Menschen helfen zu können, steht der ständige Umgang mit Krankheit, Verfall und Tod gegenüber. Auch im Jahr 2025 sind in der Pflege voraussichtlich vorzugsweise Frauen beschäftigt. Sie gelangen angesichts immer schwererer Patienten körperlich schnell an die Grenzen ihrer Möglichkeiten. Und auch psychisch leisten sie Schwerstarbeit. Angesichts dessen kann es nicht verwundern, wenn die Verbleibdauer in Pflegeberufen vergleichsweise niedrig ist und viele Pflegekräfte aus dem Beruf aussteigen oder den Weg in den vorzeitigen Ruhestand suchen.

Die Summe dieser Faktoren führt im Jahr 2025 voraussichtlich zu einer weiteren Verschärfung des Pflegenotstandes, was natürlich die Berufsaussichten für ausgebildete Pflegekräfte deutlich verbessert. Sie können sich ähnlich wie Ärzte aussuchen, wo und für wen sie arbeiten. Und genau hier wird der Keim für eine neue Gerechtigkeitsdebatte gelegt. Denn während die von den Pflegekassen finanzierten Pflegeleistungen immer schwerer zu erbringen sind, steigt auf der anderen Seite die Zahl der Seniorenresidenzen für Wohlhabende in Deutschland und in anderen Ländern. Die Residenzen für zahlungskräftige Patienten können es sich leisten, höhere Löhne zu zahlen und Arbeitsbedingungen für die Pflegekräfte zu schaffen, die ein längeres Verbleiben im Job ermöglichen. Man muss kein Prophet sein, um zu verstehen, dass die besten Pflegekräfte hierhin streben.

In vielen von der Pflegekasse finanzierten Heimen wird sich die Personalsituation dagegen weiter verschärfen. Überarbeitete und gestresste Pflegekräfte, die zudem unter dem Diktat eines unbarmherzigen Abrechnungssystems arbeiten, stehen dort einer wachsenden Anzahl hochbetagter Pflegebedürftiger gegenüber. Der Masse der Älteren, die damit rechnen muss, irgendwann pflegebedürftig zu werden, bleibt das natürlich nicht verborgen. Sie wird nach Alternativen zu den Standardpflegeheimen suchen. Mit Nachdruck! Denn je mehr der Anteil der Älteren an der Bevölkerung ansteigt, desto mehr wird er zur politisch bedeutsamen Größe.

Pflegeheime im Technikrausch

Angesichts der sich zuspitzenden Personalsituation werden schon heute intensive Bemühungen unternommen, um die Arbeitsbedingungen in den Pflegeheimen und gleichzeitig die Qualität der Pflege weiter zu verbessern. Eine der stärksten Veränderungen in den kommenden Jahren wird die Einführung der elektronischen Pflegeakte werden.

Damit wird die Zeit, die das pflegerische Fachpersonal für gesetzlich vorgeschriebene Dokumentationen verwendet, deutlich reduziert und zugleich die Qualität der Pflege verbessert. Pflegeakten sind Datenbanken, die künftig automatisch, zeitnah und fehlerfrei erfassen, was heute noch manuell eingetragen werden muss. Als Eingabeschnittstellen dienen Tablet-PCs, ergänzt durch sprachbasierte Systeme unter Einbeziehung digitaler Assistenten. Die technologischen Möglichkeiten im Pflegeheim der Zukunft gehen aber noch viel weiter. Über RFID, NFC oder kameragestützte Objekterkennung werden Patienten und Pfleger, aber auch Nahrungsmittel und Medikamente automatisch erkannt. Das Tablet zeigt auf Wunsch alle Pflegedaten. Medizinische Daten wie Blutzucker, Blutdruck, Gewicht und Temperatur können durch die Bewohner selbst ermittelt werden. Die Geräte speichern die Werte, bis eine Pflegekraft sie auf Plausibilität prüft und an die elektronische Pflegeakte überträgt.

Selbstverständlich greifen auch andere technische Geräte wie etwa Pflegeroboter[70] und elektronische Ruf- und Überwachungssysteme auf die Pflegeakte zu. Diese Notrufsysteme der Zukunft liefern differenzierte Informationen an die Pflegekräfte. Wo auch immer diese sich befinden, kennen sie doch jederzeit die momentanen Bedürfnisse ihrer Kunden: Die Information „Dringende Hilfe erforderlich!“ gehört genauso dazu wie „Brauche demnächst Unterstützung beim Trinken!“ oder „Mir ist langweilig, suche Zerstreuung“. Die Pflegekräfte können sofort einschätzen, welche Dringlichkeit der Ruf hat. Sie können sich jeden Patienten per Webcam schnell auf ihr Tablet holen, ohne vor Ort sein zu müssen. Neben allen anderen Vorzügen verhindert die Technologie also vor allem, dass die Pflegearbeit an anderen Patienten unnötig unterbrochen wird. Auch hier macht Technologie uns vor allem effizienter.

Für Pflegeroboter besteht ebenso dringender Bedarf, denn das Bewegen schwerer Patienten beim Umbetten und bei der Körperpflege ist körperlich anstrengend. Es gibt diese Roboter bereits heute. Sie sind in der Lage, bis zu 70 Kilogramm schwere Personen aufzuheben und herumzutragen. Sie können sehen, hören und zwischen unterschiedlichen Gerüchen unterscheiden.[71] Und doch werden sich Pflegeroboter im engeren Sinne im Deutschland des Jahres 2025 vermutlich noch nicht durchsetzen. Denn im Vergleich zu Asien gibt es in Mitteleuropa einen erheblichen kulturellen Unterschied. In Japan werden die Roboter nicht vordergründig als Bedrohung, sondern als Erweiterung der persönlichen Autonomie empfunden. Wir in Europa sind davon noch ziemlich weit entfernt, sodass der Einsatz von Robotern auch künftig eher auf Zwecke der Unterhaltung, Bedienung und Überwachung begrenzt sein wird.

Weitere technische Systeme in Pflegeheimen sind Haustechnik-Sensoren (Domotik), die in den Fußboden eingearbeitet sind. Sie erfassen Informationen über das Hinfallen von Patienten bis hin zu nächtlichen Aktivitäten. Bei definierten Abweichungen, etwa zu langem Fernbleiben auf der Toilette, nächtlichem Aufstehen und Umherlaufen oder bei Stürzen, werden die Pflegekräfte informiert. Die elektronischen Überwachungssysteme werden gekoppelt mit Robotern für nächtliche Kontrollgänge, Kamerasystemen und Informationen über das Verabreichen von Medikamenten. Hinzu kommen Technologien aus dem Bereich Smart House: Berührungslose Sanitärarmaturen zur Verminderung der Keimübertragung, automatisches Licht, um Stürze zu vermeiden, elektrische Geräte, die sich bei Verlassen des Raumes selbst deaktivieren, Fenstergriffe mit Sensoren etc. werden bis 2025 zur Normalität.

Vor allem aber sind die Pflegeheime im Jahr 2025 voraussichtlich in jedem Zimmer voll mit dem Internet verbunden. Die Patienten des Jahres 2025 sind in der Mehrzahl mit Computer und Internet vertraut und solange ihre Kräfte reichen, wollen sie diese Möglichkeit nicht missen. Wenn sie schon nicht mehr selbst mobil sind, so wollen sie doch ihre virtuelle Beweglichkeit erhalten. Zwar ersetzt Videotelefonie nicht den persönlichen Besuch der Enkel, doch wenn im Pflegezimmer und im heimischen Kinderzimmer ganze Wände als Display dienen, sind Oma und Enkel sich doch ziemlich nah. Nicht jedes Heim wird über alle diese Technologien verfügen. Ein harter Wettbewerb, der Preisverfall der Technik und nicht zuletzt der Zwang zur Verbesserung der Arbeitsbedingungen werden aber deutliche Wirkung zeigen.

Für die Pflegefachkräfte ergeben sich aus der Technisierung nicht nur neue Möglichkeiten, sondern auch neue Anforderungen. Sie müssen lernen die neue Technik zu beherrschen und optimal einzusetzen. Für manche, die den Pflegeberuf ergriffen haben, weil sie mit Menschen und nicht mit Maschinen arbeiten wollen, ist das keine einfache Herausforderung.

Pflege im eigenen Zuhause

In den meisten Familien wird auch im Jahr 2025 die Pflege von Angehörigen im eigenen Zuhause ein erstrebenswertes Ziel sein. Auch hier ist Technologie im Spiel. Ambient Assisted Living (AAL) heißt es, wenn die digitale Welt in die Häuser und Wohnungen der Pflegepatienten einzieht. Hier gibt es verkabelte Westen, die bei einem Herzinfarkt automatisch den Notarzt rufen. Es gibt Überwachungssysteme, die den Bewegungszustand eines Patienten registrieren und Alarm auslösen, wenn er sich länger als zwei Stunden nicht bewegt. Es gibt Sturzsensoren und eine Überwachung von Herdplatten und Fenstergriffen.[72] Bestandteil von Ambient

Assisted Living sind auch telemedizinische Systeme. Sie ermöglichen die Fernüberwachung von vitalen Lebensdaten und ersparen manchen beschwerlichen Weg zum Arzt. Vor allem aber werden sich die Kommunikationsmöglichkeiten der Pflegepatienten drastisch verbessern. Unterstützt durch ihren digitalen Assistenten mit Sprachsteuerung sind sie in der Lage, über Videotelefonie Kontakt mit Angehörigen, Pflegekräften, aber auch vor allem mit anderen Betroffenen aufzunehmen. Zu erwarten ist die Entstehung einer Vielzahl von Kommunikationsplattformen für Menschen mit eingeschränkter Beweglichkeit. Bestandteile dieser Netzwerke sind auch Dienstleister mit Hol- und Bringdiensten oder Putz- und Haushaltshilfen. Vor allem aber ermöglichen die Plattformen die Entstehung von Selbsthilfegruppen, in denen sich die Betroffenen austauschen können.

Die Durchsetzung der breiten Anwendung von Ambient Assisted Living wird sich allerdings nicht im Selbstlauf vollziehen. Sie geht auch nicht schnell. In den kommenden Jahren werden wir erleben, dass immer wieder einzelne Systeme hinsichtlich ihrer Sinnhaftigkeit angezweifelt werden. Doch die Verbreitung und Durchdringung unseres Alltags mit dieser Technologie geht Hand in Hand mit der schrittweisen Durchsetzung von Smart-Home-Technologien, welche das „intelligente Wohnen" unterstützen.[73]

Die ersten Treiber werden vor allem Wohnungsbaugesellschaften in jenen Städten sein, die Probleme bei der Wohnungsvermietung haben. Als Folge des harten Wettbewerbs am Wohnungsmarkt werden sie aktiv. Unterstützt werden sie von den zukunftsbewussten Kranken- und Pflegekassen, die Mitglieder gewinnen und Kosten sparen wollen. Denn die Kosten für die technische Betreuung mit Ambient Assisted Living zu Hause liegen nur bei der Hälfte einer Unterbringung im Pflegeheim.

Alt werden unter Palmen

Für viele Deutsche war und ist es eine faszinierende Vorstellung, den Lebensabend unter der warmen Sonne des Südens zu verbringen. Bereits heute bieten Länder wie Spanien oder einige osteuropäische Länder Pflegeeinrichtungen an, die dem deutschen Standard entsprechen. In Südostasien ist Thailand das bekannteste Pflegeziel. Auch auf den Philippinen gibt es Pflegeangebote. Das Angebot an deutschsprachigen Seniorenresidenzen insbesondere mit Demenzbetreuung ist dort seit 2010 stark gestiegen.[74]

Der Grund, warum der Lebensabend unter Palmen bis heute dennoch nicht so einfach umsetzbar ist, ist das deutsche Pflegegesetz. Denn die deutschen Pflegekassen zahlen im Ausland nicht die gleichen Pflegesätze wie in Deutschland. Geringere Zahlungen für die gleichen Leistungen führen dazu, dass die offenkundigen Lohnvorteile von Gastländern in Südeuropa, Osteuropa und Teilen Asiens nicht zur Geltung kommen und der Massenexodus von Pflegebedürftigen ausbleibt.

Es braucht wenig Fantasie, um zu prognostizieren, dass bis zum Jahr 2025 viele Länder ihre Angebote für pflegebedürftige und zahlungskräftige Westeuropäer erheblich ausbauen. Um sie zu nutzen, ist aber in Deutschland ein politisches Umdenken notwendig, denn nur die Politik kann eine bezahlbare Pflege im Ausland ermöglichen. Sie wird sich die Entscheidung nicht einfach machen. Denn einerseits wird sie die Pflegekassen entlasten müssen. Andererseits aber wird sie wegen des Drucks der „Wählergruppe Senioren" jeden Eindruck vermeiden wollen, der darauf hindeutet, dass Pflegebedürftige aus Kostengründen abgeschoben werden. Genau an dieser Stelle wird sich in den politischen Diskussionen des Jahres 2025 ein großes Spannungsfeld auftun.

19:45 Uhr: Beim Ehemaligen-Abend

Höher, schneller, weiter

Nach ihrem Rundgang durch die Seniorenresidenz hat Kerstin schnell die Flucht angetreten. Eigentlich wollte ihre Mutter noch mit ihr über das Gesehene reden. Inge schien fest davon überzeugt, ihren Mann demnächst bei den Thailändern einzuquartieren. Kerstin hält das für Blödsinn. So schön und auch finanzierbar das auch sein mag, niemals würde ihr Vater sich dahin abschieben lassen. Da konnten die Schmerzen noch so groß sein! Viel eher sieht Kerstin ihre Eltern in einer schönen Stadtwohnung, nicht weit vom eigenen Haus, am besten gleich in der Nachbarschaft. Da wäre die Familie fast wieder zusammen. Eine schöne Vorstellung! Aber dies würden sie zu einer anderen Zeit ausdiskutieren müssen. Denn heute musste Kerstin gleich weiter.

Nun sitzt sie bereits seit 15 Minuten im „Goldenen Ross“. Sie schaut sich um. Wie lange ist sie hier schon nicht mehr gewesen? Acht Jahre? Oder zwölf? Es hat sich fast nichts verändert. Die Holztäfelung ist noch etwas blasser geworden, die Lederbänke etwas speckiger. Aber ihre Erinnerungen strahlen! Ganz früher ist sie jede Woche nach dem Handballtraining mit ihren Freundinnen hier vorbeigegangen. Und meistens sind sie auch hineingekommen. Denn die Chance, dass die Spieler der ersten Männermannschaft auch noch hier eingekehrt sind, war relativ hoch. Wie aufgeregt ist sie gewesen, wenn einer der großen Kerls sie in ein Gespräch verwickelt hat?! Noch heute kann sie das Kribbeln spüren.

Kerstin schmunzelt. Sie schaut sich um. Heute sind zwar die alten Freundinnen da, aber von den Jungs ... keine Spur. Vermutlich sehen die auch nicht mehr so verführerisch aus wie damals. „Wir Mädchen sind auch alt geworden", denkt Kerstin, als ihr Blick einmal die Runde herum ist. An diesem Tisch sitzt ihre ehemalige Handballmannschaft. Die Einladung des Sportvereins zum Ehemaligen-Abend hat Kerstin schon vor einem halben Jahr ganz groß in ihren Terminkalender eingetragen. Jeder Verein, jede Schule und jedes Unternehmen organisiert inzwischen diese Alumniabende. Sie alle wollen das Netzwerk halten und weiter von ihren Ehemaligen profitieren. Das ist normal.

Aber für Kerstin ist diese Mannschaft etwas ganz Besonderes. Es war vielleicht die schönste Zeit ihres Lebens. Gemeinsam haben sie gewonnen und verloren, sich aufgeputscht und so manches Spiel noch gedreht. Sie galten als die Mannschaft der letzten fünf Minuten. Dieser Ruf eilte ihnen voraus. Und gab Selbstbewusstsein! „Heute dagegen sitzt hier ein Haufen Normalos!" Kerstin schaut schuldbewusst in die Runde, als sie sich bei diesem Gedanken ertappt. Vielleicht ist es ja gar nicht so schlimm? Vielleicht sieht es nur so aus?

Claudia zum Beispiel war noch nie normal. Die beiden sind sehr gut befreundet gewesen. Nach der Handballzeit haben sie noch lange zusammengearbeitet. In der Werbeagentur von Nextgen haben sie sich sogar zeitweise am Schreibtisch gegenübergesessen. Doch als Marga geboren war und Kerstin in Elternzeit ging, ist der Kontakt abgerissen. Kerstin ist nicht in die Agentur zurückgegangen und als sie eines Nachmittags kurzentschlossen ein Blech voller Kuchen kaufte und ihren alten Kollegen einen Spontanbesuch abstattete, war Claudia nicht mehr da. Jetzt sitzt sie da, schräg gegenüber ... und zwinkert Kerstin zu.

Der Platztausch ist schnell arrangiert. Kaum sitzen die beiden nebeneinander, beginnt Claudia auch schon zu erzählen. Die Arbeit in der Agentur sei ihr irgendwann zu eintönig geworden. Es war keine Herausforderung mehr zu spüren. Nach monatelangem Kampf mit sich selbst hat Claudia eine Entscheidung getroffen: Sie hat gekündigt. Als sie zwei Tage später beim Vorstand zum Gespräch saß, hat der nur lapidar gefragt: „Wie viel willst du?" Es war jene Zeit, in der Selbstkündigungen von Mitarbeitern groß in Mode waren. Die meisten haben mitbekommen, dass die Machtverhältnisse zwischen Unternehmen und Mitarbeitern sich gedreht haben. Auf dem Arbeitsmarkt gab es unzählige freie Stellen, aber keine geeigneten Bewerber mehr. In den Nachrichten war von Vollbeschäftigung die Rede. Also hat fast jeder Mitarbeiter mindestens einmal die Chance ergriffen, von selbst zu kündigen und damit von seinem Chef eine kräftige Gehaltserhöhung zu bekommen. Einige Unersättliche machten das sogar mehrmals im Jahr.

Doch nicht Claudia! „Ich will kein Geld!", sagte sie zu ihrem Vorstand und als sie sein Gesicht sah, wusste sie: An diesen Gesichtsausdruck würde sie sich noch ihr Leben lang erinnern! Claudia begann von vorn. Sie hat lange überlegt, was sie mit ihrem Leben eigentlich anfangen wollte. Und nach geraumer Zeit hat sie sich tatsächlich noch eine Antwort gegeben. Eine gute, wie sie fand! Claudia würde Lehrerin werden. Sie begann nochmals ein Studium und als dieses fertig war, wurde sie Grundschullehrerin an einer privaten Schule.

Kerstin lauscht Claudias Geschichte, ohne sie zu unterbrechen. Diesen Gedanken kann sie sehr gut nachempfinden. Auch Kerstin hat in den letzten Jahren überlegt, ob für sie nicht die Ausbildung von jungen Menschen einen höheren Sinn machte als das Afrikageschäft der Chinesen. Noch dazu ist das Ansehen der Lehrer in der Gesellschaft in den letzten Jahren sprunghaft gestiegen. Und nicht nur das. Auch ihr Gehalt!

Und während Claudia weiter von ihren Erlebnissen der letzten Jahre erzählt, schweifen Kerstins Gedanken ab: Claudia ist wohl der Inbegriff für den neuen Typ von Lehrern, der sich seit dieser großen Bildungsreform vor acht Jahren überall entwickelt hat. Sie hat ihr Leben in die Hand genommen, sie war mutig und hat für ihre Überzeugung auch in schwierigen Zeiten eingestanden, sie hat Verantwortungsbewusstsein für sich und die Gesellschaft. „Sie ist ein echtes Vorbild für die Kinder", geht es Kerstin durch den Kopf. Wenn sie nochmal wie früher eine Werbekampagne für die Bildungsreform machen müsste, sie würde Claudia als Protagonistin wählen.

Claudia unterbricht ihren Redeschwall, als sie Kerstins Blick auf sich spürt. „Ist etwas?" „Ich bin ein bisschen stolz auf dich!"

Dies ist der Moment, als Katrin die Tränen in die Augen treten. Bisher hat sie von der anderen Seite des Tisches still mitgehört. Jetzt rinnt eine Träne über ihr Gesicht. „Alles okay bei dir?" Kerstin schaut besorgt auf die ehemalige Freundin. Sie beide sind damals zu Handballzeiten ein unzertrennliches Gespann gewesen: Katrin, die kleine, wendige Kreisläuferin. Kerstin, die erfahrene große Rückraumschützin. So manchen Ball hat Kerstin ihrer Freundin durch die Abwehr gesteckt und damit die gegnerischen Torhüterinnen zur Verzweiflung getrieben. „Katrin, was ist los?"

„Ich bin krank." Ihre Worte sind kaum zu verstehen. „Was hast du?" Katrins Schluchzen wird lauter. „So genau wissen die Ärzte das nicht. Wahrscheinlich eine Form von Burn-out." „Oh je, erzähl mal!" Kerstins Ermunterung trifft auf fruchtbaren Boden. Sofort sprudelt es aus Katrin heraus. Sie hat nach dem Abitur einen Job im öffentlichen Dienst angefangen. Jahrelang hat sie im Bürgeramt der Stadt gearbeitet. Am Anfang ist sie froh darüber gewesen. Es war ein sicherer Job. Er war nicht zu schwierig. Sie würde ihn nie verlieren. Dessen war sie sich sicher. Irgendwann später hat sie festgestellt, dass der Job sie nicht mehr motivierte. Es war jeden Tag das Gleiche. Da hat sie ihre Kolleginnen beobachtet und mit Erstaunen festgestellt, dass auch sie ihre Tage als monoton und langweilig empfanden. Sie hat die Frage gestellt, ob man den Job nicht interessanter gestalten könnte. Aber niemand wollte mit ihr darüber reden. „Dein Job ist sicher", hörte sie immer wieder. „Das ist das Wichtigste! Sei froh!" Irgendwann ist eine neue Kollegin ins Bürgeramt versetzt worden. Sie haben sich angefreundet. Irgendwann hat die junge Kollegin sie im Vertrauen gefragt, ob die Arbeit hier nicht zu langweilig wäre. Katrin hat gesagt: „Dein Job ist sicher. Das ist das Wichtigste!" Kurz danach fingen die Kopfschmerzen an. Sie konnte nicht mehr schlafen, sie fühlte sich ständig schlapp. Beim Arzt war die erste Frage, wo sie denn arbeiten würde. „Öffentlicher Dienst!", antwortete sie. „Ach ja, alles klar!", sagte der Arzt.

Kerstin hat mit Entsetzen zugehört. „Wie alt bist du eigentlich jetzt?", fragt sie, als Katrin verstummt. „Gerade 46 geworden." Kerstins Überraschung kann man in ihrem Gesicht lesen. Dass Katrin wesentlich jünger als sie selbst ist, das wusste sie noch. In der Mannschaft ist sie immer das junge, lebensfrohe Küken gewesen. Aber sechs Jahre jünger! Erst 46! „Da hast du noch die Hälfte deines Lebens vor dir!" Eine bessere Antwort ist Kerstin auf die Schnelle nicht eingefallen. Katrin nickt. „Und was willst du machen?" „Ich weiß nicht." Stille am Tisch. „Vielleicht sollte ich mal für ein paar Wochen raus. Ich habe mir überlegt, ob ich mal mit meinem Chef und mit meinem Vermieter rede. Vielleicht halten die mir den Job und die Wohnung frei, wenn ich für ein paar Wochen nach Indien fliege?!"

Kerstin spürt den fragenden Blick ihrer ehemaligen Freundin. „Vielleicht solltest du niemanden fragen. Vielleicht solltest du morgen losfliegen. Ohne Rückflugticket!" Katrin grinst gequält. „Sie versteht nicht, dass das ernst gemeint ist", denkt Kerstin. „Schade!"

Zukunft: Wachstum

Das Volk der Erschöpften

Seit dem Beginn der 2010er-Jahre überschlagen sich in den Industrieländern die Meldungen zu einer zunehmenden Überforderung der Menschen. Ein Begriff steht dabei im Zentrum der Diskussion: Burn-out, die „Modekrankheit" des beginnenden 21. Jahrhunderts. Dahinter verbirgt sich kein einheitliches Krankheitsbild. Vielmehr ist es eine medizinisch wenig präzise Sammelbezeichnung für eine Vielzahl von psychischen Störungen, die durch berufliche und private Überforderungen ausgelöst werden und sich in Symptomen wie Hörsturz, Drehschwindel, Schlafstörungen, Angstzuständen oder sogar Herzbeschwerden manifestieren. Der typische Verlauf von Burn-out ist eine Entwicklungslinie, bei der am Anfang idealistische Begeisterung steht. Frustrierende Erlebnisse führen zu Desillusionierung und Apathie, die sich zu psychosomatischen Erkrankungen, Depression oder Aggressivität weiterentwickelt.

Weniger in der Diskussion, aber ebenso wichtig ist Bore-out, ebenfalls eher ein Sammelbegriff als eine medizinische Diagnose. Menschen können auch aus Langeweile oder Unterforderung krank werden. Die Ursache ist entgegengesetzt, die Symptome sind die gleichen. Das Unterforderungsphänomen ist weiter verbreitet, als man vermutet. Eine repräsentative Untersuchung kommt zu dem Ergebnis, dass die Mehrheit der Arbeitnehmer zwischen 18 und 29 Jahren nicht über-, sondern unterfordert ist. Die Anzahl der Unterforderten ist weit höher als die der Überforderten.[75] Dennoch hört und liest man wenig über Bore-out. Denn während ein „gepflegtes Burn-out" in manchen Kreisen durchaus gesellschaftsfähig ist, wird sich kaum jemand zu einer Krankheit wegen Unterforderung bekennen. Diese gesellschaftliche Scham kann die Probleme sogar noch vergrößern.

Der Grund für beide Modekrankheiten des neuen Jahrhunderts ist zunächst das Verschwinden der Grenzen zwischen Arbeit und Freizeit. Unsere Arbeitszeit nimmt stetig zu. Das betrifft einerseits das zunehmende Eindringen regulärer Arbeit in Zeiten, die außerhalb des klassischen Arbeitstages liegen. Frisöre, Pflegekräfte, Maschinenbediener, Beschäftigte in Hotels und Gastronomie sind davon betroffen. Andererseits lösen sich für Wissensarbeiter aller Kategorien vom Manager über den IT-Spezialisten bis zum Verwaltungsmitarbeiter die Grenzen zwischen Arbeit und Freizeit zunehmend auf, sodass viele nicht mehr genau sagen können, wie viele Stunden sie pro Tag arbeiten. Hinzu kommen die elektronischen Medien. Die Anzahl der Informationskanäle nimmt genauso zu wie die Optionen, sich zu informieren. Dies erhöht die Geschwindigkeit der Arbeit und macht unseren Arbeitsalltag dichter.

All das bleibt nicht ohne Wirkung. Nahezu jeder dritte Bundesbürger leidet innerhalb eines Jahres an einer psychischen Störung. Die Krankschreibungen wegen psychischer Belastung haben sich seit 1990 fast verdoppelt. Die Kosten für die Behandlung von Depressionen sind zwischen 1998 und 2008 fast doppelt so schnell gestiegen wie die übrigen Behandlungskosten.[76] Der Verbrauch von Antidepressiva erhöhte sich innerhalb von zehn Jahren um 100 Prozent. Der Anteil der Frühverrentungen aus psychischen Gründen steigerte sich von 1993 bis 2008 auf mehr als das Doppelte und ist seit 2003 die Hauptursache für vorzeitigen Ruhestand.[77] Die Weltgesundheitsorganisation (WHO) erklärte den beruflichen Stress zu einer der größten Gefahren des 21. Jahrhunderts.

Doch bei aller Sorge um unser Wohl müssen wir die Kirche im Dorf lassen. Waren beispielsweise die Bedingungen nach dem Zweiten Weltkrieg, als ein Heer vom Krieg traumatisierter Soldaten in eine zerstörte Heimat zurückkehrte und Millionen körperlich erschöpfte Flüchtlinge eine neue Heimat suchen mussten, nicht ein Vielfaches belastender als unsere heutigen Lebenswelten? Frühe Untersuchungen aus den 1920er-Jahren kamen zu dem Ergebnis, dass ein Fünftel der Menschen ohne Schwung war. Mitte der 1970er- und Ende der 1980er-Jahre ergaben Umfragen, dass sich 20–30 Prozent der Bevölkerung regelmäßig erschöpft, schlapp oder müde fühlten.

Die Wahrheit ist: Es gibt heute nicht mehr Erschöpfte als früher. Die Gründe dafür mögen sich verändert haben, der Sachverhalt der Erschöpfung und die Zahl der Erschöpften schwanken anscheinend kaum. Unsere Lebens- und Arbeitsbedingungen laugen nicht mehr aus, sondern anders. Unser Eindruck, uns in einem gigantischen Burn-out-Trend zu befinden, hat seine Ursache vor allem im verfeinerten Repertoire an diagnostischen psychiatrischen Instrumenten und in der veränderten Aufmerksamkeit der Gesellschaft. Was früher verschwiegen und im internen Kampf ausgetragen wurde, darf heute auf Anerkennung als Krankheit hoffen. Für jeden psychisch Kranken ist das eine segensreiche Entwicklung, die aber dazu geführt hat, dass wir uns fälschlicherweise von einer Welle psychisch krankmachender Einflüsse umzingelt sehen.

Die Verantwortung der Unternehmen

Die Befunde über krankmachende Faktoren der Arbeitswelt haben bei aller Präzision der Erhebungsmethoden immer relativen Charakter. Für die Unternehmen sind sie vor allem mit der Fragestellung interessant, in welchem Maße psychische Überforderungen und Krankheiten ihre Arbeitsabläufe stören. Und inwieweit Probleme bei der Suche nach neuen Mitarbeitern und bei der Bindung bereits vorhandener auftreten. Solange eine genügende Auswahl existiert, kranke Arbeitnehmer durch gesunde zu ersetzen, und solange die Mitarbeiter klaglos krankmachende Arbeitsbedingungen ertragen, ist die Bereitschaft zum Umdenken auf einige besonders verantwortungsbewusste Topmanager beschränkt. Anders sieht es allerdings aus, wenn die Anzahl der Krankheitstage zunimmt, die Leistungsfähigkeit der Mitarbeiter sinkt, Leistungsträger verlorengehen und die Unternehmen beim Kampf um den talentierten Nachwuchs das Nachsehen haben. In dieser Entwicklung befinden wir uns bereits.

Der Grund, warum Unternehmen in den kommenden Jahren konsequenter als in der Vergangenheit auf die Situation reagieren müssen, liegt einerseits im steigenden Durchschnittsalter der Belegschaften. Dies wird die Situation bis zum Jahr 2025 weiter verschärfen. Andererseits aber sind die Unternehmen schon heute mit einer neuen Generation von Berufseinsteigern konfrontiert, die genau diese krankmachenden und überfordernden Faktoren nicht mehr akzeptieren will. Die Rede ist von der Generation Y. Es ist die erste Generation, die nicht nur komplett in einer Internet- und Smartphone-Welt aufwächst, sondern zugleich die positiven

Seiten des heraufziehenden Fachkräftemangels erlebt. Viele von ihnen können sich ihren Arbeitsplatz aus einer Vielzahl von Angeboten aussuchen. Sie sind dabei nicht mehr vordergründig an Karriere, sondern an Selbstverwirklichung interessiert. Mit anderen Worten: Sowohl das Verhältnis zwischen Beruf und Freizeit als auch Arbeitsatmosphäre und Unternehmenskultur müssen stimmen.

In einigen Jahren werden Angehörige der Generation Y weltweit jeden zweiten Arbeitnehmer stellen und im Jahr 2025 haben sie rein statistisch die gegenwärtig noch dominierende Generation der Babyboomer verdrängt.[78] Übrigens nicht nur in unserem Land, denn die Merkmale dieser Generation finden sich in vielen Ländern. Für die Unternehmen verändern sich mit ihrem Eintreten in das Arbeitsleben die Spielregeln nachhaltig. Wenn diese Generation den Arbeitsmarkt prägt und zugleich Knappheit auf dem Arbeitsmarkt des Jahres 2025 herrscht, dann bleibt den Unternehmen nichts anderes übrig, als deren Erwartungen aufzugreifen. Weil zugleich durch die älter werdenden Belegschaften weitere Zwänge auf die Unternehmen zukommen, stehen Personalabteilungen und Vorstände vor gewaltigen strategischen Herausforderungen.

Mögliche Reaktionen

Die zu erwartenden Änderungen in den Bereichen Unternehmenskultur und Personalmanagement werden tief greifend, aber nicht durchgängig sein. Die Unternehmen unterliegen auch zukünftig dem Diktat des internationalen Wettbewerbs, um ihre Wettbewerbssituation nicht zu gefährden. Auch 2025 wird es weiter Unternehmen geben, die rigide Arbeitsbedingungen und eine die Mitarbeiter verschleißende Arbeitsorganisation praktizieren. Sie finden sich ähnlich wie heute in Branchen, die mit gering qualifizierten, schnell ersetzbaren Mitarbeitern arbeiten. Für solche Unternehmen wird es auch 2025 noch möglich sein, Mitarbeiter aus anderen Ländern anzuheuern, die in ihren Heimatländern keine Arbeit finden. Sie müssen allerdings damit rechnen, durch die sozialen Medien und ihre Kunden abgestraft zu werden, wenn ihre unlauteren Praktiken an die Öffentlichkeit dringen.

Für alle anderen Unternehmen, die auf qualifizierte Wissensarbeiter angewiesen sind, gilt es, die Erwartungen der Generation Y aktiv aufzunehmen. Das Arsenal der Methoden dafür ist vielfältig und meist schon lange bekannt. Es wird sich weiter ausdifferenzieren, aber schon heute lässt sich eine Reihe von Linien erkennen, die auch zukünftig von Bedeutung sein werden.

Zum Ersten müssen die Arbeitsaufgaben der Mitarbeiter attraktiver werden. Meist bedeutet das, den Selbstständigkeitsgrad, die Handlungsspielräume und die Eigenverantwortung zu erhöhen sowie den Mitarbeitern möglich zu machen, immer wieder neue Herausforderungen zu bewältigen. Zum Zweiten geht es darum, mit vielfältigen Möglichkeiten das Verschlingen des Privatlebens durch die Arbeitswelt zu verhindern. Zum Dritten gibt es lang bekannte Work-Life-Balance-Maßnahmen zur Sicherung der Vereinbarkeit von Familie und Beruf. Sie beziehen sich u.a. auf die Planung von Ausfallzeiten durch Mutterschutz oder Elternzeit zur Sicherstellung einer adäquaten Stellvertretung und zur Vorbereitung des Wiedereinstiegs, Mitarbeiter- und Beratungsgespräche über Chancen und Risiken familienbedingter Arbeitsfreistellungen, firmeninterne Weiterbildung während der Elternzeit und abgestufte Teilzeit nach Erziehungsfreistellung. Auch die Gestaltung eines schrittweisen Wiedereinstiegs durch Teilzeitarbeit und flexible Arbeitszeitmodelle, Vertrauensarbeitszeit, variable Wahl des Arbeitsorts und Telearbeit sowie betriebseigene Kinderbetreuung für Kleinkinder gehören dazu. Und nicht zuletzt wird das betriebliche Gesundheitsmanagement in den kommenden Jahren von einer Kürveranstaltung zum relevanten Einflussfaktor der Produktivität. Denn es wird im Jahr 2025 auf Euro und Cent berechnet werden, welche Umsatzeinbrüche für Unternehmen entstehen, die keine Betriebssportgruppen, keine Rückenschulen, keine Stressbewältigungsseminare und kein gesundes Kantinenessen anbieten.

Auch die Technologie wird natürlich in den kommenden Jahren ihren Teil beitragen. Da hochqualifizierte Wissensarbeiter besonders von der Versuchung bedroht sind, ständig und überall zu arbeiten, werden einige Unternehmen dazu übergehen, ihre Server für die Weiterleitung von E-Mails nach Feierabend abzuschalten. Andere technologische Lösungen werden die ständige Flut von Informationen begrenzen. Digitale Assistenten sortieren schon bald wichtige von unwichtigen Nachrichten, organisieren die Ablage und erleichtern das Wiederauffinden.

Macht uns die Zukunft glücklich?

An allen Stellen, an denen Veränderung in unserem Leben stattfindet, fällt es uns leicht, Sorgen zu haben. Denn eine Veränderung bedeutet, dass das Bekannte nicht mehr existieren wird. Es wird Neues entstehen, von dem wir nicht wissen, ob es besser oder schlechter wird. In der öffentlichen Debatte und auch bei manchem unserer Freunde und Bekannten führt das zu der Konsequenz, die neuen Technologien zu verdammen. Und jene Unternehmen, die sie nutzen wollen, gleich mit. Dies ist menschlich absolut verständlich. Denn machen wir uns nichts vor! Die meisten Innovationen kommen nicht in unsere Welt, weil sie sich irgendwer gewünscht hat. Sie entstehen auch nicht, um die Menschen glücklicher zu machen. Trends entstehen dort, wo Unternehmen sich überlegen, was sie ihren Kunden demnächst verkaufen können, um deren Bedürfnisse besser zu befriedigen. Das bedeutet: Trends machen das Leben oft besser. Sie steigern die Qualität des Lebens, aber nicht das Glück!

Und dennoch argumentieren wir falsch, wenn wir den Unternehmen die Schuld für Burn-out und Bore-out geben. Wir sind unehrlich, wenn wir unseren Arbeitgebern die Verantwortung zuschieben, uns glücklich zu machen. Denn wenn wir diese Argumentation ernst meinen, dann gehen wir allen Ernstes davon aus, dass diese Unternehmen etwas mit unserem persönlichen Glück zu tun hätten. Dies ist grundfalsch! Denn Glück ist eine Frage des Empfindens und der Zufriedenheit. Glück kommt nie von außen, es kommt immer von innen. Deshalb gibt es auch nichts auf dieser Welt, das uns glücklich machen kann. Weder ein Trend noch eine Technologie noch ein Unternehmen.

Schauen Sie sich die Glücksforschungen an![79] Warum rangiert das arme Costa Rica im Happy Planet Index auf Platz 1 der glücklichsten Länder, direkt vor Vietnam und Kolumbien? Warum ist das heruntergekommene Kuba auf Platz 12, umgeben von Bangladesh und Honduras? Und warum liegt Deutschland auf Platz 51. Ist das nicht verrückt?

Der Grund ist, dass uns weder Geld noch ein stressfreies Leben zum Glück bringen. Glück ist ein Produkt unseres Bewusstseins. Und der Weg zum Glück beginnt dort, wo wir das alltägliche Vergleichen in unseren Köpfen so zu steuern beginnen, dass wir am Ende nicht als Verlierer dastehen. Wer sich permanent mit jenen Menschen vergleicht, die mehr leisten, mehr arbeiten, mehr Geld verdienen ..., der wird auch im Jahr 2025 unglücklich sein. Wer sein eigenes Leben stattdessen mit dem seiner Großeltern vergleicht, mit seinen

Eltern oder mit seinem eigenen Leben vor fünf Jahren …, der vermag auch im Jahr 2025 Glück zu empfinden.

Unser Schlüssel gegen Stress und Burn-out liegt meist nur einen Handgriff entfernt. Es ist die beste technologische Erfindung aller Zeiten: der Ausschalter! Schauen Sie hin! Es gibt ihn an jedem Gerät. Ob wir ihn bedienen oder nicht, hat nur ganz wenig mit unserem Unternehmen zu tun. Aber sehr viel mit uns selbst.

20:45 Uhr: Besuch zu Hause

Die Ausgemusterten

„Hallo Klaus. Das ist aber eine Freude!" Peters Begeisterung ist nicht gespielt. „Gut siehst du aus!" Peter schaut an Klaus herunter. „Trainierst du noch regelmäßig?" Er freut sich ehrlich seinen alten Trainingskameraden wieder einmal zu sehen. Noch vor fünf Jahren sind die beiden jede Woche mehrmals gemeinsam zum Lauftraining gegangen. Und jeweils im Frühjahr und im Herbst haben sie sogar an Marathonläufen teilgenommen. Doch irgendwann hatte Peter kaum noch Zeit für das tägliche Training. Zuerst kam die Geburt von Marga. In dieser Zeit hat Peter sich stark um seine beiden großen Kinder gekümmert. Und dann begann Kerstin ihre ständigen Afrikareisen. Da waren die Großen schon fast selbstständig, aber Peter übernahm die kleine Marga. Für zwei Stunden Training jeden Abend hat er keine Kraft mehr gehabt. Deshalb hat er auch Klaus kaum noch gesehen.

Und nun steht der hier in Peters Wohnungstür. Heute Nachmittag hat plötzlich sein Handy geklingelt. Der Name Klaus Schipek hat auf dem Display gestanden. In der ersten Sekunde hat Peter keine Ahnung gehabt, wer Klaus Schipek sein soll. Deshalb hat er schnell die Handybrille aufgesetzt, kurz auf den Namen getippt und Rob, sein elektronischer Assistent, hat ihm ein Dutzend Infos eingespielt. Das wäre gar nicht nötig gewesen. Schon beim ersten gemeinsamen Foto, das Rob ihm zeigte, wusste Peter Bescheid: Sie beide Arm in Arm, völlig verschwitzt nach dem Finish des Great Wall Marathon in China. Das ist vor inzwischen sieben Jahren gewesen. Wie die Zeit vergeht!

Klaus hat nicht viel erzählt, sondern nur gefragt, ob sie sich mal auf ein Bier treffen könnten. Es klang dringend! Natürlich konnten sie. Peter freute sich. „Wenn du willst, können wir das gleich heute Abend machen. Allerdings ist Kerstin bei ihrem Ehemaligen-Abend. Bis acht Uhr ist noch die Kinderfrau da. Aber dann, wenn Marga schläft, muss ich zu Hause sein und aufpassen. Also: Du könntest zu mir kommen. Dann können wir in Ruhe reden."

„Wie geht's dir?", fragt Peter erwartungsvoll, als sie im Wohnzimmer auf der Couch sitzen. „Beschissen!" Die Antwort klang ehrlich. Die Freude in Peters Gesicht geht in Betroffenheit über. „Wieso?", fragt er zaghaft. „Erzähl mal!" Klaus beginnt seine Geschichte. Ob Peter noch wisse, was Klaus gearbeitet hat, fragt er. Natürlich! Klaus ist Lagerarbeiter. Logistikfachkraft heißt das seit dem ersten Boom der Logisitikbranche vor 15 Jahren. Wie oft hat Peter seinen Trainingskameraden früher um seine geregelten Arbeitszeiten beneidet? Klaus fand jeden Tag Zeit zu trainieren. Doch jetzt hat er offenbar zu viel Zeit. Ihm ist gekündigt worden. Schon vor einem halben Jahr. Er wird ganz kleinlaut, als er davon berichtet. Klaus ist sofort zu seinem Chef gegangen und hat ihn zur Rede gestellt. Wie könne es sein, dass die Branche boome und boome, dass in den Nachrichten ständig von Vollbeschäftigung die Rede sei, dass seine Firma händeringend nach neuen Beschäftigten suche ... und Klaus trotzdem die Kündigung bekäme. Er sei zwar 55 Jahre, aber das ist ja heutzutage kein Alter mehr.

Außerdem fühle er sich gesund und fit. Was hat sich sein Chef dabei gedacht? „Deine Arbeit machen bei uns ab sofort die Roboter“, ist die Antwort des Chefs gewesen. „Das ist billiger!“ Klaus verstand die Welt nicht mehr.

Peter hat der Geschichte schweigend zugehört. Jetzt sagt er: „Du bist immer noch Gabelstaplerfahrer, oder?“ Er fühlte sich an früher erinnert. An ihre gemeinsamen Läufe. Kilometer für Kilometer sind sie gemeinsam gelaufen und haben dabei so manches ernsthafte Gespräch geführt. Oft ist es dabei um Klaus’ Job gegangen. Peter hat versucht seinem Freund ins Gewissen zu reden. Zuerst vorsichtig, später dann drängend. Er hat versucht Klaus zu erklären, dass die Fähigkeit, Gabelstapler zu fahren und zu reparieren, zwar früher eine respektable Aufgabe war, aber keine Zukunftsperspektive habe. Gabelstapler würden in Zukunft allein fahren, ohne Fahrer. Das war schon seit mindestens zehn Jahren absehbar. Nun ist es eingetreten. Wenig überraschend! Jedenfalls nicht für Peter.

Klaus hat sich damals Training für Training Peters Zukunftsvisionen angehört. Er hat kaum dagegen argumentiert. Aber Peter hatte dennoch nie das Gefühl, dass Klaus eine Konsequenz daraus ziehen würde. Einmal hat er gesagt: „Die können uns ja nicht alle auf die Straße werfen. Wir sind einfach zu viele. Und die meisten sind auch in der Gewerkschaft. Das lassen die nicht zu, dass uns die Maschinen die Arbeit wegnehmen!“ Für Peter hat das damals geklungen wie die Verteidigungsgefechte der alten Vorstände in seinem Unternehmen. Auch die haben sich nie vorstellen können, dass ihre Geschäftsmodelle eines Tages wegbrechen würden.

Vermutlich hat Klaus damals sogar recht gehabt. Allen seinen Kollegen zu kündigen wäre nicht möglich gewesen. Doch er hat sich nicht vorstellen können, dass seine Kollegen sich verändern würden. Einige sind mit der Zeit gegangen und haben Zusatzausbildungen gemacht. Andere sind in andere Abteilungen des Unternehmens gewechselt. Wieder andere wurden von der Konkurrenz abgeworben. Zuletzt ist aus der einst starken Masse an Kollegen nur noch eine Handvoll übrig geblieben.

Klaus erzählt, wie er die ersten beiden Wochen lethargisch und ziellos durch die Stadt gelaufen ist. Er hat die Hoffnung gehabt, sein Chef würde es sich anders überlegen. Oder der Betriebsrat würde eine Rücknahme der Kündigung erreichen. Niemand protestierte, nicht einmal die Gewerkschaft. Dann ist Klaus in den Urlaub gefahren. Drei Wochen Mallorca. Zuvor hat er sich noch beim Arbeitsamt gemeldet. Am Strand in Mallorca hat er sein Handy immer dabei gehabt in der Hoffnung, dass sich irgendjemand mit einem neuen Arbeitsangebot melden könnte. Doch niemand rief an. Nach seiner Rückkehr sagte sein Jobvermittler, dass es für Menschen mit Klaus' Qualifikation keine Arbeit mehr gab. Es würde auch in Zukunft keine geben. Er solle sich bis zum nächsten Termin überlegen, in welche Richtung er sich umschulen lassen wolle.

Betretenes Schweigen. „Was kannst du denn noch, außer Gabelstapler fahren?", bricht Peters Frage nach einer gefühlten Ewigkeit in die Stille hinein. „Aber Peter, ich will mich doch nicht umschulen lassen! Ich bin 55! Ich bin Gabelstaplerfahrer!" Er ist lauter als nötig geworden. Fast flehentlich schaut Klaus seinem ehemaligen Freund ins Gesicht. „Verstehst du mich?" Peter nickt. Er kennt diese Gespräche aus seinem Unternehmen. Klaus' Problem ist nicht, dass er nichts kann, sondern dass er glaubt nichts anderes zu können. Er traut sich nichts zu. Er hat zu wenig Mut. Er hat sein Leben noch nie selbst in die Hand genommen. Er lässt es tun: von Chefs, von Unternehmen, von Gewerkschaften. „Komisch", denkt Peter, „unsere Eltern sind mit dieser Strategie noch gut durchs Leben gekommen."

Und von einer Generation auf die andere funktioniert das nicht mehr. Verrückt!

Bei der neuen Wir-passen-die-Jobs-den-Menschen-an-Strategie in seinem Unternehmen hat Peter einige solcher Fälle gesehen. Anfangs ist er noch überzeugt gewesen, dass er für jeden einen passenden Job kreieren könne. Doch schon bald musste er sich eingestehen, dass das nicht stimmte. Man konnte sie umschulen noch und noch. Wenn sie nicht selbst den Mut fassten zu glauben, dass sie etwas gut können, dann würden sie zwangsläufig scheitern. Denn man kann die Jobs in einem Unternehmen sehr gut an die vorhandenen Mitarbeiterfähigkeiten anpassen. Was man nicht kann und auch nicht darf: ein Unternehmen an die Mutlosigkeit der Mitarbeiter anzupassen. Dann lieber kündigen!

„Ich habe auch keinen Gabelstaplerjob für dich, Klaus!", sagt Peter nach einer Weile. Klaus lächelt gequält. „Das weiß ich. Aber du kennst doch so viele Leute. Vielleicht braucht jemand einen wie mich?!" Peter schüttelt kaum merklich den Kopf. „Ich habe eine Idee", beginnt er so zögerlich, wie sich der Gedanke in seinem Kopf formt. „Was hältst du davon, wenn du nächsten Dienstag mal mit zu meinem Serviceclub kommst? Hast du schon einmal etwas von Round Table gehört?" Klaus schaut skeptisch. „Das sind doch alles Geschäftsleute dort. Da passe ich beim besten Willen nicht hin?!" „Du irrst dich! Das sind wirklich gute Jungs. Wir haben gerade die Patenschaft für ein Waisenheim übernommen. Mit eigenen Händen bauen wir denen einen Spielplatz. Und manchmal gehen wir auch mit den Kindern zum Fußball oder ins Theater." Klaus sieht skeptisch aus. „Komm mit! Das wird deinem Leben wieder Sinn geben. Das macht Spaß und es macht stolz! Du wirst sehen, irgendwann kommt der neue Job fast von selbst!" Peter schaut Klaus hoffnungsfroh an. Ob er die Chance versteht?

Zukunft: Arbeitslosigkeit

Das neue Prekariat

Wir wissen sehr gut, was Arbeitslosigkeit bedeutet. Über kaum ein Thema wurde in den vergangenen Jahrzehnten in den Medien intensiver berichtet. Wir wissen, dass Arbeitslose unglücklich sind. Arbeitslos zu werden ist für viele Menschen ein tiefer Einschnitt in den Lebensverlauf: Soziale Kontakte zerbrechen. Strukturen, die den Tagesverlauf prägen, lösen sich auf. Und sinnstiftende Tätigkeiten fehlen. Erwerbslosigkeit führt, vor allem wenn sie länger anhält, zu psychischen Beeinträchtigungen und Depressionen. Auch das Selbstwertgefühl und die Fähigkeit sowie Bereitschaft zu lernen werden stark beeinträchtigt.[80] Kurzum: Arbeitslosigkeit ist das Schlimmste, was uns passieren kann!

Aber stimmt das wirklich? Es spricht einiges dafür, dass sich unser Blick auf die Arbeitslosigkeit in den kommenden Jahren verändert. Mit dem demografischen Wandel und der zurückgehenden Erwerbsbevölkerung wird sich die Anzahl der Arbeitslosen bis 2025 deutlich verringern: Eine Million Arbeitslose wird es dann wohl nur noch geben.[81]

Es mag zynisch klingen, aber möglicherweise ist die angekündigte Vollbeschäftigung für das Funktionieren unserer Gesellschaft im Jahr 2025 schlimmer als die heutige Arbeitslosigkeit. Bisher galt Letztere vor allem als sozialpolitisches Problem. Jetzt rückt zunehmend die wirtschaftspolitische Dimension der Arbeitslosigkeit in den Vordergrund. Denn Arbeitslose sind potenzielle Mitarbeiter. Das heißt: Mit zunehmender Arbeitslosigkeit steigen auch die Auswahlmöglichkeiten der Unternehmen bei der Suche nach neuen Mitarbeitern und die Lohnkosten können durch die Verhandlungsmacht der Unternehmen gedrückt werden. Mit dem Rückgang der Arbeitslosigkeit vermindert sich aber die Auswahl an potenziellen Mitarbeiterinnen und Mitarbeitern nicht nur in der Anzahl, sondern auch in der Qualität. Gut qualifizierte und integrationsfähige Arbeitslose finden schon nach kurzer Zeit eine neue Beschäftigung. Übrig bleiben die Minder- und Nichtqualifizierten. In Deutschland gelten heute etwas mehr als fünf Millionen Menschen als formal nicht qualifiziert. Darunter sind 2,2 Millionen junge Menschen im Alter von 20 bis 34 Jahren, von denen 1,2 Millionen erwerbstätig sind.[82]

Hier könnte eine Situation erreicht werden, in der zahlreiche Stellen offen sind und die Unternehmen händeringend nach Beschäftigten suchen, aber dennoch eine Million nicht qualifizierter Menschen keine Arbeit findet. Dies ist der Punkt, an dem unsere Unternehmen des Jahres 2025 Gefahr laufen, gegen ihren internationalen Wettbewerb nicht mehr konkurrenzfähig zu sein.

Deshalb liegt die vielleicht anspruchsvollste Aufgabe des Jahres 2025 darin, die eine Million verbleibenden niedrig und nicht qualifizierten Arbeitslosen in Jobs zu führen. Dafür gibt es zwei wesentliche Wege. Der eine Weg zielt darauf ab, Angebot und Nachfrage am Arbeitsmarkt besser zusammenzubringen. Umfangreiche Datenbanksysteme unterstützen dies schon jetzt. Es ist davon auszugehen, dass bis zum Jahr 2025 intelligente Datenbanken und digitale Assistenten die Suche nach geeigneten Arbeitsplätzen wesentlich beschleunigen können. Das heutige händische Durchsuchen von Jobbörsen durch die Bundesagentur für Arbeit oder private Arbeitsvermittler erscheint in Zeiten von Big Data und smarter Prognostik als sehr gestrige Veranstaltung. Im Jahr 2025 wird wohl der digitale Assistent des Arbeitssuchenden selbstständig Kontakt mit dem digitalen Assistenten des Arbeitgebers herstellen und einen Vorabgleich durchführen.

Der zweite, mindestens ebenso wichtige Weg ist das Angleichen der Qualifikationen des Arbeitslosen. Dies ist nicht billig. Obwohl es sich um weniger Arbeitslose als heute handelt, wird eher mehr als weniger Geld für ihre Qualifizierung nötig sein. Doch Geld ist nicht alles. Ernsthafte Erfolge in der Qualifizierung dieser Langzeitarbeitslosen für den künftigen Arbeitsmarkt sind wohl nur zu erwarten, wenn ein Paradigmenwechsel stattfindet. Heute gilt das Stichwort der passgenauen Qualifizierung. Das bedeutet: Erwerbslose sollen Qualifikationen erhalten, die ihnen sofort den Einstieg in ein Unternehmen ermöglichen. Diese Logik ist gesamtwirtschaftlich sogar sinnvoll, denn sie folgt der obersten Maxime, die Arbeitslosen möglichst schnell aus den Sozialkassen zu nehmen. Das Problem dieser Vorgehensweise ist, dass die kurzfristig benötigten Qualifikationen oftmals auch kurzfristig wieder überholt sind. Da eine ausreichende Basisqualifikation fehlt, unterliegen die so angepassten Erwerbstätigen oft dem „Drehtüreffekt“. Sie kommen schnell in die Betriebe hinein, sind aber auch schnell wieder draußen.

In den Zeiten des Fachkräftemangels im Jahr 2025 reicht das nicht mehr. Künftig darf an erster Stelle nicht mehr die Frage stehen, wie die Arbeitslosigkeit gesenkt und die sozialen Folgekosten verringert werden können. Stattdessen hat Priorität, wie die Potenziale eines jeden Erwerbslosen für die Deckung des Fachkräftebedarfs erschlossen werden können. Dies würde die Arbeitslosigkeit gewissermaßen nebenbei verringern und hätte für die Betroffenen zur Folge, dass sie als gut qualifizierte Fachkräfte nicht irgendeine Arbeit, sondern eine gute Arbeit mit Aufstiegsmöglichkeiten und Arbeitsplatzsicherheit erreichen könnten.

Das grundlegende Auffrischen der Basisqualifikation statt kosmetischer Weiterbildungskurse ist keine gänzlich unbekannte Sache. In den USA ist es unter den Absolventen Tradition, nach einer Phase der Berufstätigkeit an die Universität zurückzukehren, um weitere Abschlüsse zu erlangen. Auch an deutschen Universitäten kennt man Professoren, die in schöner Regelmäßigkeit Forschungssemester erhalten, in denen sie keine Studenten unterrichten, sondern sich ein halbes Jahr ihrer Forschung und Qualifikation widmen. Ein ähnliches Vorgehen ist für qualifizierte Erwerbslose eine vielversprechende Option. Der arbeitslose Ingenieur, dessen Fachrichtung nicht mehr gebraucht wird oder dessen Wissen durch langjährige einseitige Tätigkeiten veraltet ist, könnte durch ein Zwischenjahr an der Hochschule einen neuen Abschluss oder Spezialqualifikationen erwerben, die ihn vom Arbeitslosen zum nachgefragten Spezialisten machen.

Ob die Arbeitsmarkt- und Wirtschaftspolitik hierzulande diesen Paradigmenwechsel tatsächlich bis zum Jahr 2025 vollziehen, ist auch für Trendforscher aus heutiger Sicht nicht prognostizierbar. Dies hängt aller Voraussicht nach stark davon ab, wie gut oder schlecht der Fachkräftemangel auf anderen Wegen behoben werden kann. Wenn der Mangel kleiner wird, dann sinkt der politische Leidensdruck, sich der „letzten Million" an Arbeitslosen konsequent zuzuwenden. Wenn der Mangel groß bleibt, dann ist die Wahrscheinlichkeit höher.

Wie ist die letzte Million zu aktivieren?

Langzeitarbeitslose haben bei ihrem Versuch, in die Arbeitswelt zurückzukehren, mit einer Mischung aus tatsächlichem Mangel an Qualifikation und sozialen Kompetenzen sowie den Vorurteilen ihrer Mitmenschen zu kämpfen. Je länger die Arbeitslosigkeit dauert, umso stärker sind die Kompetenzverluste. Im Extremfall führt das bis hin zur Zerstörung normaler Tagesstrukturen und der Fähigkeit zur Selbstorganisation. Auch die Bereitschaft und die Befähigung zum erfolgreichen Lernen gehen deutlich zurück.[83] Dies ist der „harte Kern" der Arbeitslosen, der mit den klassischen Methoden des Forderns und Förderns oft nicht mehr erreicht werden kann. Dennoch können wir uns zukünftig nicht erlauben auf weitere Versuche der Aktivierung zu verzichten.

Wie dies funktionieren könnte, zeigen Pilotprojekte und Studien.[84] Demnach sind es hauptsächlich drei Kriterien, die zu überdurchschnittlichen Erfolgen führen: Entsprechende Projekte betrachten jeden Arbeitslosen individuell und stärken sein individuelles Handlungsvermögen. Sie arbeiten zuallererst an der Motivation der Arbeitslosen und nicht an ihren Qualifikationen. Und schließlich beziehen sie den potenziellen Arbeitgeber von Anfang an direkt in die Qualifizierung mit ein. Diese weltweit gelobte Stärke der dualen Berufsausbildung in Deutschland könnte auch für Langzeitarbeitslose ein Erfolgsrezept sein. Der Vorteil: Der Arbeitslose hat direkten Kontakt zu Kunden, Geschäftspartnern und Lieferanten, arbeitet im Team und lernt früh in der Praxis Arbeits- und Geschäftsprozesse effizient zu gestalten. Arbeitskollegen und pädagogisch geschultes Personal unterstützen ihn dabei.

Dieses Szenario führt zu einer weitreichenden Schlussfolgerung: Eine einseitige Anpassung der Arbeitslosen an die betrieblichen Anforderungen reicht nicht aus, um diese Gruppe zu integrieren und ihr Potenzial für die Fachkräftesicherung zu erschließen. Stattdessen müssen auch die Unternehmen einen Schritt auf ihre potenziellen Mitarbeiter zugehen. Die Tätigkeitsprofile im Unternehmen müssen an die tatsächlich erreichbare Qualifikation der Arbeitslosen angepasst werden. Unterm Strich müssen die Jobs weniger komplex werden.

Warum sich tatsächlich etwas ändern könnte

Damit wären wir bei einem zweiten Paradigmenwechsel. Denn seit mehr als 50 Jahren verläuft die Entwicklung der Arbeitsorganisation in die entgegengesetzte Richtung. Arbeitsaufgaben werden immer komplexer und einfache Aufgaben gehen in komplexen Tätigkeiten auf. Der Manager schreibt seine Texte selbst, die Schreibkraft wurde entlassen oder entwickelte sich von der Sekretärin zur Büroorganisatorin. Maschinenbediener übernehmen die Funktion von Maschineneinrichtern und programmieren ihre Maschinen selbst. Bisher waren alle Interessensgruppen mit dieser Entwicklung zufrieden. Die Gewerkschaften sowie die Arbeitnehmer, weil die anspruchsvollen Aufgaben gut bezahlt werden und ein hohes Maß an Selbstverwirklichung ermöglichen. Die Unternehmen, weil sie die Kosten für die einfache Arbeit einsparen. Nur die Arbeitslosen waren unzufrieden, aber die hatten keine Lobbyorganisation.

Im Jahr 2025 werden mit einiger Wahrscheinlichkeit die Unternehmen die Lobby der Arbeitslosen übernehmen. Nicht aus sozialem Engagement, sondern aus Eigeninteresse. Ihre einfache Rechnung ist: Die Gruppe der Hochqualifizierten wird knapp. Die Gruppe der Geringqualifizierten ist noch ausreichend vorhanden. Also wird es darum gehen, die Arbeitsorganisation im Unternehmen so zu verändern, dass die verbleibenden Hochqualifizierten optimal eingesetzt werden. Dafür werden die bislang komplexen Arbeitsaufgaben in mehrere einfache Arbeitsaufgaben zerlegt, die dann auch von schnell Einzuschulenden ausgefüllt werden können. Dieser Teil der Tätigkeit wird an Geringqualifizierte übergeben. Realistisch ist dies vor allem an jenen Stellen, wo weder Computer noch andere Formen der Automatisierung geeignet sind die einfachen Arbeiten zu übernehmen

Entsprechend werden die Unternehmen in den kommenden Jahren bis 2025 ihre bisher mit einfachen Aufgaben befassten Mitarbeiter durch Personalentwicklung für anspruchsvolle Fach- und Führungsaufgaben vorbereiten, um die dadurch frei werdenden einfachen Tätigkeiten mit Erwerbslosen zu besetzen. Die vorhandenen Mitarbeiter sitzen sozusagen im Fahrstuhl nach oben und machen dadurch Platz für Nachrücker mit geringerer Qualifikation.

21:57 Uhr: Anruf des Headhunters

Warum kommt Neues in die Welt?

„Der Besuch von Klaus war anstrengender als gedacht!“ Peter lässt sich auf das Sofa fallen. Er nimmt seinen Stammplatz, hinten in der Ecke beim Fenster. „Rob! Ich will Musik hören!“ Peter stutzt kurz. Seine Kommandos an den elektronischen Assistenten müssen sich für Fremde wohl ziemlich herrisch anhören. Andere Leute unterhalten sich freundlicher mit ihren Geräten. Manchmal belauscht Peter fast liebevolle Gespräche zwischen Mensch und Maschine. Er selbst hat sich angewöhnt Rob zu kommandieren. „Ich brauche keinen Gesprächspartner, ich brauche einen Diener!“, hat Peter mal gesagt, als Kerstin ihn nach einem zu herrischen Kommando in der Öffentlichkeit ein wenig strafend angeschaut hat. Das war natürlich scherzhaft gemeint! Doch im Grunde stimmt es wohl.

„Welche Band?“, antwortet Rob. „New Model Army!“ „Welches Album?“ „Impurity. Aber den Remix!“ Es dauert keine Sekunde, da erklingt das markante Gitarrenriff. Peter lehnt sich zurück. Bei anderen Leuten schlagen die elektronischen Assistenten meist selbst eine Musikauswahl vor. Zusammengestellt nach bestimmten Algorithmen aus all den Gewohnheiten des Nutzers, Empfehlungen seiner

Freunde und Ähnlichkeiten aus Musikdatenbanken. Peters Rob hatte anfangs auch auf diese Weise seine Intelligenz demonstriert. Doch seitdem sein Algorithmus merkte, dass Peter immer nur das auswählt, was er selbst kommandiert, sind Robs Vorschläge verschwunden. „Kluger Typ“, denkt Peter!

Fast lautlos öffnet sich die Wohnzimmertür. Erst einen Spalt, dann weiter. In der Tür erscheint der Kopf von Frau Schuhmann. „Sie sind ja immer noch da!“, begrüßt Peter die Kinderfrau im Wohnzimmer. Er ist weniger überrascht, als er tut. Schließlich hätte Frau Schuhmann niemals das Haus verlassen, ohne sich zu verabschieden. Aber dennoch ist sie schon fast eine Stunde länger da als sonst. „Wollte Marga nicht einschlafen?“, fragt Peter. „Wir haben heute noch etwas länger im Bett geredet.“ Peter schaut irritiert. „Frauengespräche!“, erklärt Frau Schuhmann und lacht. „Marga ist ja richtig verliebt ihn diesen Herrn Beranek!“

Peter verdreht die Augen. „Setzen Sie sich noch kurz? Ich wollte mir gerade einen Martini holen. Wollen Sie auch einen?“ Frau Schuhmann zuckt mit den Schultern und nickt. „Warum nicht?“ sollte das wohl heißen. Peter verschwindet in der Küche.

Als er wieder auftaucht, hat er eine Flasche Martini und zwei Gläser in der Hand. „Wie lief es denn heute in der Kita?“, fragt er. Die Antwort überrascht ihn: „Ich glaube, ich werde alt“, beginnt die Kinderfrau. „Überall sind jetzt neuerdings diese Displays in der Kita. Es gibt ja kaum noch eine Wand ohne diese neuen Dinger! Immerzu haben die Kinder so ein Gerät vor sich. Im Gruppenraum, im Garten, auf dem Nachhauseweg und sogar im Badezimmer. Das kann doch nicht gut sein!“ Die Kinderfrau fühlt sich durch Peters Nicken bestätigt und ergänzt: „Das hat es früher nicht gegeben. Ich verstehe nicht, wie das Bildungsministerium so etwas zulassen kann. Und dann stellt sich der Minister auch noch in den Nachrichten vor die Kameras und brüstet sich mit dieser neuen Technik. Das macht doch unsere Kinder ganz kaputt!" Der letzte Satz hat nicht mehr verständnislos geklungen. Eher vorwurfsvoll! „Damit war ich wohl gemeint, nicht der Minister", denkt Peter und nickt verständnisvoll.

„Na ja", beginnt er seine Antwort. Er muss noch überlegen, wie detailtief er mit Frau Schuhmann heute Abend über die Logik der Innovationsprozesse in der Gesellschaft diskutieren möchte. „Das Neue kommt ja meistens nicht in die Welt, weil jemand es sich wünscht oder weil es die Welt besser macht. Sondern weil große Unternehmen ihre Gewinne machen wollen und danach suchen, welche neuen Dinge aus ihren Innovationslabors sie den Kunden verkaufen könnten." „Genau!" Frau Schuhmann seufzt. „Das ist nicht mehr meine Welt!", stellt sie fest. Die Inbrunst in der Stimme erschreckt Peter etwas. „Aber das ist doch gar nichts Neues. Das war doch schon immer so, oder?" Die Kinderfrau schüttelt energisch den Kopf. „Nein, nein. Früher gab es nicht überall diese Bildschirme. Da hat nicht jeder sofort alles erfahren. Da waren unsere Daten viel sicherer. Da hatten wir noch Geheimnisse. Und das war gut so!"

Ein blinkender Fleck an der Wohnzimmerwand erlöst Peter von einer tieferen Debatte. Frau Schuhmann schaut erschreckt zu Peter. „Nichts Schlimmes", sagt er. „Da versucht nur jemand mich anzurufen." Doch er selbst schaut irritiert auf den Fleck. Normalerweise wird an dieser Stelle das Fernsehbild in die Screentapete seines Wohnzimmers eingeblendet. Und wenn ein Anruf kommt, dann erscheint dort das Foto des Anrufers. Einen weißen Fleck hat er schon lange nicht mehr gesehen. Wenn Rob nicht binnen Sekundenbruchteilen die Identität des Anrufers feststellen kann, dann bedeutet das, dass dieser wirklich große Anstrengungen unternommen hat, um seine Identität zu verschleiern. Wer sollte das sein? Und: Will er abends um zehn mit so jemandem reden?

„Rob! Ablehnen!“, ruft Peter in den Raum. Das helle Blinken verlischt. Doch nur Sekunden später ist es wieder da. Diesmal blinkt nichts. Auf dem hellen Fleck ist ein Text zu lesen. Es ist eine Nachricht vom Anrufbeantworter. Das „ENG“ in der ersten Zeile weist darauf hin, dass es ein englischsprachiger Anrufer war. Rob hat ihn der Einfachheit halber automatisch ins Deutsche übersetzt und die gesprochene Nachricht in einen geschriebenen Text umgewandelt. „Herr Seedorf, Sie suchen eine neue Herausforderung. Ich arbeite für Top-Global-Executive-Search. Ich habe etwas für Sie. Bitte melden Sie sich noch heute!“, steht da.

Frau Schuhmann nippt an ihrem Martini und schaut fragend zu Peter herüber. „Was soll das? Wie kommt der darauf? Wieso meldet der sich abends um zehn?“ In ihren Augen kann Peter noch zehn weitere Fragen ablesen. Er will keine Grundsatzdebatten mehr. Nicht heute Abend! Deshalb erklärt er nur kurz: „Ich habe vorhin in meinem Blog etwas über das neue Projekt meiner Firma in Usbekistan geschrieben. Dabei habe ich auch von einer ‚neuen Herausforderung‘ geschrieben. Der da ...“, Peter zeigt auf die Wand, „ist ein Headhunter. Vermutlich hat sein elektronischer Assistent meinen Text analysiert. Der Begriff ‚Neue Herausforderung‘ ist bei Headhuntern ein Zeichen dafür, dass jemand unzufrieden mit seinem alten Job ist. Und jetzt denkt der wahrscheinlich, dass ich einen neuen Job suche.“ Frau Schuhmann schüttelt den Kopf. Peter auch. Er denkt an morgen früh. Welche Flut von Headhunter-Anrufen würde ihn da wohl erwarten? Warum ist er nicht einfach vorsichtiger bei seiner Wortwahl gewesen? „Blöde Algorithmen. Aber ich bin ja selbst schuld!“, denkt er noch, als er den Martini austrinkt.

Zukunft: Transparenz

Wie eine Welt ohne Geheimnisse funktioniert

Was haben wir gekämpft in unserem Land! Für mehr Demokratie, mehr Mitbestimmung, mehr Bürgerrechte! Ob mit großen Demonstrationen auf der Straße oder kleinen Anfragen im Parlament ... das Ziel war immer das gleiche: Es hieß: „Transparenz!" Schon lange bevor wir das Internet kannten, war die größtmögliche Transparenz das finale Ziel aller Denker und Veränderer in der Gesellschaft. Groß war der Jubel unter den Engagierten, als das Internet in unser Leben trat und fast unverhofft eine völlig neue Qualität der Transparenz brachte.

All jene, deren Macht bis dato auf einem Herrschaftswissen beruht oder auf der garantierten Geheimhaltung ihrer Entscheidungen und Taten ... all jene müssen ihre Autorität künftig auf neue Beine stellen. Denn spätestens seit Wikileaks kann niemand mehr sicher sein, dass sein Geheimnis auch wirklich geheim bleibt. Allein die Möglichkeit eines Verrats über das Wikileaks-System stelle schon eine wirksame Kontrolle der Mächtigen dar, argumentieren die Befürworter. Eine „Korrumpierung der Menschlichkeit", wie man sie etwa im öffentlich gemachten Funkverkehr eines amerikanischen Kampfhubschraubers hören könnte, wäre nicht denkbar, wenn die Beteiligten damit rechnen müssten, dass ihre Eltern und Freunde zuhören könnten.[85]

Wir sind inzwischen weit vorangekommen auf diesem Weg zur umfassenden Transparenz. Doch je näher wir dem finalen Ziel kommen, desto deutlicher werden auch die Schattenseiten dieser Entwicklung. Denn die durchgreifende Transparenz der Gesellschaft des Jahres 2025 bezieht sich nicht nur auf Politik, Militär oder Geheimdienste. Inzwischen ahnen wir, was am anderen Ende des Weges auf uns warten könnte. Die weiter zunehmende Technisierung und Digitalisierung treibt die Transparenz in ein Extrem: Extremdemokratie und Extremtransparenz oder kurz gesagt: eine Welt ohne Geheimnisse. Plötzlich befinden wir uns in einer Dynamik der Technologieentwicklung, die uns vor der eigenen Courage erschaudern lässt. Denn vielleicht haben wir uns bereits eine irreversible technologische Welt geschaffen, in der jegliche Geheimnisse auch in unserem Arbeits- und Privatleben verschwinden?!

Der britische Experte für künstliche Intelligenz und internationaler Meister im Schach, David Levy, hält eine Welt ohne Geheimnisse für möglich. Er war einer der ersten Schachspieler, die das Potenzial der Schachcomputer erkannten. Schon frühzeitig prophezeite er den Sieg der künstlichen Intelligenz über die menschliche. Heute sagt er voraus, dass es immer schwieriger werden wird, Geheimnisse zu bewahren. Und teurer! Im Jahr 2025 müssen wir akzeptieren, dass wir möglicherweise keine wesentlichen Geheimnisse in der Welt mehr haben.[86]

Tatsächlich könnte Levy recht behalten. Die Datenerfassung und -analyse in nahezu allen Situationen unseres Arbeits- und Privatlebens hat unsere Geheimnisse bereits heute drastisch reduziert. Jeder, der ein Handy in der Tasche trägt, ob angeschaltet oder aus, gibt der Telefongesellschaft seinen Aufenthaltsort preis. Die Kameraüberwachung auf den Straßen kombiniert mit automatischer Gesichtserkennungssoftware tut ihr Übriges. Wer an der Hotline eines Unternehmens anruft, dessen Stimme durchläuft mit hoher Wahrscheinlichkeit eine Analysesoftware, die dem Callcenter-Agenten in Echtzeit verrät, in welchem emotionalen Zustand sich der Anrufer befindet. Ähnliches leisten auch Gesichtserkennungs- und Hautfeuchtesensoren. Wer Bonusprogramme wie Payback & Co. nutzt, der verrät, wie viel Geld er wann wofür ausgibt. Noch einfacher verrät er es beim mobilen Payment über das Handy. Bodyscanner erfassen unsere Körperdaten genauso wie Wärmesensoren. Nicht zu reden von den Filter- und Analysefunktionen der Social Networks, der Googles, Facebooks, Twitters, LinkedIns und all der anderen cloudbasierten Systeme, die ihren Nutzen vor allem aus der individuellen und situationsgenauen Filterung ihres Angebots ziehen. Natürlich ist diese Entwicklung nicht am Ende. Sie wird weitergehen über die neuen Steuerungsarten, die Gesten-, Sprach- und Gedankensteuerung. Sie wird einen großen Sprung nach vorn machen, sobald Nanosensoren so kostengünstig produziert werden können, dass Emotionserkennung durch Geräte zur Standardanwendung wird.

Ist all dies schlecht? Hüten wir uns vor einer zu schnellen Antwort! Angebliche gesellschaftliche Normen wie Moral, Natürlichkeit und Normalität sind keine guten ethischen Kriterien dafür. Denn in der Realität versteht jeder etwas anderes darunter. Versuchen wir also eine realistischere Antwort: Zunächst sind all diese Dinge nützlich. Sie entstehen, um unser Leben angenehmer zu machen, die Produkte schöner und unsere Umgebung passender. Wir werden in der Regel nicht dazu gezwungen. Im Gegenteil: Wir nutzen sie, weil wir sie nutzen wollen. Also sind sie positiv?

Auf der anderen Seite gibt es selbstverständlich ein nicht von der Hand zu weisendes, theoretisches Manipulationspotenzial. Sollen alle diese Informationen an einer zentralen Stelle zusammenlaufen und ausgewertet werden können, dann bekäme diese Stelle eine große manipulative Macht über uns. Gibt es diese Macht oder wird es sie geben? Ist das das wahre Bestreben von Unternehmen und Geheimdiensten? Hier beginnt das Gebiet der Apokalyptiker und Verschwörungstheoretiker. Wer denen folgt, der muss zu der Antwort kommen, dass jegliche Entwicklung schädlich ist und dringend gestoppt werden muss.

Doch egal ob wir intuitiv eher zu den Optimisten oder

den Skeptikern tendieren, beide Seiten der Medaille sind für jeden Einzelnen unter uns nur seriös bewertbar, wenn wir wissen, wie die Technologie tatsächlich funktioniert. Und wenn wir sie beeinflussen können. Oder kurz gesagt: Wenn wir den An- und den Ausschalter kennen.

Wir sehen hier die drei relevanten Kategorien für eine kompetente und ethische Bewertung dieser Entwicklung: den Nutzen, den Schaden und die Souveränität des Bewerters. Selbstverständlich wird das Ergebnis der Bewertung nach diesen Kriterien von Mensch zu Mensch unterschiedlich sein. Die Prognose der Trendforscher lautet: Die Mehrheit wird den Trend zu weniger Geheimnissen unterstützen. Doch wie wird im Jahr 2025 solch ein Tag aussehen, der absolute Ehrlichkeit verlangt? Welche Auswirkungen hat das für unser Rechtssystem? Welche für Armee und Verteidigung? Für Kaufen und Verkaufen? Werbung und Marketing? Und wie sähe ein absolut ehrlicher Politiker aus?

Und gibt es ein Zurück, wenn diese Systeme einmal eingeführt sind? Gibt es einen Minderheitenschutz, wenn die Mehrheit der Menschen mit dieser Entwicklung einverstanden ist? Die Antwort, die unserer Zukunft vermutlich am nächsten kommt, ist eine sehr banale: Wir Menschen werden unser Zusammenleben und unser Kommunikationsverhalten anpassen. Wir werden mit den neuen Technologien leben, sodass diese etwas mehr nützlich als schädlich sind. Das ist nicht besonders überraschend. Denn die Anpassung an neue Umwelteinflüsse ist eine der herausragenden Eigenschaften des Menschen durch seine gesamte Geschichte hindurch.

Für die Arbeitswelt des Jahres 2025 entsteht dabei ein interessantes Szenario. Stellen wir uns eine Software vor, die in unserem Unternehmen die Prozesse steuert. Sie analysiert, welche Tätigkeiten an welcher Stelle zu welcher Zeit zu erledigen sind. Sie weiß auch, welche Mitarbeiter mit welchen individuellen Kompetenzprofilen aktuell verfügbar sind. Entsprechend steuert diese Software den Unternehmensablauf. Sie weist Tätigkeiten zu, sie erkennt Abweichungen von der Norm und kontrolliert Ergebnisse. Für recht einfache Tätigkeiten etwa am Produktionsband von Automobilherstellern oder in den komplexen Abläufen von Großflughäfen, sind wir schon heute dicht an dieser Zukunft dran. Eine offene Frage ist, bis zu welchem Qualifikationslevel die Technologie das Sagen über die Menschen hat und ab welchem Level die Menschen die Führung des Systems übernehmen. Realistisch betrachtet wird es Mitarbeiter „über" und Mitarbeiter „unter" der Technologie geben.

Doch noch ein anderer Aspekt ist für die Arbeitswelten in unserer „Zukunft ohne Geheimnisse" interessant: Es wäre töricht anzunehmen, dass diese intelligente Unternehmenssoftware nur die Arbeitsprozesse überwacht. Selbstverständlich wird sie auch die Kommunikation der Mitarbeiter analysieren. Sie wird die E-Mails, Kalender, Chats und Telefonanrufe der Mitarbeiter analysieren, sei es zur Kontrolle der Einhaltung von Social-Media-Richtlinien oder als neue Personalmanagement-Software. Das Ergebnis dieser Analysen sind Kommunikationsprofile. Die Technologie wird feststellen, dass Mitarbeiter jeweils typische Muster in ihrer Kommunikation haben. So weit, so gut. Doch im nächsten Schritt stellt die Software ebenso fest, wann und wie wir aus unseren typischen Mustern ausbrechen. Im Klartext: Die Software erkennt beispielsweise die Kündigungsabsicht eines Mitarbeiters automatisch. Möglicherweise noch bevor der Mitarbeiter sich seiner Absicht tatsächlich bewusst wird. Auch dies gehört in eine Welt ohne Geheimnisse.[87] Wir werden damit leben lernen!

Links

Prof. Dr. Michael Feindt zur Intelligenz künftiger Computersysteme

▶ www.2bahead.com/nc/tv/rede/video/die-vision-vom-ueberall-profitum

Dr. Yair Sharan (ICTAF/Israel): Wie uns unsere Privatsphäre abhandenkommen wird

▶ www.2bahead.com/nc/tv/rede/video/wahrnehmung-von-privatsphaere-aus-einer-globalen-perspektive

Prof. David Levy (UK): Wieso wir Maschinen mehr vertrauen werden als Menschen

▶ www.2bahead.com/de/tv/rede/video/wieso-wir-maschinen-mehr-vertrauen-werden-als-menschen

22:27 Uhr: Am Schreibtisch

Kontrollverlust vs. Relevanzverlust

Mit zwei Gläsern Martini intus geht das E-Mailbeantworten gleich viel flüssiger von der Hand. Frau Schuhmann hat sich nach dem Auftauchen des Headhunters an der Wohnzimmerwand sehr schnell und leicht verstört verabschiedet. Peter ist das ganz recht gewesen. Weil auch Kerstin noch nicht vom ihrem Ehemaligen-Abend zurück war, konnte er noch ein paar Minuten nutzen, um seine E-Mails abzuarbeiten. Dann würde er morgen früh nicht in Stress geraten.

Mit wenigen Fingertipps auf seinem Handy hat Peter den Couchtisch zum Schreibtisch gemacht. All seine Office-Software ist kurzerhand in den Couchtisch gewandert, all seine E-Mails, Dokumente und Datenbanken sind jetzt ebenfalls hier in der großen Tischplatte sichtbar. Mit einigen Handbewegungen über der Tischoberfläche navigiert er zwischen den Dokumenten hin und her. Ab und zu tippt er auch einmal mit seinem Finger auf die Tischplatte, um seine Eingaben zu bestätigen oder freizugeben. Eine Tastatur nimmt er nicht. Zwar liegt eine im Kasten unter dem Couchtisch. Kerstin benutzt sie manchmal, wenn sie hier im Wohnzimmer ihre E-Mails beantwortet. Aber im Gegensatz zu seiner Frau hat Peter sich angewöhnt seine E-Mails nur noch zu diktieren. Rob verwandelt sie dann in Echtzeit in Schrift und mit einem Bestätigungstouch sind sie verschickt. Das geht schnell und ist bequem. Kerstin ist dagegen nach wie vor eine Selbstschreiberin.

Peter glaubt seinen Augen nicht zu trauen, als seine E-Mails auf dem Screen erscheinen. „Nur zwei rote?" Fast hätte er vor Freunde einen Jubler ausgestoßen. Rote E-Mails sind jene, die Rob ihm als dringend zu beantworten voranalysiert hat. Es sind typischerweise Fragen von Teammitgliedern aus Projekten, deren Leitung er innehat. Dann gibt es die orangen E-Mails. Das sind jene, die er meist nur überfliegen muss, ohne wirklich zu antworten. Hier sind die meisten Mails von seinen Vorstandskollegen drin und die von jenen Projekten, in denen er nur einfaches Teammitglied ist. Und dann gibt es die Unmengen an grünen Mails. Die liest Peter nicht. Rob ordnet sie automatisch jenen Projekten zu, zu denen sie gehören. Falls dort dann irgendwann mal eine Frage auftaucht, kann Peter sie über die Suchfunktion jederzeit finden und nachlesen. Aber warum sollte er sich mit diesen vielen Texten belasten, die schon Rob als unwichtig einstuft?

Schon vor zehn Jahren hat er, damals noch als Innovationschef in seiner Firma, dieses neue E-Mail- und Dokumentensystem eingeführt. Organisation 2.0 hat man das damals genannt. Am Anfang klang es revolutionärer, als es war. Aber nach dem zweiten oder dritten Update machte es wirklich Sinn. Da wurde eingeführt, dass die intelligenten Assistenten die eingegangenen E-Mails vorbewerten. Und erstaunlicherweise machten die Robs das sehr gut. Die roten waren wirklich wichtig, die grünen konnte man getrost ungelesen lassen. Natürlich waren diese Bewertungen individuell. Eine Mail, die bei Peter grün ist, ist bei seinem Kollegen rot und umgekehrt. Mit der Zeit entwickelten die Nextgen-

Mitarbeiter ein großes Grundvertrauen in ihre Robs. Das führte so weit, dass es böses Blut und ernsten Streit gab, als wieder mal ein Vorstand versuchte den Rob seines Kollegen zu umgehen, um mit seiner Mail wirklich im roten und nicht im grünen Bereich zu landen. Am Ende gewann der Mitarbeiter. Der Kommentar des Vorstandsvorsitzenden an seinen Vorstand war bezeichnend: „Dann schreiben Sie doch wichtigeres Zeug!"

Spätestens zu diesem Zeitpunkt ist allen Führungskräften im Unternehmen klar geworden, dass sie sich arrangieren mussten. Sie haben verstanden, dass sie im Kleinen weniger Kontrolle haben würden, das Gesamtunternehmen aber gewinnen würde. Im jüngsten Update der unternehmensweiten Kollaborations-Software sind sie sogar noch einen Schritt weiter gegangen: Seitdem bereitete das „Rob-System" auch strategische Entscheidungen im Vorstand vor. Und das funktioniert ganz einfach: Der Vorstandsassistent stellt seinem Vorstands-Rob die zu beantwortende strategische Frage. Dieser findet binnen weniger Minuten heraus, welche Mitarbeiter im gesamten Unternehmen zu dieser Frage die kompetentesten sind. Dazu analysiert und bewertet er die Kommentare, Postings und Ratings aller Mitarbeiter nach einem bestimmten Algorithmus. Die fünf kompetentesten Mitarbeiter lädt das System dann automatisch zur Diskussion und Beantwortung der Frage ein. Jene Führungskraft, deren Kompetenz das Rob-System für dieses Problem am höchsten bewertet, bekommt die Teamführung. Auf diese Weise ist Peter in einigen Teams der Koordinator, in anderen nur Mitarbeiter und in wieder anderen ist er gar nicht dabei.

„Ein gutes System!", schmunzelt Peter. Was gab es anfangs für Diskussionen! Dramatische Auswirkungen wurden prognostiziert. Das Unternehmen werde unsteuerbar ... das Topmanagement würde fremdbestimmt ... und so weiter.

Und tatsächlich: Die Auswirkungen dieser Organisation 2.0 sind wirklich groß. Vor allem: Sie lassen sich nicht ignorieren. Denn jede Führungskraft steht vor einer dramatischen Entscheidung. Akzeptiert sie das Rob-System, dann akzeptiert sie einen Kontrollverlust. Oder boykottiert sie es, dann droht ein Relevanzverlust. Es war die Wahl zwischen Pest und Cholera. Peter hat die richtige getroffen. Nur zwei rote E-Mails zum Donnerstagabend ... die lügen nicht!

Peter steht auf und geht zur Tür. Er hat das sanfte Klacken des Schlosses gehört. So klingt es immer, wenn Kerstin unten ihren Finger auf den Scanner legt und mit ihrem Abdruck die Alarmanlage aktiviert. In einer halben Minute wird sie hier oben im Wohnzimmer stehen. Schön! Er hat sie lange nicht gesehen. Gefühlt war sie eine halbe Ewigkeit weg. Insgeheim sehnt Peter sich wieder mal nach einem langen Urlaub, nur mit seiner Frau. Morgens lange ausschlafen und dann einfach im Bett liegen zu bleiben ..., das haben sie sich schon seit Jahren nicht mehr gegönnt. Vor einem halben Jahr sind sie zwar für eine Woche weggefahren. Aber damals waren die Kinder mit. Das war auch schön, nur nicht erholsam!

Vielleicht würde er Kerstin nachher im Bett vorschlagen, wieder mal einen Urlaub zu planen. Für Peter war das kein Problem. In seiner Position als CCO kann er so viel Urlaub machen, wie und wo er will. Er ist niemandem Rechenschaft pflichtig. Er muss nur für die wirklich wichtigen Anrufe und E-Mails erreichbar sein. Bei Kerstin ist das leider anders. Seit sie für die Chinesen arbeitet, hat sie nur noch 15 Urlaubstage. Das ist die einzige Kehrseite des Afrikajobs. Peter hat ihr damals trotzdem zugeraten den Job anzunehmen. Er hat gesagt: „Die Chinesen werden die Urlaubstage sicherlich bald erhöhen, wenn sie merken, dass ihnen deswegen die guten Leute weglaufen.“ Doch wie es scheint, hat er das Beharrungsvermögen der Chinesen unterschätzt.

Kerstin lacht verschmitzt, als sie die Treppe hochkommt und mit einem Kuss empfangen wird. „Was freust du dich so?“, fragt Peter ein wenig irritiert. „Du errätst es nie.“ Kerstin lacht ihn aus. „Ich habe nächste Woche Urlaub genommen!“ Peter beginnt zu strahlen. „Na, dann beginnen wir den gleich“, sagt er, als er sie zur Tür hereinzieht.

Zukunft: Führung

Welche Führung fluide Unternehmen brauchen

Wer die in diesem Buch beschriebenen Zukunftstrends der Arbeitswelten ernst nimmt, der wird schnell zu der Überzeugung gelangen, sein eigenes Führungsverhalten schon heute auf die Aufgabe als strategischer Innovationskoordinator in seinen Teams auszurichten. Die professionelle Führung der Zukunft liebt Veränderungen! Denn sie weiß, dass nur Veränderung das eigene Unternehmen und die eigenen Mitarbeiter voranbringt.

Auf diese Weise organisiert die Führung der Zukunft die neue fluide Struktur der Unternehmen. Sie steuert und koordiniert eine Vielzahl von Teams. Sie befähigt die einzelnen Mitarbeiter in mehreren Teams gleichzeitig in verschiedenen Funktionen zu arbeiten, in einem Team als Teamleiter in anderen als Teammitglied. So wie diese Teams sich nach Ende des jeweiligen Projektes auflösen und in neuen Konstellationen neu entstehen, so zwingt die neue Führung ihre Mitarbeiterinnen und Mitarbeiter sich parallel mit unterschiedlichen Projekten zu beschäftigen und organisiert die Sprünge für Mitarbeiter innerhalb des Unternehmens. Selbst die festangestellten Mitarbeiter des Unternehmens bringt die Führung der Zukunft in ein System kontinuierlicher Jobrotation, persönlicher Herausforderung und Weiterentwicklung.

Dieser Wandel in den Führungskompetenzen wird einerseits natürlich durch Technologie getrieben und erzwungen. Wir sind gut, wenn wir selbstbestimmt und kompetent mit ihr umgehen. Wir sind schlecht, wenn wir getrieben von ihr sind oder sie gar nicht benutzen. Auch die Befähigung der Mitarbeiter zu einem souveränen Umgang mit Technologie gehört in den Aufgabenkanon einer Führungskraft der Zukunft.

Doch noch wesentlicher als Technologie ist für den kommenden Wandel der Führungskompetenzen die demografische Entwicklung. Wenn es zu wenige Menschen für zu viele Jobs gibt, dann steigt automatisch der Wert des Menschen. Führungskräfte der Zukunft werden dies verstanden haben. Sie bemühen sich ausschließlich mit exzellenten Köpfen als Mitarbeiter zu arbeiten, denn sie wissen, dass es exzellente Menschen zu exzellenten Menschen zieht. Um die besten Mitarbeiter zu bekommen, werden sich unsere Unternehmensstrukturen den wichtigsten Mitarbeitern anpassen. Nicht mehr umgekehrt. Dies umzusetzen ist die wesentliche Aufgabe jeder zukunftsorientierten Führungskraft. Sie arbeitet ausschließlich „human centered", denn sie wird verstanden haben, dass die Arbeit für jeden ihrer festangestellten und freiberuflichen Mitarbeiter ein Mittel zur seiner persönlichen Entwicklung ist.

Doch diese Orientierung auf den Mitarbeiter und die fluide Anpassung der Unternehmen an die wichtigsten Mitarbeiter ist nicht nur eine neue Recruiting-Strategie. Sie dauert sogar bis in die Kündigung fort. Denn Führungskräfte der Zukunft werden ihren Mitarbeitern den Weg für einen Jobwechsel oder Unternehmenswechsel freimachen, sobald die Mitarbeiter ihre eigene Entwicklung besser bei einem anderen Unternehmen vorantreiben können. Dieses gezielte Abstoßen von guten Mitarbeitern ist die Basis dafür, jenes Vertrauen zu generieren, das es in einem chronisch leergefegten Arbeitsmarkt immer wieder möglich macht, neue Mitarbeiter aus dem eigenen Netzwerk für neue Projekte zu rekrutieren. Eine Führungskraft der Zukunft muss viel Zeit und Energie in den Aufbau und die Pflege eines persönlichen Kontaktnetzwerkes investieren. Sie pflegt ihren eigenen ThinkTank.

Natürlich ist dies heute schon so. Doch im Jahr 2025 ist dies nicht die Kür. Es ist eine Pflicht. Oder anders gesagt: Ohne dieses Netzwerk kann eine Führungskraft nicht führen! Den Unterschied macht nicht die investierte Zeit! Es ist ein neues Verständnis von Führung, das sich entwickeln wird. Die Führungskraft der Zukunft wird verstanden haben, dass sie dann am besten für ihr Unternehmen arbeitet, wenn sie in erster Priorität für die Mitarbeiter arbeitet. Ihre Hauptaufgabe ist nicht das Exekutieren von Unternehmensstrategien. In erster Linie ist sie Potenzialentwicklerin ihrer Mitarbeiter. Sie versucht Mitarbeiter nicht zu binden, sondern voranzubringen. Damit erzeugt sie jenes Vertrauen und jene Wertschätzung, die die Basis für intrinsisch motivierte Teams ist.

Doch Potenziale lassen sich erst gezielt entwickeln, wenn man sie kennt. Deshalb wird die Messung von Kompetenzen jedes einzelnen Mitarbeiters ein wesentliches Element von Führung in der Zukunft sein. Die Führungskraft der Zukunft wird ihre Mitarbeiter anhalten die eigenen Kompetenzen nicht nur bei der Rekrutierung zu messen und anzugeben, sondern auch während des Jobs jährlich nachzuweisen. Denn die individuelle Kompetenzsteigerung des einzelnen Mitarbeiters ist eines der wesentlichen Ziele von Führung. Auf diese Weise werden Kompetenzen im Unternehmen bilanzierbar. Einzelne Abteilungen werden

Kompetenzbilanzen vorlegen, an denen sich im Vergleich zum Vorjahr der Erfolg oder Misserfolg von Führung verdeutlichen wird. Gesellschafter und Aktionäre werden nach diesen Kompetenzbilanzen fragen. Sie werden Einfluss auf Börsenwerte bekommen. Und vor allem werden potenzielle Mitarbeiter nach der Kompetenzbilanz ihrer künftigen Abteilung fragen. Denn die Zusammenarbeit mit den besten Kollegen ist eines der Top-3-Entscheidungskriterien für die Jobwahl des Jahres 2025.

Doch wie geht das? Wie kann eine Führungskraft für die Kompetenzsteigerung seiner Mitarbeiter binnen eines Jahres verantwortlich sein? Hat er dies überhaupt in der Hand? Was soll er tun? Soll er seine Mitarbeiter laufend zu Weiterbildungen schicken?

Nein! Die Aufgabe von Führung der Zukunft ist, die Arbeitswelt selbst zur permanenten Weiterbildung zu machen. Dies ist nicht so utopisch, wie es klingt, jedenfalls nicht, wenn die Führungskraft zwei wesentliche Zukunftsaufgaben versteht. Erstens ist es nicht ihre Aufgabe, die Arbeitsleistung der Mitarbeiter in deren Spezialgebieten optimal zu nutzen. Ihre Aufgabe ist es, die Mitarbeiter gezielt in neue Bereiche zu führen, in denen sie sich nicht auskennen. In der Wissenschaft nennen wir dies die Structural-Holes-Strategie. Sie zeigt sehr deutlich, dass Kompetenzgewinn immer dann entsteht, wenn man mit seinem eigenen Denken jene structural holes überschreitet, die in unserer Gesellschaft normal existieren. Es sind jene Informationsgräben, die zwischen Kulturen, Milieus, Branchen, Abteilungen etc. automatisch entstehen, weil diese normalerweise nicht miteinander reden. Das Überbrücken dieser structural holes ist die erste wesentliche Zukunftsaufgabe von Führung.[88]

Die zweite liegt in der Nutzung der Querkompetenzen der Mitarbeiter. Jeder Mitarbeiter hat eine Reihe von interessanten Kompetenzen, die in seinem normalen Jobprofil nicht gefragt sind. Die neue Führung der Zukunft wird ihre Mitarbeiter dafür anerkennen und belohnen, gezielt an Dinge zu denken, die eigentlich nicht im Arbeitsvertrag stehen. Nichts anderes ist das viel besprochene „Google-Prinzip“. Der Onlineriese zwingt seine Mitarbeiter regelrecht sich an einem Tag in der Woche mit komplett anderen Dingen zu beschäftigen, als eigentlich auf der To-do-Liste stehen. Ein ganzer Tag pro Woche, 20% der Arbeitszeit werden damit „vergeudet“!? Natürlich ist diese Vergeudung in Wahrheit ein Gewinn, denn die Kreativität, das Engagement und der Impact auf die „eigentliche“ Arbeit steigen dadurch enorm.

Um eine permanente erfolgreiche Kompetenzsteigerung der Mitarbeiter zu organisieren, werden Führungskräfte im Jahr 2025 die Querkompetenzen ihrer Mitarbeiter in Erfahrung bringen und nutzen. Sie werden Mitarbeiter dazu zwingen, an mehreren Projekten gleichzeitig zu arbeiten. Sie werden im großen Umfang Sprünge für Mitarbeiter innerhalb des Unternehmens organisieren. Und vor allem werden sie dafür sorgen, dass Kompetenzsteigerung als Arbeitsleistung abrechenbar und sanktionierbar wird. Diese Herausforderung bringt großen Unternehmen natürlich Vorteile gegenüber kleinen und mittleren Unternehmen. Hier sind Jobrotationen aufgrund der begrenzten Anzahl von Jobs schwieriger. Die Lösung für kleine und mittlere Unternehmen liegt in neuen Coopetition-Strategien: Mitarbeiter werden in Unternehmensnetzwerken rotieren, zu denen sich verschiedene kleinere und mittlere Unternehmen einer Wertschöpfungskette zusammenschließen werden. Ein unternehmensübergreifendes Lernen wird in Partnernetzwerken, aber auch unter ehemaligen Konkurrenten organisiert.

An dieser Stelle wird auch ein Mentalitätswandel für Führungskräfte der Zukunft deutlich. Zu oft begegnen uns in den heutigen Unternehmen noch Führungskräfte, die ihre Kompetenz allein aus fachlicher Qualifikation zu ziehen glauben. Im Klartext: Sie halten sich für die Schlausten. Dies ist Denken von vorgestern. Schon heute ist es falsch. Denn die Vorstellung, in einer immer komplexeren Arbeitswelt in allen geforderten Feldern der Schlauste sein zu wollen, ist schlicht abwegig. Führungskräfte der Zukunft dagegen gewinnen ihre Autorität nicht durch das größte Spezialwissen und die beste Expertise. Im Gegenteil: Ihnen ist bewusst, dass sie nicht die Schlausten sind und sein dürfen! Denn erst dieses Bewusstsein befähigt sie nach jenen Mitarbeitern auf die Suche zu gehen, die jeweils in einzelnen Spezialgebieten „schlauer" sind. Die moderne Führung der Zukunft moderiert also, anstatt zu befehligen, so die Schlussfolgerung in zahlreichen Trendbüchern. Dies ist natürlich richtig. Und dennoch ist es nur ein Drittel der Wahrheit.

Denn noch wesentlicher als Führungskompetenz ist jene „Schlauen" zu finden, ins eigene Netzwerk zu bekommen und dafür zu gewinnen, am eigenen Projekt mitzuarbeiten. Doch wieso sollten diese das tun? Die Antwort ist naheliegend: Sie tun es, wenn es ihrer Selbstverwirklichung dient. Die in diesem Buch erklärten Top-3-Entscheidungskritierien für Fachkräfte der Zukunft heißen: 1. persönliche Herausforderung, 2. übergreifender Sinn, 3. exzellente Menschen im Umfeld. Wir Trendforscher fassen dies gern unter dem Begriff „Identitätsmanagement" zusammen. Wenn eine Führungskraft möglichst vielen „Schlauen" die Chance bietet, gemeinsam mit anderen exzellenten Personen an etwas zu arbeiten, was herausfordernd ist und die Welt im Kleinen ein Stück besser macht ..., dann wird sie zur Identitätsmanagerin ihrer schlauen Mitarbeiter.

Erst wenn Sie diese Herausforderung wirklich mit Leben füllen können, haben Sie den Sprung zur Führungskraft der Zukunft gemacht. Und Sie haben sich zugleich für sich selbst eine Kompetenz erworben, die Sie nie wieder missen wollen. Versprochen!

Links

Führung im Konzern: Beispiel Microsoft-Geschäftsführerin Dorothee Ritz

▶ www.2bahead.com/nc/tv/rede/video/rulebreaking-im-konzern-am-beispiel-microsoft-deutschland

Führungskompetenz „Learn to unlearn“: Beispiel GE-Innovationsexperte Stefan Bungart

▶ www.2bahead.com/nc/tv/rede/video/ge-telekom-ibm-wie-reset-strategien-in-corporates-funktionieren

Epilog

Was 2025 Zukunft sein wird

Die Frage nach der Zukunft in der Zukunft steht auch in diesem Buch am Ende des Tages von Kerstin, Peter, Max, Jenny und Marga. So war es schon im Jahr 2020. Und auch fünf Jahre später gibt es wieder keine abschließende Antwort.

Natürlich existieren Dinge, die heute schon für die Jahre nach 2025 prognostizierbar sind. Dazu gehören intelligente IT-Systeme, die kein Display mehr brauchen. Sie sind so klein geworden, dass sie nahezu verschwunden sind. Als Benutzer werden wir wissen, dass die Geräte um uns herum sind, aber wir werden sie nicht sehen. Wir steuern sie mit unseren Händen, die von einer winzigen Kamera beobachtet werden, wir sprechen mit ihnen in ganz normaler Sprache und interagieren mit Gedanken, die automatisch „gelesen“ und verstanden werden. Diese unsichtbaren Geräte sind nicht mehr weit entfernt von der Vision jener Mini-Roboter, die durch die menschlichen Adern schwimmen und Viren oder Bakterien bereits im Frühstadium bekämpfen. Ebenso wahrscheinlich sind Mini-Implantate, die das Seh- und Hörvermögen verbessern. Oder finden Sie künstliche Sehnen und unzerbrechbare Knochen besser, die unsere Sportler zu neuen Höchstleistungen treiben werden?

Und wie weit entfernt sind dann eigentlich noch die Brain-Chips, die an das menschliche Hirn anschließbar sind und dessen Speicherkapazität erweitern? Sie werden 2025 noch nicht im Umlauf sein. Aber dass Wissenschaftler im

Jahr 2025 mit Hochdruck daran arbeiten werden, kann als sicher gelten.

Die nicht zu stoppenden Optimierungsbestrebungen am menschlichen Körper sind die stärksten Treiber der Zukunftsentwicklungen nach 2025. Alle Körperbereiche, die bislang unoptimierbar scheinen, erhalten ihre Chance. Wie wäre es beispielsweise mit einem kleinen Voice-Enhancement? Es ist nur eine Frage des Geldes. Ähnlich der heutigen Körperoptimierung durch Kleidung und Frisur wird es Dienstleister und Präparate zur Stimmoptimierung geben. Vielleicht lassen sich Stimmcharakteristika von Popstars dann durch eine Art Markenrecht schützen. Oder irgendeiner der Körperoptimierer von Lagerfeld bis Douglas reicht bei der Industrie- und Handelskammer (IHK) den Antrag auf einen Ausbildungsgang zum zertifizierten Stimmdesigner ein. Sie glauben das nicht? Das Unwahrscheinliche an dieser Prognose ist nur, dass es 2025 noch eine IHK geben soll.

Zu diesen technologisch recht einfach umsetzbaren Trends kommen noch jene hinzu, die bis zum Jahr 2025 zwar schon entwickelt sein werden, aber aufgrund zu langer Produktlebenszyklen oder noch nicht vollständig aufgebauter Eco-Systeme noch nicht im Massenmarkt angekommen sein werden. Dazu gehören jene zehn Innovationen, die der amerikanische Regierungsberater James Canton schon im Jahr 2006 für die Zeit um 2025 prognostiziert:

- Teleportation von Objekten rund um den Erdball
- Spezial-DNA zum Verkauf bei eBay
- Weltraumtouren zu Mond und Mars
- Manipulation von Materie zur Nahrungsmittelproduktion
- mehr als vier Milliarden Menschen machen Geschäfte im Internet
- Wasserstoffmotoren für den Verkehr
- kybernetische Verbesserung des Menschen
- Erinnerungen werden heruntergeladen

- menschliche Klone
- Roboter in 90% der Haushalte[89]

So weit, so gut! Die spannendere Frage an der Zukunft der Zukunft sind jedoch jene Dinge, die erst in den kommenden zehn Jahren entwickelt werden ..., die wir heute noch nicht kennen können! Es ist die Frage nach der menschlichen Vorstellungskraft des Jahres 2025. Wir kennen sie noch nicht. Und das ist gut so! Das Gegenteil wäre schlimm. Denn das würde heißen, dass die Entwicklung in den kommenden zehn Jahren anhalten würde. Das wird sie aber nicht tun.

Und deshalb wird auch weiterhin die wichtigste Frage an die Zukunft sein: Wer übernimmt die Verantwortung? Oder anders gefragt: Wie lange wollen wir Menschen noch die Verantwortung für immer intelligentere Maschinen übernehmen, deren Verhaltensweisen wir immer weniger kontrollieren können? Können wir die Grenze zwischen Mensch und Maschine aufrechterhalten, wenn Maschinen einst beginnen selbst die Entscheidung zu treffen, sich selbst zu optimieren? Und was geschieht an jenen Stellen, wo diese Grenze verschwimmt? Dürfen Roboter auch Rechte bekommen? Darf man sie bestrafen? Müssen sie Steuern zahlen? Und falls ja: Dürfen sie im Gegenzug auch wählen und Parteien gründen? Oder anders gefragt: Haben sie ein Recht auf Leben?

Auf diese Fragen nach der Zukunft der Zukunft gibt es immer noch keine vernünftige Antwort. Deshalb wollen wir Ihnen auch keine geben. Betrachten wir es weiterhin als finale und vielleicht schönste Botschaft, dass es nach wie vor an uns liegt, welche Richtung wir den kommenden Jahren bis 2025 geben und welche Fragen wir uns als Zukunftsfragen des Jahres 2025 stellen werden!

Wir freuen uns darauf. Auf eine große Zukunft!

Anmerkungen

1. PWC (2010), Trendstudie „Managing tomorrows people – The future of work to 2020“
2. Jánszky, S. G. (2013), Trendstudie „Zukunft des Verkaufens“, S. 13
3. 2b AHEAD ThinkTank (2012), „Der unverstandene Megatrend“, www.2bahead.com/strategie/trendanalyse/detail/trendanalyse-der-unverstandene-megatrend-die-zukunft-der-cloud/
4. Moore sprach von der Komplexität integrierter Schaltkreise, andere Quellen von der Integrationsdichte. Die Angabe des Zeitraumes variiert je nach Quelle von 12 bis 24 Monaten.
5. Vgl. Rede von Dr. Stefan Sigrist, Direktor des W.I.R.E. ThinkTanks, auf dem 10. 2b AHEAD Zukunftskongress (2010): www.2bahead.com/tv/rede/video/wie-unsere-koerper-den-wettlauf-mit-computern-bestehen
6. Vgl. Lebenserwartung: 72 ist das neue 30, in: Spiegel online, www.spiegel.de/wissenschaft/mensch/demografie-und-lebenserwartung-72-ist-das-neue-30-a-861349.html
7. Max-Planck-Institut für demografische Forschung (2012), Die Evolution der Sterblichkeit, Pressemitteilung, 16. 10. 2012, Rostock, www.demogr.mpg.de/de/news_presse/pressemitteilungen_1916/die_evolution_der_sterblichkeit_3056.htm
8. Vgl. Jánszky, S. G. (2009): 2020 – So leben wir in der Zukunft, Wien, S. 78 ff
9. Vgl. Rede von Wolfgang Müller-Pietralla, Cheftrendforscher des Volkswagen Konzerns auf dem 11. 2b AHEAD Zukunftskongress (2012): www.2bahead.com/nc/tv/rede/video/die-vision-vom-selbstfahrenden-auto
10. Vgl. www.youtube.com/watch?v=7UMvj2ZYnU8
11. Zum Streit um die statistischen Verzerrungen bei der Berechnung der Geburtenraten vgl. Hollstein, M.: Akademikerinnen bekommen mehr Kinder; in: Die Welt, 19. 9. 2012, www.welt.de/politik/deutschland/article109315391/Akademikerinnen-bekommen-mehr-Kinder.html, und Gürtler, D.: Gerontokratie? Nichts da! Bald kommt der Baby-

Boom, in: Die Welt, 19. 8. 2003, www.welt.de/print-welt/article253918/Gerontokratie-Nichts-da-Bald-kommt-der-Baby-Boom.html

12. Vgl. Rieck, D. (2009): Nur Kind und Küche? Rollenklischee hat ausgedient. Ökonomische Situation für Kinderwunsch entscheidend, in: Demografische Forschung, Jg. 6, Nr. 2, S. 1; www.demografische-forschung.org/archiv/defo0902.pdf (Stand: 13. 2. 2013)
13. Vgl. Bundesministerium des Inneren (2011): Demografiebericht. Bericht der Bundesregierung zur demografischen Lage und künftigen Entwicklung des Landes. Berlin
14. Vgl. Mulke, W. (2012): Warum die Familienförderung mit der Gießkanne versagt, in: WAZ vom 26. 12. 2012; www.derwesten.de/wirtschaft/warum-die-familienfoerderung-mit-der-giesskanne-versagt-id7425571.html (Stand: 30. 12. 2012)
15. Vgl. Schleicher, A. (2012): „Bildungsinvestitionen rechnen sich", in: Freie Bildung und Erziehung, Jg. 88, Heft 2, Berlin: Verband deutscher Privatschulverbände e.V. (VDP), S. 6
16. Vgl. Schneewind, J. (2011): Gesamtbericht Zukunftskonzept Kita 2020 – mit Praktikerinnen im Gespräch. Im Auftrag des BMFSFJ im Rahmen des nifbe-Projektes „Professionalisierung, Transfer und Transparenz im elementarpädagogischen Ausbildungs- und Praxisfeld"; www.fruehe-chancen.de/files/allgemein/application/pdf/studie_kita_2020.pdf (Stand: 14. 2. 2013)
17. Vgl. Schröder, C. (2012): „Fremde Planeten in der Kita". Die Stiftung Haus der Kleinen Forscher will Kinder bundesweit für Naturwissenschaften begeistern. Wie sinnvoll ist das Konzept?, in: DIE ZEIT, Nr. 33 vom 9. 8. 2012
18. Vgl. Lorenz, M. (2012): „Gute Kinderbetreuung vs. Erziehermangel – was sind unsere Kinder wert?", in: Freie Bildung und Erziehung, Jg. 88, Heft 2, Berlin: Verband deutscher Privatschulverbände e.V. (VDP), S. 13
19. Vgl. Bundesministerium für Familie, Senioren, Frauen und Jugend (2003): Betriebswirtschaftliche Effekte familienfreundlicher Maßnahmen. Kosten-Nutzen-Analyse. Eine Studie von der Prognos AG im Auftrag des Bundesministeriums für Familie, Senioren, Frauen und Jugend. Berlin, S. 6; www.bmfsfj.de/RedaktionBMFSFJ/Internetredaktion/Pdf-Anlagen/PRM-24825-Langfassung,property=pdf.pdf (Stand: 14. 2. 2012)
20. Vgl. Rede von Hans Wagener beim 10. Zukunftskongress des 2b AHEAD ThinkTanks, 2011; www.2bahead.com/nc/tv/rede/video/arbeiten-2020-wie-fluide-arbeitswelten-der-zukunft-aussehen

21. Prognose von McKinsey für das Jahr 2020, Vgl. McKinsey & Company (2011): Wettbewerbsfaktor Fachkräfte. Strategien für Deutschlands Unternehmen. Berlin, S. 12; www.mckinsey.de/downloads/presse/2011/wettbewerbsfaktor_fachkaefte.pdf (Stand: 14. 2. 2013)
22. Prognose des Instituts für Arbeitsmarkt- und Berufsforschung (IAB) für 2025
23. In Österreich und der Schweiz ist dieser Trend zu fehlenden Arbeitskräften nicht in dieser Art ausgeprägt. Beide Länder teilen mit Deutschland aber den Trend zu Alterung der Gesellschaft.
24. Vgl. Helmrich, R.; Zika, G. (2010): Beruf und Qualifikation in der Zukunft. BIBB-IAB-Modellrechnungen zu den Entwicklungen in Berufsfeldern und Qualifikationen bis 2025, in: ders. (Hg): Beruf und Qualifikation in der Zukunft. Bielefeld: Bertelsmann Verlag, S. 21 ff
25. Diese und die folgende Angabe nach: Bundesagentur für Arbeit (2011): Perspektive 2025: Fachkräfte für Deutschland. Nürnberg; www.arbeitsagentur.de/zentraler-Content/Veroeffentlichungen/Sonstiges/Perspektive-2025.pdf (Stand: 14. 2. 2013)
26. Alle Angaben nach: Bundesagentur für Arbeit (2011): Perspektive 2025: Fachkräfte für Deutschland. Nürnberg; www.arbeitsagentur.de/zentraler-Content/Veroeffentlichungen/Sonstiges/Perspektive-2025.pdf (Stand: 14. 2. 2013)
27. Vgl. Bundesagentur für Arbeit (2011): Perspektive 2025: Fachkräfte für Deutschland. Nürnberg, S. 12; www.arbeitsagentur.de/zentraler-Content/Veroeffentlichungen/Sonstiges/Perspektive-2025.pdf (Stand: 14. 2. 2013)
28. Vgl. vor allem: Rasfeld, M.; Spiegel, P. (2012): EduAction. Wir machen Schule. Hamburg: Murmann Verlag, S. 36
29. Vgl. Meyer-Hesemann, W. (2010): Lernen von der Schweiz. Die deutschen Bundesländer sollten sich jetzt auf ein zweigliedriges Schulsystem verständigen, in: DIE ZEIT, Nr. 5 vom 28. 1. 2010, S. 62, und Darnstädt, T. (2010): Ein Abgrund von Föderalismus, in: Der Spiegel, Nr. 27 vom 5. 7. 2010, S. 56–67
30. Nach einer Untersuchung des DIW aus dem Jahr 2009 ist der Anteil von Privatschülern aus bildungsnahen Elternhäusern zwischen 1997 und 2007 um 77 Prozent gestiegen, der von Kindern aus bildungsfernen Elternhäusern lediglich um 12 Prozent. Vgl. Lohmann, H.; Spieß, C.; Feldhaus, F. (2009): Der Trend zur Privatschule geht an bildungsfernen Eltern vorbei, in: Wochenbericht des DIW Berlin Nr. 38/2009, S. 640–646

31. Vgl. Gersemann, O. (2011): Auf Lehrer kommt es an. Eine empirische Studie aus den USA zeigt: Mit besserem Lehrpersonal ließen sich Einkommen und Wirtschaftsleistung dramatisch steigern, in: Welt am Sonntag, Nr. 1 vom 2. 1. 2011, S. 37
32. Vgl. Bundesärztekammer (2012): Ärzte ohne ärztliche Tätigkeit; www.bundesaerztekammer.de/page.asp?his=0.3.10275.10283 (Stand: 9. 1. 2013)
33. Vgl. Werdes, A. (2012): Bauer sucht Arzt. Die Krankenhäuser müssen sich verändern, wenn sie junge Mediziner aufs Land locken wollen, in: DIE ZEIT, Nr. 7 vom 9. 2. 2012, S. 71
34. Vergleiche hierzu: 2b AHEAD ThinkTank (2009), Trendanalyse: Die neue Generation 60/90: www.2bahead.com/trendanalysen/trendanalyse/detail/trendanalyse-demografischer-wandel-silver-ager-oder-die-neue-generation-6090
35. Vgl. Rede von Prof. Dr. Gabor Forgacs auf dem 11. Zukunftskongress des 2b AHEAD ThinkTanks, Wolfsburg, 2011; www.2bahead.com/nc/tv/rede/video/prof-gabor-forgacs-university-of-missouri-der-zukunftsmensch
36. Vgl. Rede von Prof. Dr. Niels Bandelow, TU Braunschweig, auf dem 9. Zukunftskongress des 2b AHEAD ThinkTanks, Braunschweig, 2010
37. Vgl. König, A. (2012): Die Lieblingsarbeitgeber der Young Professionals, in: CIO; www.cio.de/karriere/2901905 (Stand: 13. 1. 2013)
38. Vgl. Milanovic, B. (2011): The Haves and the Have-Nots: A Brief and Idiosyncratic History of Global Inequality. Basic Books
39. Vgl. Stooß, F.; Weidig, I. (1990): Der Wandel der Tätigkeitsfelder und -profile bis zum Jahre 2010, in: Institut für Arbeitsmarkt und Berufsforschung (Hg.): Mitteilungen aus der Arbeitsmarkt- und Berufsforschung, 23. Jg., Heft 1, Stuttgart: Kohlhammer; http://doku.iab.de/mittab/1990/1990_1_mittab_stooss_weidig.pdf (Stand: 27. 1. 2013)
40. Vgl. Lehr, U. (2005): Gegenrede: Ältere Arbeitnehmer im sich wandelnden Arbeitsmarkt. Heute gejagt – morgen gefragt?, in: Weiterbildung. Zeitschrift für Grundlagen, Praxis und Trends. Ausgabe 3, Juni 2005, S. 20–23
41. Vgl. Lindemann, M. (2005): Beschäftigung neu denken. Die Zukunft meistern mit alternden Belegschaften, in Loebe, H.; Severing, E. (Hg.): Wettbewerbsfähigkeit mit alternden Belegschaften. Betriebliche Bildung im Zeichen des demografischen Wandels. Bielefeld: Bertelsmann Verlag, S. 13–18
42. Vgl. Paqué, K.-H. (2010): Wachstum! Die Zukunft des globalen Kapitalismus. München: Carl Hanser Verlag

43. Vollbeschäftigung bedeutet nicht, dass es keinen einzigen Arbeitslosen mehr gibt. Verschiedene Definitionen halten eine Vollbeschäftigung in Deutschland bei einer Arbeitslosenquote von 2% oder 3% erreicht. In Österreich liegt die Definition bei 3,5%.
44. Vgl. Horx, M. (2005): Wie wir leben werden, Frankfurt/Main
45. Florida, R. (2002): The Rise of the Creative Class, New York
46. Für die folgenden Prognosen vgl: Spath, D. (Hg., 2012): Arbeitswelten 4.0. Wie wir morgen arbeiten und leben. Stuttgart: Fraunhofer Verlag
47. Vgl. Spath, D. (Hg., 2012): Arbeitswelten 4.0. Wie wir morgen arbeiten und leben. Stuttgart: Fraunhofer Verlag
48. Vgl. PWC (2010), Trendstudie „Managing tomorrows people – The future of work to 2020"
49. Vgl. Brockmann, H. (2013): Her mit den Müttern! Die Frauenquote mag Frauen fördern – aber nur die, die keine Kinder haben, in: DIE ZEIT, Nr. 2 vom 3. 1. 2013, S. 9
50. Vgl. Wagener, Hans: Rede auf dem 10. Zukunftskongress des 2b AHEAD ThinkTanks (2010): www.2bahead.com/nc/tv/rede/video/arbeiten-2020-wie-fluide-arbeitswelten-der-zukunft-aussehen
51. Vgl. PWC (2010), Trendstudie „Managing tomorrows people – The future of work to 2020"
52. Vgl. Jánszky, S. G. (2009): 2020 – So leben wir in der Zukunft, S. 126 ff
53. Vgl. u.a. Pavel Dietz, Dipl.-Sportwiss., Heiko Striegel, M.D., J.D., Andreas G. Franke, M.D., Ph.D., Klaus Lieb, M.D., Perikles Simon, M.D., Ph.D., und Rolf Ulrich, Ph.D. (2013): „Randomized Response Estimates for the 12-Month Prevalence of Cognitive-Enhancing Drug Use in University Students, in „Pharmacotherapy", Band 33, S. 44
54. Vgl. PWC (2009), Trendstudie „Managing tomorrows people – The future of work to 2020"
55. Sie können diese Debatte mitverfolgen unter: www.2bahead.com/nc/tv/event/executive-days-2012
56. Die Geschichte und das Konzept dieser Schule sind ausführlich beschrieben in: Rasfeld, M.; Spiegel, P. (2012): EduAction. Wir machen Schule. Hamburg: Murmann Verlag
57. Vgl. www.code.org/quotes
58. Langer, U. (2012): „Computer haben bereits Pulitzer-Preise gewonnen", in: medium magazin: Magazin für Journalisten, 09/202012, S. 37; www.mediummagazin.de/archiv/2012-2/ausgabe-092012/computer-haben-bereits-pulitzer-preise-gewonnen (Stand: 12. 1. 2013)
59. Die ganze Geschichte der Rulebreaker und Strategieempfehlungen für die starken Innovationsarten finden Sie in: Jánszky, S. G, Jenzowsky, S.

(2010): Rulebreaker – Wie Menschen denken, deren Ideen die Welt verändern, Wien, 2010

60. Die folgenden drei Gründe werden in der US-amerikanischen Gründerszene heftig debattiert. Sie sind verschiedentlich aufgeschrieben worden, u.a. von Anthony, Scott D.: The New Corporate Garage, in Harvard Business Review, September 2012, http://hbr.org/2012/09/the-new-corporate-garage/ar/1
61. Vgl. hierzu: Christensen, C. (1997): The Innovators Dilemma
62. Vgl. Hüther, G. in Jánszky, S. (2011): Trendanalyse Geschäftsmodelle für eine Welt im Veränderungsstress; www.2bahead.com/de/analyse/trendanalyse/detail/trendanalyse-2021-geschaeftsmodelle-fuer-eine-welt-im-veraenderungsstress
63. Vgl. Müller-Pietralla, W.: Rede beim Zukunftskongress des 2b AHEAD ThinkTanks (2012); www.2bahead.com/nc/tv/rede/video/wege-aus-der-multioptionalen-orientierungslosigkeit-vertrauen-als-keyelement-der-vw-zukunftsstrateg
64. Vgl. Levy, D. (2007): Love and sex with robots, New York
65. Frank Schirrmacher ist Journalist, Autor und Mitherausgeber der Frankfurter Allgemeinen Zeitung. Mit seinen Büchern „Das Methusalem-Komplott“ und „Payback“ machte er sich zum Sprachrohr der intellektuellen Technologiekritiker und Bewahrer.
66. Vgl. Jánszky, S. G. (2011): Trendanalyse. Welche Technologien wird es 2020 nicht mehr geben?; www.2bahead.com/analyse/trendanalyse/detail/trendanalyse-welche-technologien-wird-es-2020-nicht-mehr-geben-1
67. Vgl. Jánszky, S. G. (2011): Trendanalyse. Welche Geschäfte und Prozesse es 2020 nicht mehr geben wird; www.2bahead.com/analyse/trendanalyse/detail/trendanalyse-welche-geschaefte-und-prozesse-wird-es-2020-nicht-mehr-geben
68. Vgl. Gasche, M.; Lamla, B. (2012): Erwartete Altersarmut in Deutschland: Pessimismus und Fehleinschätzungen – Ergebnisse aus der SAVE-Studie. München: Munich Center for the Economics of Aging (MEA) am Max-Planck-Institut für Sozialrecht und Sozialpolitik; www.mea.mpisoc.mpg.de/uploads/user_mea_discussionpapers/1308_264-12.pdf (Stand: 16. 2. 2013)
69. Vgl. Pohl, C. (2010): Der zukünftige Bedarf an Pflegearbeitskräften in Deutschland: Modellrechnungen für die Bundesländer bis zum Jahr 2020, in: Comparative Population Studies – Zeitschrift für Bevölkerungswissenschaft. Jg. 35, 2 (2010), S. 357–378

70. Vgl. Fraunhofer IPA (2011): Serviceroboter im Altenheim: Care-O-bot 3 und CASERO; www.youtube.com/watch?v=nJj8wJg6jNM&feature=related (Stand: 16. 2. 2013)
71. Vgl. Wörmann, C. (2009): Roboter – die Pfleger der Zukunft?, in: merkur-online.de; www.merkur-online.de/aktuelles/welt/mm-roboter-pfleger-zukunft-221780.html (Stand: 16. 2. 2013)
72. Vgl. Gast, R. (2013): Der unsichtbare Pfleger. Ingenieure und Informatiker haben einen Traum: Hightech soll im Alltag über die Gesundheit alter Menschen wachen. Es wird geforscht, getestet und nach Geldgebern gesucht, in: DIE ZEIT, Nr. 2 vom 3. 1. 2013, S. 27
73. Vgl. Internetauftritt der SMartHome Initiative Deutschland unter www.smarthome-deutschland.de (Stand: 17. 2. 2013)
74. Vgl. Wohnen im Alter Internet GmbH (o. J.): Ratgeber Pflege im Ausland; www.wohnen-im-alter.de/seniorenratgeber_wohnen_pflege_ausland.html (Stand: 17. 2. 2013)
75. Rothlin, P.; Werder, P. (2007): Diagnose Boreout. Warum Unterforderung im Job krank macht. München: Redline Wirtschaftsverlag, S. 388
76. Vgl. Dettmer, M.; Shafy, S.; Tietz, J. (2011): Volk der Erschöpften, in: Der Spiegel, Nr. 4 vom 24. 1. 2011, S. 114–122
77. Vgl. Jobelius, S. (2010): Die psycho-sozialen Herausforderungen der modernen Arbeitswelt, in: WISO direkt, Juli 2010. Bonn: Friedrich-Ebert-Stiftung, S. 1–4
78. Vgl. Buchhorn, E.; Werle, K. (2011): Die Gewinner des Arbeitsmarkts, in: Spiegel Online vom 7. 6. 2011; www.spiegel.de/karriere/berufsstart/generation-y-die-gewinner-des-arbeitsmarkts-a-766883-5.html (Stand: 21. 2. 2013)
79. Vgl. www.happyplanetindex.org
80. Vgl. Propach, U.; Petri, M. (2011): Arbeitslosigkeit und ihre psychosozialen Folgen. Bewältigungsstrategien für den Alltag und Hintergrundwissen; www.spaces-brandenburg.de/downloads/psychische-Folgen-Arbeitslosigkeit.pdf (Stand: 23. 2. 2013)
81. Vgl. Fuchs, J.; Zika, G. (2010): Demographie gibt die Richtung vor. Arbeitsmarktbilanz bis 2025, in: IAB-Kurzbericht 12/2010; http://doku.iab.de/kurzber/2010/kb1210.pdf (Stand: 24. 2. 2013)
82. Vgl. BIBB (2012): Präsident Esser: „Demografische Entwicklung wird Beschäftigungschancen Ungelernter nicht verbessern“. BIBB-Analyse zur Situation ungelernter Erwerbstätiger. Pressemitteilung 02/2012 vom 18. 2. 2012; www.bibb.de/de/60511.htm (Stand: 18. 1. 2012)
83. Vgl. Mielke, J. (2010): Langzeitarbeitslose werden nur schwer zu Fachkräften, in: Tagesspiegel vom 18. 10. 2010, zitiert nach Zeit Online

(2010); www.zeit.de/wirtschaft/2010-10/langzeitarbeitslose-fachkraefte (Stand: 28. 12. 2010)

84. Vgl. isw Institut (2011): Fachkräftesicherung durch Qualifizierung und betriebliche Integration Erwerbsloser. Ausgewählte Ergebnisse und Schlussfolgerungen aus dem Projekt „PROfessionals.int – Sicherung und Ausbau der Fachkräftepotenziale in Sachsen-Anhalt und North East England durch interregionalen Erfahrungsaustausch von bewährten Praxisbeispielen". Halle/Saale

85. In diesem Sinne äußerte sich etwa der Wikileaks-Mitgründer und spätere Aussteiger Daniel Domscheidt-Berg in 2b AHEAD ThinkTank (2011): „Trendanalyse: Wie funktioniert eine Welt ohne Geheimnisse?"; www.2bahead.com/analyse/trendanalyse/detail/trendanalyse-2021-wie-funktioniert-eine-welt-ohne-geheimnisse

86. Vgl. 2b AHEAD ThinkTank (2011)„Trendanalyse: Wie funktioniert eine Welt ohne Geheimnisse?"; www.2bahead.com/analyse/trendanalyse/detail/trendanalyse-2021-wie-funktioniert-eine-welt-ohne-geheimnisse

87. Vgl. Kurz, C. (2011): Der gläserne Angestellte im Mahlstrom seiner Daten, in: Frankfurter Allgemeine Zeitung, 10. 11. 2011, www.faz.net/aktuell/feuilleton/aus-dem-maschinenraum/aus-dem-maschinenraum-der-glaeserne-angestellte-im-mahlstrom-seiner-daten-11524174.html

88. In der Wissenschaft wird dieses Phänomen mit verschiedenen Begrifflichkeiten beschrieben: Von einer „bridge-and-cluster-structure" schreiben Watts und Strogatz („Collective dynamics of ‚small world' networks", Nature 393: 440–442, 1998) und meinen das Brückenbauen zwischen den verschiedenen Milieus, Branchen und Welten, von „opinion leadern", die diese Brücken zwischen den sozialen Welten spannen, schrieben schon Merton (Patterns of influence: local and cosmopolitan influentials, in Social Theory and Social Structure, New York, 1949) und Katz, Latzarsfeld (Personal Influence, New York, 1955), vom „Small World"-Phänomen der verblüffend geringen Kommunikationsdefizite der opinion leader aufgrund dieser Brücken schreiben Travers und Milgram (An experimental study of the small world phenomenon, in: Sociometry 32: 315–349, 1969): Und letztlich prägte Burt (Toward a Structural Theory of Action, New York, 1982, und Structural Holes, Cambridge, 1992) den Begriff der „structural holes" und beschrieb, welchen Innovationsgewinn es bringt, wenn Netzwerke diese Leere zwischen den sozialen Gruppen überspannen.

89. Canton, J. (2006): The Extreme Future: The Top Trends That Will Shape The World for the Next 5, 10, and 20 Years, New York, S. 67